“十三五”职业教育国家规划教材

商务沟通与谈判

(第二版)

艾进兰　毕惠萍　主编

中国财经出版传媒集团
中国财政经济出版社

图书在版编目(CIP)数据

商务沟通与谈判 / 艾进兰,毕惠萍主编 --2 版.
--北京 : 中国财政经济出版社,2021.2 (2023.8 重印)
"十三五"职业教育国家规划教材
ISBN 978-7-5095-9477-3

Ⅰ.①商… Ⅱ.①艾… ②毕… Ⅲ.①商务谈判-中等专业学校-教材 Ⅳ.①F715.4

中国版本图书馆 CIP 数据核字(2019)第 262864 号

责任编辑:樊 闽　　责任校对:胡永立
封面设计:育林华夏

中国财政经济出版社 出版

URL:http://www.cfeph.cn
E-mail:cfeph@cfeph.cn

社址:北京市海淀区阜成路甲 28 号 邮政编码:100142
营销中心电话:010-88191522
天猫网店:中国财政经济出版社旗舰店
网址:https://zgczjjcbs.tmall.com
北京鑫海金澳胶印有限公司印刷 各地新华书店经销
成品尺寸:185mm×260mm 16 开 15.75 印张 378 000 字
2021 年 2 月第 2 版 2023 年 8 月北京第 5 次印刷
定价:41.00 元
ISBN 978-7-5095-9477-3
(图书出现印装问题,本社负责调换,电话:010-88190548)
本社质量投诉电话:010-88190744
打击盗版举报热线:010-88191661 QQ:2242791300

编写 说明

本书是“十三五”职业教育国家规划教材，作为全国中等职业学校财经商贸类教材使用。

为了更好地落实党中央、国务院关于教材建设的决策部署和《国家职业教育改革实施方案》有关要求，深化职业教育“三教”改革，大力推进产教融合、校企合作的人才培养模式，适应中职教学发展和需求，体现教育思想和教育观念的转变，突出职业教育的特色，基于学生的文化基础、理解能力以及他们将来就业的需要，依据教学内容、教学方法和教学手段的现状和趋势变化，我们编写了本教材。

本教材坚持职教特色，充分考虑职业技能发展的社会需求，结合中职教育的“教、学、做”模式，着重突出“用项目和任务驱动教学”的特点。即以商务沟通与谈判流程为主线，涵盖12个工作项目和53个工作任务，构建了“商务沟通与谈判”课程内容体系。每个工作任务由“学习目标”“任务描述”“任务学习”“案例分析”“任务实训”五部分构成，且有“拓展阅读”“案例链接”“视频连接”“小贴士”“想一想”等内容插入。每个项目结束时设置“思考与练习”模块，以巩固完成任务成果。

本教材遵循能力培养循序渐进的规律，项目设置目标为：项目一完成商务沟通与谈判业务必须掌握的专业知识的任务；项目二、项目三完成商务沟通业务必须掌握的专业技能的任务；项目四至项目十完成商务谈判业务必须掌握的专业技能的任务；项目十一、项目十二完成拓展商务沟通与谈判专业技能的任务。

本教材对商务沟通与谈判业务的讲解尽可能置于社会和企业的实际场景中，目的在于增强学生的学习兴趣和了解谈判战术应用的具体环境，以便更好地掌握沟通与谈判的策略和技巧，进一步增强实战能力。通过商务沟通与谈判各任务的学习，使学生掌握商务沟通与谈判的基本原理、基本业务流程、基本技能；通过商务沟通与谈判案例分析培养学生的综合分析能力；在任务实训中设有分组对抗谈判讨论、课堂发言，以锻炼学生的语言组织、表达能力；通过模拟商务谈判、课外谈判实践活动，锻炼学生的沟通能力和综合实践能力。因此，通过本课程的学习，可以使学生在商务活动中处于主动地位。

本教材适用于三年制中等职业学校市场营销、商品经营、连锁经营与管理、电子商务、物流服务与管理等财经商贸类专业的“商务沟通与谈判”课程教学，以及教学参考。

本教材根据教育教学的要求，遵循四个原则：①定位准确的原则。教材编写遵循技能人才成长规律，知识传授与技能培养并重，强化学生职业素养养成和专业技能积累，紧跟产业发展趋势和行业人才需求，对接职业教育国家教学标准体系，体现商务沟通与谈判应用的发展趋势，有利于学生就业。②适度实用的原则。教材以实用为主，必需、够用和管用为度。注意到对大多数学生和大多数学校的适用性，注重学生基础知识的掌握和专业技能的培养。内容简明扼要、突出重点，适度体现“校企合作”“工学结合”的要求。③主动参与的原则。重视学生主动参与意识的培养，“案例分析”“任务实训”“思考与练习”等内容编排给学生提供自学、动手、表达、创新的机会，使学生在“学中做、做中学”，以充分发挥学生个人的能动性和主动性。④资源数字化原则。教材根据中职学生的年龄特点、心理特点，为使教材更具可读性、新颖性、趣味性，配套有拓展阅读、案例链接、视频连接、游戏链接、谈判场景模拟等丰富的数字化资源。以有效激发学生学习的热情和兴趣，也便于老师的教学。

本教材建议课时为72学时，具体分配如下：

序　号	内　容	课　时
1	项目一　走进商务沟通与谈判	8
2	项目二　探寻商务沟通技巧	6
3	项目三　巧用商务沟通方法	6
4	项目四　认知商务谈判准备	7
5	项目五　洞悉商务谈判思维与心理	7
6	项目六　认知商务谈判开局	4
7	项目七　认知商务谈判报价	5
8	项目八　认知商务谈判价格磋商	8
9	项目九　认知商务谈判僵局处理	6
10	项目十　认知商务谈判成交与商务合同	6
11	项目十一　知晓礼仪在商务谈判中的应用	4
12	项目十二　走近形形色色的谈判风格	5
合　计		72

本教材由江西省商务学校艾进兰老师任主编，哈尔滨市商业学校毕惠萍老师任第二主编，具体分工如下：项目一（任务2至任务6）、项目四、项目九、项目十由艾进兰老师编写，项目一（任务1）、项目三、项目六、项目七、项目八由哈尔滨市商业学校毕惠萍老师编写，项目二、项目五、项目十一、项目十二由江西省商务学校陈玲老师编写。

由于编者水平所限，书中难免有疏漏之处，敬请读者及同行批评指正。

本书为用书学校任课老师提供了课后习题答案和电子课件，如有需要请登录jiaocai. cfeph. cn 下载。

编　者

2021年1月

目　录

项目一
1 走进商务沟通与谈判

案例导入

琼文和苏卡的一天

琼文和苏卡是一对年轻夫妻。一大早他们就起来了。他们所住房间的热水器制热效果差，昨天已经维修，换了两个零件，共花去413元，但热水的效果还是不理想。琼文拿着维修人员换下的零件去鉴定，零件是好的。琼文心里明白，要讨回413元钱，可能需要一场艰难的沟通与谈判。

琼文是一家制造厂设计组的负责人。早晨到达企业后，琼文遇到了采购部经理艾笛。艾笛提醒他有待解决的一个问题：在琼文主管的部门中，工程师们没有通过采购部而直接与供应商进行了联系。采购部希望所有与卖主的接触都通过他们进行，但工程师们为了设计需要技术信息，而等着从采购部反馈信息将大大延长设计过程。琼文和艾笛知道上司希望部门经理之间不存在分歧。看来，琼文要准备和艾笛进行一次内部的沟通与谈判，以解决艾笛提出的问题。

中午琼文接到了一个汽车销售商打来的电话，他正在和这个销售商商谈购买一辆新车的事宜。琼文想买一辆好车，对销售商最新出价也很满意，但担心苏卡会抱怨他出价过高，因此他把苏卡对价格的忧虑告诉销售商，从而压低车价。

下午琼文参加了年度预算会议。在会上，财务部门随意将各部门的预算都削减30%，为此所有的部门经理都不得不进行无休止的争论，以努力恢复他们在一些新项目上的预算。琼文已经确定了所能退让的限度，而且决定一旦超过这个限度，他就要进行抗争。

晚饭后，苏卡和琼文去逛商店。面对一件新潮大衣，苏卡把价格由590元砍价成500元。货主爽快地把衣服塞给苏卡。面对苏卡的犹豫，货主坚持苏卡必须拿走衣服……看来，还有一场沟通与谈判等着他们。

（资料来源：石永恒．商务谈判精华．北京：团结出版社，2003.）

问题思考：

琼文和苏卡的一天在工作和生活里分别遇到哪些沟通与谈判问题？

任务 1
认识商务沟通

学习目标

了解商务沟通的含义、目标及商务沟通的类型，为今后的学习与应用奠定基础。

任务描述

商务沟通是指在商务活动中的沟通与洽谈的过程；商务沟通的目标可以分为信息的传递、理解、接受、反应四个层次；商务沟通可按照信息的传输方向、沟通的形式、沟通的对象分类。

任务学习

沟通是人与人之间、人与群体之间思想与感情的传递和反馈的过程，以求思想上达成一致和情感上的通畅。沟通贯穿于商务活动的始终，作为商务活动重要组成部分的商务谈判尤其离不开沟通，沟通是谈判的基础。沟通既是谈判的前提，也是谈判中的必须，更是巩固谈判成果必不可少的条件，是商务谈判的关键。

1. 商务沟通的含义

商务沟通是关于商业事务的沟通，是两个或两个以上从事商务活动的组织或个人，为了满足自身经济利益的需要，借助于语言或非语言的形式，获得、传递和交流信息、思想和情感的个人以及社会互动的行为。

拓展阅读

（1）广义的商务概念，是指一切与买卖商品服务相关的商业事务。

（2）狭义的商务概念是指商业或贸易。

（3）商务活动，是指企业为实现生产经营目的而从事的各类有关资源、知识、信息交易等活动的总称。

商务沟通的含义具体可以从以下几个方面来理解：

（1）商务沟通行为有明确的目的。如果进行了所谓的“商务沟通”，却没有明确的目的，则成为闲聊天。明确的目标是商务沟通最重要的前提。

（2）商务沟通有语言商务沟通和非语言商务沟通之分。语言商务沟通是借助语言符号进行交流的行为，而非语言商务沟通则是借助语言以外的其他方式或手段进行交流以达到商务沟通目的的行为。

（3）商务沟通的内容是信息、思想和情感，其中最容易沟通的是信息。但商务沟通的过程并不局限于传递信息、思想和情感的某个单一方面，而可能同时涉及这三个方面。

（4）商务沟通中的个人和社会互动行为主要是指人与人之间或群体与群体之间的交流。商务沟通不仅是将信息、思想和情感由一个人传递给另一个人，而且也可能是由一个群体向另一个群体发表演说或是两个群体之间进行交流。

码 1－1－1
商务行为的分类

2. 商务沟通的目标

（1）信息的传递。商务沟通首先是信息的传递，也可以说是实现信息被对方接收的过程。如果信息没有被传递到，则意味着商务沟通的失败。

（2）信息的理解。要使商务沟通成功，信息不仅需要被传递，还需要被理解。商务沟通是实际意义上的传递和理解。有效的商务沟通，应该是信息经过传递后，接收者感知到的信息应与发送者发出的信息完全一致。

（3）信息的接受。信息的接受是商务沟通目标的更高层次，但是信息被对方接受，只是追求的目标，而不能成为判断商务沟通是否高效的标准。很多时候由于其他原因的存在，对方可能非常明白传递者的意思但却不同意传递者的看法。所以商务沟通是否有效，还会受到双方根本利益是否一致、价值观是否相同等其他关键因素的影响。

（4）积极的反应。商务沟通的目的不在于行为本身，而在于结果。如果对方在理解、接受所传递信息的基础上，能够改变其行为或态度，则商务沟通可以产生预期的效果，这样商务沟通的整体目标才可以得到最完美的实现。

以上四个目标能够在商务沟通活动中全部实现是比较困难的，因为这不仅与商务沟通技巧相关，还取决于其他一些主客观因素的影响。但是如果未能实现以上四个目标中的任何一个目标，则意味着商务沟通的失败。

码 1－1－2
商务沟通技巧

3. 商务沟通的类型

（1）按照信息的传输方向不同分类。

①单向沟通。单向沟通是指信息的发送者与接收者之间相对位置不发生变化的沟通，即信息是单向的流动。例如演讲、做报告、广播新闻等都属于单向沟通。单向沟通的优点是信息传递快。其缺点是缺少信息反馈；信息准确性差；当接收者不愿意接受意见或任务时，容易引起不满与抗拒。

②双向沟通。双向沟通是指信息的发送者与接收者的位置不断变化的沟通，即信息交流是双向的活动。例如组织间的协商、讨论等都属于双向沟通。双向沟通的优点是能及时获得反馈的信息；信息准确性高；通过沟通有助于联络和巩固双方的感情。其缺点是信息被完整传递的速度较慢；接收者可以反对信息发送者的意见，在一定条件下可能给发送者造成心理压力。

（2）按照沟通的形式不同分类。

①正式沟通。正式沟通是指按照组织规定的渠道进行信息的传递和交流，是组织内沟通的主要方式。例如组织内部的文件传达、组织间的信函往来等都属于正式沟通。正式沟通具有组织的严肃性、程序性、稳定性、可靠性以及信息的准确性的特点。

②非正式沟通。非正式沟通是指正式沟通渠道以外自由进行的信息传递和交流，是正式沟通的补充。例如员工之间私下交换意见，交流思想感情等。其特点是自发性、灵活性、不完整性。非正式沟通作为正式沟通的补充有其积极的作用，通过它可以掌握群体成员的心理

状况，并在一定程度上为组织决策提供依据。

案例链接

英明的总裁

新总裁在一次视察工作中，决定与员工共同进餐，和大家多沟通一下感情。当他来到餐厅时，发现员工都是三三两两地坐在一起就餐，无法实现广泛的交流。原来餐厅的桌椅仿照快餐店的一体式餐桌椅，最多只能坐四个人。于是，视察工作结束后，总裁批准的一项重要工作就是：把公司餐厅里的桌子全部更换成一种矩形长条桌，让素不相识的员工增加接触的机会。

这是利用概率的方法，来给员工提供更多非正式的沟通、交流机会。

（3）按照沟通的对象不同分类。

①直接沟通。直接沟通是指信息的发送者与接收者直接进行信息交流，无须第三者传递的沟通方式。例如面对面的交谈、电话交谈等。直接沟通的优点是沟通迅速，双方可以充分交换意见，交流信息，迅速取得相互间的了解。其缺点是信息的有效传递需要时间和空间的一致性，有时直接沟通会存在一定困难。

②间接沟通。间接沟通是指信息发送者必须经过第三者的中转才能把信息传递给接收者。间接沟通的优点是不受时间和空间的限制。其缺点是比较浪费时间和人力，并且可能产生信息缺失或失真。

◆ 案例分析

错在哪儿

业务员小刘刚办完一个业务回到公司，就被主管马林叫到办公室："小刘哇，今天业务办得顺利吗?"

"非常顺利，马主管。我花了很多时间向客户介绍我们的产品，让他们了解到这是最合适他们的产品，并且在别家拿不到这么合理的价钱，因此顺利地销售出去100台机器。"小刘兴奋地说。

马林赞许地说"不错！但是你完全了解了客户的情况吗？会不会出现反复的情况？你知道我们部的业绩是和销售量挂钩的，如果他们把货退回来，对我们的士气打击会很大。"

"调查清楚了。"小刘兴奋的表情消失了，"我是先在网上了解到他们需要供货的消息，又向朋友了解了他们公司的情况，然后才到他们公司去联系的，而且我是通过你批准才出去的呀!"

"别激动嘛，小刘，我只是出于对你的关心才多问几句的。"马林讪讪地说。

小刘不满道："关心？你是对我不放心才对吧！"

（资料来源：赫志强．经理与下属：关心下属的业务引起误会，中国管理传播网，2006.）

问题讨论：

1. 业务员小刘和主管马林的沟通错在哪儿？
2. 该如何消除二者之间的沟通偏差呢？

任务实训

正确运用商务沟通

1. 背景资料

业务员小姜业绩十分突出。根据近段时间在销售产品时了解的信息，他认为如果公司继续按照原价销售产品，销售额将会有不小的下降。于是他向主管提出请求，希望能给他适当的降价权，并保证能提高产品的销售额。但主管听后却冷淡地说："这不可能。"小姜感到很失望，不久便辞职离开了公司。

2. 实训目标

通过实训使学生进一步巩固商务沟通的相关基础知识。

3. 实训步骤

（1）将全班学生分为若干个小组，每个小组 4 ~6 人。
（2）各小组成员设想自己作为案例中的主管，应该如何回答小姜的请求，展开讨论。
（3）各小组派出一名代表在班级陈述本组的观点。
（4）各小组成员将研讨内容整理，形成一份书面报告上交老师。

4. 实训成果

研讨报告。

5. 实训评价

教师根据研讨报告及小组陈述表现做出统一评价。

任务 2
探讨有效商务沟通的步骤

学习目标

掌握有效商务沟通的六个步骤，并应用于商务沟通与谈判中。

任务描述

有效的商务沟通包含事前准备、确认需求、阐述观点、处理异议、达成协议、共同实施六个步骤，按照这六个步骤去沟通，可以使工作效率得到提升。

任务学习

在商务活动中要完成一次有效的沟通，我们会把它分为事前准备、确认需求、阐述观点、处理异议、达成协议、共同实施等步骤。按照这六个步骤去沟通，可以很好地让谈判者解读信息，了解对方意图，使双方在心情舒畅中达成共识。

1. 事前准备

商务沟通前的准备工作是实现良好沟通的基础，为了提高沟通的效率，沟通前要有一套完整的方案，要了解客户的心态、了解市场的情况、了解方案在操作中可能面临哪些问题、有几种解决的方案。为此要事前准备这样一些内容：确定沟通的目标、制订计划、预测可能遇到的异议和争执、对情况进行态势分析。

（1）确定沟通的目标。在与对方沟通之前，我们要确定一个目标，即希望通过这次沟通达成什么样的效果。目标是沟通的核心，只有具备清晰的目标，才能在整个沟通过程中始终围绕目标去陈述，才能控制整个沟通的过程，从而达到沟通的成功。

拓展阅读

设定目标的种类

（1）顶线目标。顶线目标是对目标制定一个最为理想的目标。是在一个理想的状态下，有可能实现的目标。

（2）现实目标。现实目标是商务沟通人员根据各种客观因素情况，经过科学论证、预测、决策后所确定的目标。基本利益目标，是要坚守的主要防线。

（3）底线目标。底线目标是毫无退让余地，必须达到的目标。

（2）制订计划。根据目标制订商务沟通计划，即怎样与对方沟通，先说什么，后说什么。

（3）预测可能遇到的异议和争执。可以通过以下办法：①对比自己和对方的目标之间究竟存在着多大的差距，这些差距正是产生争执的最主要原因；②考虑这个差距可能通过双方怎样的让步来逐渐缩小；③充分考虑自己的最终底线是什么；④给对方提供几个可供选择的备选方案。

（4）对情况进行态势分析。要明确双方的优势、劣势、机会、威胁，最大程度地利用优势和机会，使劣势与威胁降低到最低限度，设定一个更合理的、大家都能够接受的目标。

2. 确认需求

确认双方的需求，明确双方沟通的目的是否是一致的。确认需求有三个步骤，分别是有效提问、积极聆听、及时确认。

（1）有效提问。在商务沟通过程中，首先要确认对方的需求是什么。如果不明白这一点就无法最终达成一个共同的协议。要了解对方的需求、目标，就必须通过提问来达到。提问是非常重要的一种沟通工具，它可以帮助我们了解更多、更准确的信息，所以，提问在沟通中会常常用到并贯穿沟通过程的始终。提问还能帮助我们去控制沟通的方向以及谈话的方向。

（2）积极聆听。积极聆听是暂时忘掉自我的观点、期待、成见和愿望，全神贯注地理解讲话者的内容，与他一起去体验，感受整个过程。

聆听是一种积极的行为，它不仅能够帮我们收集到更多、更准确的信息，同时它能够鼓励和引导对方更好地去表达，与对方保持友好的气氛。

（3）及时确认。及时确认是非常重要而又是常常容易被忽略的。及时确认是要澄清双方的理解是否一致，强调重要内容，表达对所讨论内容的重视。如果没有听清楚、没有理解对方的谈话时，要及时提出，一定要完全理解对方所要表达的意思，做到有效沟通。

及时确认要做到对重要的沟通要有书面记录；用那些能够准确表达意思的短小、易懂的词汇；突出重要信息；对涉及时间、地点、人物的内容要加重语气。

码 1－2－1
不会聆听的汽车营销员

3. 阐述观点

阐述观点就是简单描述符合既定需求的建议，阐述建议的原因及实施方法，从而使对方了解己方的观点。

为了让对方能够理解且接受己方阐述的观点，在表达观点的时候，必须遵循 FAB（FAB 是单词 Feature，Advantage，Benefit 的缩写）法则，按 FAB 法则顺序来说，使对方能够听懂、能够接受。

属性（Feature）即产品所包含的客观现实，是产品所具有的性质。阐述时简易地说出产品的属性，避免使用复杂的术语，通常不超过 25 个字。作用（Advantage）即属性能够给客户带来的作用。利益（Benefit）即作用会给客户带来的利益，所强调的利益是对客户本身有利的。

案例链接

纯棉衬衣营销洽谈时的 FAB 应用

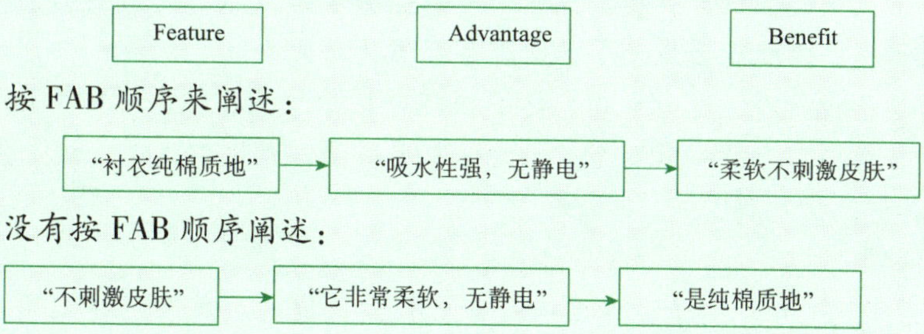

结论： 采用 FAB 顺序表达时，客户更容易听懂，且印象深刻。

4. 处理异议

商务沟通中的异议就是没有达成协议，对方不同意己方的观点，或者己方不同意对方的观点。出现异议并不是坏事，这表明对沟通的话题感兴趣，想获得更多的信息。

处理异议的方法很多，例如，将问题进行转化，寻求变通的方法解决；将问题反过来推向对方，后发制人；了解对方的看法和思路以便有针对性的调整自己的目标；对于对方为了取得主动权故意提出的异议可以忽略等。

当在沟通中遇到异议时，我们还可以采用一种类似于借力打力的方法——“柔道法”：不是强行说服对方，而是用对方的观点来说服对方。在沟通中遇到异议之后，首先要了解对方的某些观点，然后当对方说出了一个对己方有利的观点时，再用这个观点去说服对方。即在沟通中遇到了异议要用“柔道法”让对方自己来说服自己。

码 1－2－2
处理异议原则

5. 达成协议

商务沟通的结果就是最后达成了一个协议。是否完成了沟通，取决于最后是否达成了协议。在沟通中，任何一个协议都不是一次工作的结束，而是沟通的结束，意味着一项工作的开始。

在达成协议时，要做到以下几方面：对于达成的一致意见再次确认，加深印象；需留下书面材料的要签订协议或者备忘录；对于别人的支持与配合表示衷心地感谢；将对方的优点及时提出，表示真诚的赞美；庆祝协议达成。

6. 共同实施

在达成协议之后，要共同实施。达成协议是沟通的一个结果，商务活动中任何沟通的结果意味着一项工作的开始，要共同按照协议去实施。如果我们达成了协议，可是没有按照协议去实施，就会失去对方的信任，那么下一次沟通就会变得非常困难。所以在沟通的过程中，对所有达成的协议一定要持积极合作的态度，按既定方针去努力，按照协议去实施，发现变化及时沟通，共同实施协议。

◆ 案例分析

丢掉的订单

某位名人向美国汽车推销之王乔·吉拉德买车，乔推荐了一种最好的车型给他。那人对车很满意，眼看就要成交了，对方却突然变卦而去。

乔百思不得其解，晚上十一点忍不住打电话给那人：“您好！我是乔·吉拉德，今天下午我曾经向您介绍一款新车，眼看您就要买下，却突然走了。这是为什么呢?”

“你真的想知道吗?”

“是的!”

“实话实说吧，小伙子，你根本没有用心听我说话。就在签字之前，我提到我的儿子吉米即将进入密执安大学读医科，我还提到他的学科成绩、运动能力以及他将来的抱负，我以他为荣，但是你毫无反应。”

（资料来源：余世维．有效沟通Ⅱ．北京：北京大学出版社，2009.）

问题讨论：

1. 乔·吉拉德销售失败的原因是什么?
2. 你有破解的办法吗?

任务实训

异议应对

1. 背景资料

客户存在异议时常用的拒绝借口	应对技巧
我要考虑考虑	
我们的预算已经用完了	
我要和老板商量	
这是我们总公司在负责的	
你的价格太高了	
我们已经有很好的供应商了	
现在生意不景气	

2. 实训目标

通过实训使学生学会沟通时异议的处理。

3. 实训步骤

（1）将全班学生分为若干小组，每小组 4～6 人，选定一位组长。

（2）各小组成员展开讨论，依据背景资料，找出应对异议办法，形成研讨报告。

（3）各小组组长汇报工作成果，并将研讨报告上交老师。

4. 实训成果

研讨报告。

5. 实训评价

教师根据研讨报告及小组陈述表现做出统一评价。

任务 3
认识商务谈判

学习目标

掌握谈判和商务谈判的含义；理解商务谈判的特征及商务谈判的基本构成要素；了解价格、交易条件、合同条款、谈判时间、谈判地点、谈判议程等谈判要素。在日常生活和商务沟通与谈判中能够熟练地应用这些知识。

任务描述

谈判是人类的一种基本活动，在企业管理、商品销售以及我们每天的待人处事中，都经常有谈判活动。商务谈判具有以经济利益为谈判目的、以价格谈判为核心、注重合同条款的严密性与准确性的特征，由谈判主体、谈判议题、谈判背景等基本要素构成，有合同之内的商务谈判和合同之外的商务谈判等内容。

任务学习

中国自古就有“财富来回滚，全凭舌上功”的说法。在商业活动中，谈判是交易的前奏曲，谈判是销售的主旋律。

1. 谈判的含义

按照《辞海》的解释：谈的本意为“彼此对话、讨论”；判的本意为“评断”。可见，“谈”意味着过程；“判”意味着结果。

谈判是利益相关的当事人（两方或多方）为了实现各自的利益目标，运用各种互动手段而进行的自愿、平等的协商过程。

想一想

到菜市场买菜时和商贩的讨价还价是不是谈判？

美国谈判学会会长杰勒德·L·尼尔伦伯格认为：谈判是人们为了协调彼此之间的关系，满足各自的需要，通过协调而争取达到意见一致的行为过程。

谈判的表述可以多种多样，但都包含以下要点：谈判总是以某种利益的满足为目标，是建立在人们需要的基础上的；谈判是两方以上的交际活动，只有一方则无法进行谈判活动；谈判是寻求建立或改善人们的社会关系的行为；谈判是一种协调行为的过程。

2. 商务谈判的含义

商务谈判是指具有法人资格的交易双方或具有利益相关的当事人，为了协调其经济关系，满足贸易需求，围绕涉及双方利益的标的物的交易条件，彼此通过信息的交流、磋商协议达到交易目的的行为与过程。

3. 商务谈判的特征

（1）以经济利益为谈判目的。谈判者以获取经济利益为基本目的，在满足经济利益的前提下才涉及其他非经济利益。比较注重谈判所涉及的成本、效率和效益，人们通常以获取经济效益的好坏来评价一项商务谈判的成功与否。

（2）以价格谈判为核心。在商务谈判中价值的表现形式——价格最直接反映了谈判双方的利益。谈判双方在其他利益上的得与失，在很多情况下或多或少都可以折算为一定的价格，并通过价格的升降而得到体现。但一方面要以价格为中心，坚持自己的利益；另一方面又不能仅仅局限于价格，应该拓宽思路，设法从其他利益因素上争取应得的利益。

（3）注重合同条款的严密性与准确性。商务谈判的结果是由谈判各方协商一致的协议或合同来体现的。合同条款实质上反映了各方的权利和义务，合同条款的严密性与准确性是保障谈判获得各种利益的重要前提。在商务谈判中，谈判者不仅要重视口头上的承诺，更要重视合同条款的准确性和严密性。

想一想

商务谈判有消失的那一天吗？

4. 商务谈判的基本构成要素

码 1－3－1
分橙子的故事

码 1－3－2
“虎口救人”

商务谈判的基本构成要素如图 1－1 所示。

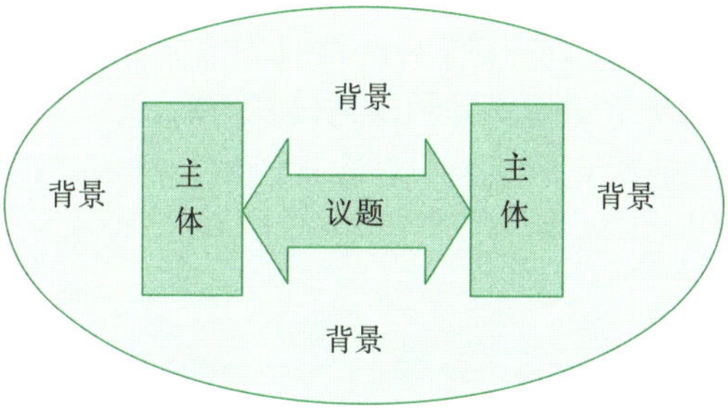

图 1－1　谈判的基本构成要素

（1）谈判主体。谈判主体是指参加商务谈判的当事人。商务谈判主体可以分为关系主体和行为主体。关系主体是指在商务谈判中有权参加谈判并承担谈判后果的自然人、社会组织及其他能够在谈判或履约中享有权利、承担义务的各种实体。行为主体是指实际参加谈判的人。

（2）谈判议题。谈判议题是指谈判各方共同关心并希望解决的问题，是谈判的内容，谈判者利益的体现。例如国际贸易中的货物、价格、质量、数量、包装、支付方式等。一场谈判可以有多个议题，也可以只有一个议题。

（3）谈判背景。谈判背景包括谈判的时间、地点、环境。即举行正式谈判的时间安排；谈判开展的地点；影响谈判的各种宏观和微观因素。

5. 商务谈判的内容

商务谈判是商业事务的谈判，包含了多种类型的谈判，但不管哪种类型的谈判，一般都包括以下基本内容。

（1）合同之内的商务谈判。商务谈判一般包含价格谈判、交易条件谈判、合同条款谈判三方面基本内容：

①价格谈判。商务谈判的价格不仅是指商品价格，也是指谈判方让渡的金额。价格谈判是商务谈判的核心，它直接关系交易各方的经济利益，也与其他交易条件有着密切的联系。

价格谈判主要涉及价格术语、价格计量、单价与总价、相关费用等内容。

②交易条件的谈判。交易条件的谈判是指围绕价格为中心的相关构成条件的谈判，是谈判者利益的重要组成部分。交易条件主要包含标的、品质、数量、包装、保险、支付、检验、索赔、仲裁、不可抗力等。

③合同条款的谈判。合同条款是确定谈判当事人权利和义务的根据。它主要包含谈判方的权责约定、违约责任、纠纷处理、合同期限、补充条件、合同附件等，它们构成商务谈判的基本内容。

（2）合同之外的商务谈判。除合同内容外，谈判时间、地点、议程是组成谈判的重要部分，对谈判产生影响。

①谈判时间的谈判。谈判时间包含在什么时间举行谈判、谈多长时间、各个阶段时间如何分配、议题出现的时间顺序等。谈判时间的安排可以说是议程中的重要环节。因为时间的不同，各种环境因素都会发生变化，给谈判各方带来不同的影响。

②谈判地点的谈判。谈判地点的选择是比较讲策略的。谈判地点有主场谈判、客场谈判、主客场轮流谈判、中立地点谈判。一般来说主场谈判比客场谈判对己方更有利。

③谈判议程的谈判。谈判议程的安排对谈判双方非常重要，议程本身就是一种谈判策略。谈判议程一般要说明谈判时间的安排和谈判议题的确定。

④其他事宜的谈判。其他事宜的谈判包含参加谈判人员的确定、谈判场所的选择、谈判活动的相关事宜等。

6. 商务谈判的基本流程

对于商务谈判的整体流程，有不同的描述方法，按商务谈判的阶段划分（见图 1－2），有准备阶段、开局阶段、磋商阶段、成交阶段、签约阶段。

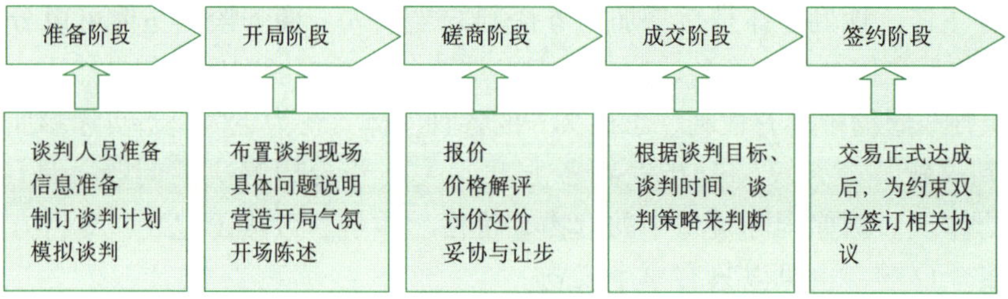

图 1－2　商务谈判的基本流程

◆ 案例分析

盘店谈判

五一期间街舞爱好者李棵（买家）萌发在昌百商务大学边开一家街舞和轮滑用品时尚店的念头。此时坐落在大学不远处的秦鹏时尚外贸店正面临房租到期的状况，店主秦鹏（卖家）急于出手铺面。

买家向卖家提出盘店意向，5 月 18 日，双方在秦鹏店铺中开始谈判。

卖家具体介绍了店内的基本状况和装修情况：面积、水电、墙面、地板、货架、付款台以及其他重金属装饰品，装修成本逼近 4 万元。

在得知买家开店主要做的产品项目后，卖家建议："你们跳街舞的最重要的就是服饰，这店现在就是做服饰的，你接手以后可以直接做。你们还可以卖一些比较大众的外贸服装，现在店里的货可以直接拿去卖。"卖家继续建议："我在广东和成都等地都有货源，可以帮你们拿货，渠道短，保证最低价。"

随后卖家开出价单：渠道 + 现货 + 铺子为 11 000 元；现货 + 铺子为 9 000 元；铺子为 7 000 元。

买家提出店铺位置偏，马上就是六月份，七八月份暑假根本无钱可赚，只出 4 000 元购买店铺。并表示十分想要卖家的渠道，如果谈不成，只好另找店铺。

因为房租即将到期，卖家在多轮讨价还价之后无奈提出："如果加货品和渠道，最低 7 000 元。"买家答应并表示，目前只有 4 000 元，3 000 元 1 个月后支付。

双方签订协议，谈判告终。

问题讨论：

1. "盘店谈判"有哪些谈判的基本构成要素？
2. 整个谈判过程中涉及哪些谈判内容？

任务实训

商务谈判内容研讨

1. 背景资料

学生收集的经典商务案例。

2. 实训目标

通过实训使学生了解商务谈判构成要素和谈判内容。

3. 实训步骤

（1）将全班学生分为若干个小组，每小组 4 ~6 人，推举一位组长。

（2）课余时间通过各种渠道搜集经典商务谈判案例。

（3）各小组分别研讨，形成一份研讨报告，列举案例中的商务谈判构成要素和谈判内容。

（4）各小组组长汇报工作成果，并将研讨报告上交老师。

4. 实训成果

研讨报告。

5. 实训评价

教师统一评价并展示优秀作品。

任务4
细分商务谈判种类

学习目标

通过了解各种不同种类的商务谈判，以便更好地选择谈判种类，成功完成谈判。

任务描述

商务谈判可以按照利益主体、参加谈判的人数规模、谈判进行的地点、谈判的各方所采取的态度与方针、谈判的具体内容等标准分类。

任务学习

按照不同的标准，可将商务谈判划分为不同的类型。

1. 按照参加谈判的利益主体不同分类

（1）双边谈判。双边谈判是指有两个利益主体的谈判，这种类型的谈判利益关系明确、具体，协调容易。

（2）多边谈判。多边谈判是指有两个以上的利益主体参加的谈判，这种类型的谈判利益关系复杂，协调困难。

2. 按照参加谈判的人数规模不同分类

（1）个体谈判。个体谈判是指双方只有一个人参加，一对一地进行协商谈判，这种类型的谈判以个人为中心，不易寻求帮助，要求谈判人员为全能型，适合简单且相对容易的谈判。

（2）集体谈判。集体谈判是指双方都有两个或两个以上的人员参加谈判，这种类型的谈判易于求助，但难以协调，要求谈判人员是一专多能型的人才，要求专家发挥协同效应，适合重大、复杂的项目谈判。

码1－4－1
集体谈判的发展

3. 按照谈判进行的地点不同来分类

（1）主场谈判。主场谈判是指在自己一方所在地、由自己一方做主组织的谈判，这种类型的谈判的东道主容易建立心理优势，可以以礼压人，可以同时在谈判场内外两个领域展开活动。

（2）客场谈判。客场谈判是指在谈判对手所在地进行的谈判，这种类型的谈判往往客随主便，要求谈判人员要审时度势，反应灵活。

（3）中立地谈判。中立地谈判是在谈判当事各方所在地之外的地方组织的谈判，这种情况多因为平衡地理优势或交易的保密需要，或有第三方介入谈判。

码 1－4－2
艾柯卡与工会的谈判

4. 按照谈判的各方所采取的态度与方针不同分类

（1）让步型谈判。让步型谈判（也称软型谈判），是指谈判者仅为达成协议而不惜做出任何让步的谈判。这种类型的谈判不是把对方看作敌人，而是看作朋友，希望避免任何冲突。如果谈判者都愿意采用这种谈判方式，达成协议的可能性和速度以及谈判的成本与效率都会令人满意，并且双方的关系也会得到好的发展。如果单方面地使用这种谈判方式，会给己方造成严重损失。在实际的商务谈判实践中，往往是在双方合作关系非常友好，并有长期业务往来的谈判中才适用。

（2）立场型谈判。立场型谈判（也称硬性谈判），是指谈判者在谈判开始即提出一个极端立场，并极力维护、固守，而看不到对方需求和双方利益共同点的谈判。这种谈判类型的谈判者在谈判中将注意力放在如何维护自己的立场、否定对方的立场上，迫不得已才肯做出点让步，结果导致双方关系紧张，降低谈判效率，很难达成协议，即使达成协议，也没有真正的胜者。因此一般不使用这种谈判。

（3）原则型谈判。原则型谈判（也称价值谈判法、满意谈判法、实质利益谈判法），是指强调谈判取得的价值，力图寻找谈判双方对立立场背后的共同利益，并寻找替代性立场，协调双方利益的谈判。原则型谈判注意与对方的人际关系；认为在双方对立的立场背后，共同性利益多于冲突性利益；要求谈判双方尊重对方的基本需求，协调双方的利益，进而找到兼顾双方利益的替代性立场；利益发生冲突时，根据公平的标准来做决定；强调通过谈判所取得的经济上的价值和人际关系的价值。它是一种既有理性又富有人情味的谈判，为世界各国的谈判研究者和实际谈判人员所推崇。

资料卡

原则型谈判最早由哈佛大学谈判研究中心提出，故又称“哈佛谈判术”。

让步型谈判、立场型谈判、原则型谈判的比较如表 1－1 所示。

表 1－1　　三种谈判方法的比较

比较标的	让步型	立场型	原则型
视对手为	朋友	敌人	问题的共同解决者
目　标	达成协议	赢得胜利	圆满解决问题
手　段	对人和事都温和	对人和事都强硬	对人温和、对事强硬
立　场	轻易改变	坚持不变	重点放在利益上
做　法	提出建议	威胁对方	共同研究共同性利益
方　案	找出对方能接受的方案	找出自己能接受的方案	规划多种方案供双方选择
结　果	屈服于对方的压力	施加压力使对方屈服	屈服于原则而不是压力

5. 按照谈判的具体内容不同分类

（1）合同条款谈判。合同条款谈判是指商业交易条件形成后的法律鉴证文字的磋商，主要表现形式为对合同正文和附件的谈判。

（2）货物买卖谈判。货物买卖谈判是指一般的商品买卖谈判，它主要是买卖双方就货物的质量、数量、包装、价格、保险、装运、支付、商检等交易过程中双方的权利、义务等问题进行的谈判。这是商务谈判中数量最多的一种谈判，在企业的商务谈判中占有十分重要的位置。

（3）技术买卖谈判。技术买卖谈判是指技术有偿转让所进行的商务谈判，指受方与技术的转让方就转让技术的方式、内容、质量规定、适用范围、价格条件、支付方式以及双方在转让中的一些权利、责任、义务关系问题所进行的谈判。主要包括技术谈判和商务谈判。

（4）劳务合作谈判。劳务合作谈判是指劳务买卖双方就劳务提供的形式、内容、时间，劳务的价格、计算方法及劳务费的支付方式以及有关买卖双方的权利、责任、义务关系进行的谈判。

（5）“三来一补”谈判。“三来”是指从国外来料加工、来样加工和来件装配业务。谈判涉及的内容包括来料来件的时间、质量认定、产品标准，成品的交货时间及质量认定，原材料损耗率的确定，加工费的计算和支付。“一补”是指补偿贸易洽谈，是一种买方全部或部分地以实物对进口货物做延期支付的贸易方式。谈判内容主要涉及技术设备的作价、质量保证，补偿产品的选定及作价、补偿时间、支付方式等问题。

（6）租赁业务谈判。租赁业务谈判主要是指我国企业从国内或国外租用机器和设备而进行的谈判。它主要涉及机器设备的选择、交货情况、维修保养，租期到期后的处理、租金的计算及支付方式以及租赁期内租赁者与承租者双方的责任、权利、义务关系等问题。

◆ 案例分析

愉快的购衣过程

立冬后天渐凉，唐瑶瑶急需一件过冬的棉衣。周末她乘车来到洪城大市场，寻觅一番之后，在一家名叫“美美的新装”小服装店看中了一件玫红色羽绒服。讨价还价是在非常友好的气氛中进行的，你一言我一语，唐瑶瑶和女店主就标价 798 元的衣服以 428 元成交。拎着包装精美的衣服，唐瑶瑶由衷地对店主说：“美女姐姐，我下次还来你店买衣服。”

问题讨论：

“愉快的购衣过程”是哪种类型的谈判？

提示：

同一个谈判按不同的标准，可以划分为不同的谈判类型。

任务实训

“戴维营协议”

1. 背景资料

1978 年 9 月 6 日，应美国总统卡特的邀请，美国、埃及、以色列三方在美国总统休养地戴维营举行最高级会议。参加会议的有美国总统卡特、埃及总统萨达特和以色列总理贝京，会议持续了 12 天。

终于在 9 月 17 日埃以双方签署了在中东和平进程中具有历史意义的《关于实现中东和平的纲要》和《关于签订一项埃及同以色列之间的和平条约的纲要》两份文件，这就是著名的“戴维营协议”。

2. 实训目标

通过实训使学生了解商务谈判的种类。

3. 实训步骤

（1）将全班学生分为若干个小组，每小组 4 ~6 人，推举一位组长。

（2）在背景资料的基础上，利用课余时间完善“戴维营协议”。

（3）各小组分别研讨，通过研讨后，形成一份研讨报告，说明“戴维营协议”的谈判类型。

（4）各小组组长汇报工作成果，并将研讨报告上交老师。

4. 注意事项

同一个谈判按不同的标准，可以划分为不同的谈判类型。

5. 实训成果

研讨报告。

6. 实训评价

教师统一评价并展示优秀作品。

任务 5
遵循商务谈判的基本原则

学习目标

通过了解商务谈判的基本原则，在未来的工作中自如地驾驭谈判实践活动。

任务描述

商务谈判的原则包括客观真诚、平等互惠、求同存异、公平竞争、讲究效益等原则。

任务学习

商务谈判的原则是指谈判的指导思想和基本原则。它决定了谈判者在谈判中将采用什么谈判策略和谈判技巧以及怎样运用这些策略和技巧。

1. 客观真诚的原则

客观真诚是商务谈判的基础，是谈判取得成功的首要原则，中国自古就有“货真价实，童叟无欺”的八字经典。谈判是智慧的较量，谈判桌上，唯有确凿的事实、准确的数据、严密的逻辑和艺术的手段，才能将谈判引向自己所期望的胜利。在谈判中，对对方应真诚相待，讲信用、讲信誉，才能取得相互的理解、信赖与合作，这在很大程度上奠定了谈判成功的基础。

2. 平等互惠的原则

谈判各方没有高低贵贱之分，通过平等协商、公平交易来实现各方的权利和义务的对等，谈判才能顺利进行下去。

码 1－5－1
互惠的谈判

准备进行商务谈判时以及在谈判过程中，在不损害自身利益的前提下，应当尽可能地替谈判对手着想，主动为对方保留一定的利益。商务谈判最圆满的结局应当是谈判的所有参与者各取所需、各偿所愿，同时也都照顾到其他各方的实际利益，是一种多赢的局面。

3. 求同存异的原则

求同的过程也可以看作双方不断妥协的过程，在妥协中，消除分歧，最终实现谈判的成功。在商务谈判中，谈判各方应该把重点放在双方的利益上来考虑问题。如何解决分歧，关键不是紧抓分歧不放，而是应从使谈判获得成功的这一目标出发，围绕双方的共同利益，开展有建设性的交流，使谈判各方都有收获，大家都是胜利者，就必须求大同存小异。

小贴士

如果一单生意只有自己赚，而对方一点不赚，这样的生意绝对不能干。有钱大家赚，利润大家分享，这样才有人愿意合作。

——李嘉诚

4. 公平竞争的原则

公平竞争的原则就是主张通过竞争达成一致，通过竞争形式的合作达到互利，通过竞争从对方承诺中获得自己尽可能多的利益。这种竞争是通过采用符合法律、法规的手段或方法，以实现其经济利益的一种竞争。

码 1－5－2
富兰克林的
求同存异

5. 讲究效益的原则

正确的效益观，不应仅看到眼前的、局部的利益，更要看到整体的、长远的利益，同时还要注重谈判的效率，节约谈判的资源和成本。

◆ 案例分析

被“贱卖”的风衣

程佳敏到百货大楼购物。在一排做工精致、用料考究的女式风衣前，程佳敏发现一件风衣的标签上赫然印着680元的标价。这是一起明显的标价错误事件，因为这排风衣的统一标价是1 680元。售货员非常友好地向程佳敏致歉，并告之小标签上的价格是因为计算机的差错，“680元”前面的“1”字没有标清楚。但程佳敏认为，既然小标签上印着“680元”，这就意味着商家对顾客的一种承诺，因此，她坚持要以“680元”的价格买走该风衣。售货员不敢做主，她让程佳敏留下联系地址，告之次日将给她一个满意的答复。百货大楼的负责人连夜紧急磋商，决定以“680元”的售价将风衣卖给程佳敏。

问题讨论：

1. 百货大楼对程佳敏“贱卖”风衣遵循的是什么商务谈判原则？
2. 你赞同百货大楼的做法吗？为什么？

任务实训

校企合作（1）

1. 背景资料

校企合作——企业提供实习基地、设备、原料，企业参与学校的教学计划制订，并指派专业人员参与学校的专业教学。校企双方互聘，企业工程师走进学校给学生授课，同时学校教师给企业员工培训。学生到企业实习，既是提高专业技能的过程，也是为企业生产产品、为企业创造价值的过程，既解决了实训材料费用紧缺的矛盾，又练就了学生过硬的本领。

2. 实训目标

通过实训使学生了解商务谈判应遵循的基本原则。

3. 实训步骤

（1）将全班学生分为若干个小组，每小组4～6人，推举一位组长。

（2）在背景资料基础上，请本校“校企合作”职能部门工作人员给全班同学介绍本校校企合作谈判及实施情况。

（3）各小组分别研讨，通过研讨后，形成一份研讨报告，说明“校企合作”的谈判原则、所在学校有哪些“校企合作”项目及带来的成果。

（4）各小组组长汇报工作成果，并将研讨报告上交老师。

4. 实训成果

研讨报告。

5. 实训评价

教师统一评价并展示优秀作品。

任务 6
确立商务谈判的成功模式

学习目标

了解商务谈判的价值评判标准和商务谈判的成功模式，用“成功模式”指导实际商务谈判。

任务描述

商务谈判是否成功，有谈判目标实现的程度、谈判总成本与谈判效率的高低、双方关系改善的程度三点评价标准；树立正确的谈判意识是“成功模式”的实施前提；“成功模式”由制订洽谈计划、建立洽谈关系、达成洽谈协议、履行洽谈协议、维持良好关系构成。

任务学习

确立商务谈判成功的评价标准，对谈判计划、谈判目标的确定和谈判过程中策略的运用起着十分重要的指导作用。带着“标准”进行谈判，就能够“有所为”“有所不为”。商务谈判的成功在于谈判成功模式的建立，成功模式无疑是谈判通向成功彼岸的指南。

1. 商务谈判的价值评判标准

码 1-6-1 合作目标—双赢

（1）谈判目标实现的程度。谈判目标的实现是衡量谈判是否成功的首要标准，根据谈判各方的具体情况不同，应重点考虑如何使既定目标得以实现。谈判各方达成协议的核心特点是双赢；理想的境界是谈判各方利益得到分享。

（2）谈判总成本与谈判效率的高低。谈判的方式必须有效率，因为谈判达成协议的效率也是双方都追求双赢的内容之一。效率高的谈判使双方有更多的精力拓展商务机会。

（3）双方关系改善的程度。谈判应该可以改进或至少不会伤害谈判各方的关系。从发展的眼光来看，合作关系会给双方带来更多的机会。

案例链接

毫不让步的谈判

美国纽约印刷工会领导人伯特伦·波厄斯以“经济谈判毫不让步”而闻名全国。他在一次与报业老板举行的谈判中，不顾客观情况，坚持强硬立场，甚至两次号召报业工人罢工，迫使报业老板满足了他提出的全部要求。报社被迫同意为印刷工人大幅度增加工资，并且承诺不采用排版自动化等先进技术，防止工人失业。结果以伯特伦·波厄斯为首的工会一方大获全胜，但是报业老板却陷入困境：首先是三家大报被迫合并，接下来便是倒闭，数千名报业工人失业。

（资料来源：曹艺. 商务礼仪. 北京：清华大学出版社，2009.）

成功的谈判应该是谈判双方的需求都得到满足，双方的互惠合作关系得以稳固并进一步发展，从单方的角度来讲，谈判实际收益都远远大于谈判的成本。

码 1－6－2
咨询服务兑换午餐的协议

2. 商务谈判的成功模式

商务谈判的成功模式也可以被看成一个过程，包括树立正确的谈判意识和“成功模式”的构成。

（1）树立正确的谈判意识是“成功模式”的设计与实施的原则和指导思想。这种谈判意识主要有以下内容：

①双方协商、互惠互利。谈判各方应在肯定各自利益需求的基础上，本着合作协商、互惠互利的原则来解决问题，而不是竞争。

②抓住现在，放眼未来。谈判人员要有战略眼光，将眼前利益与长远利益结合起来。

③避虚就实，不要在非实质性问题上打消耗战。

（2）“成功模式”的构成。商务谈判的成功模式是遵循谈判成功的评价标准而产生的，由下列内容组成：

①制订洽谈计划。首先明确己方与对方的谈判目标分别是什么。在确定了两者的目标之后，通过比较找出其中利益一致的地方，对此加以确认，以提高和保持双方的谈判兴趣和成功信心；对利益不一致的地方，要发挥思维创造力，以缩小甚至弥合双方的分歧，探索双方都能满意的解决办法。

②建立洽谈关系。谈判正式开始之前，双方应做好感情沟通，以使双方在谈判协商过程中都能感受到舒畅、轻松、融洽的气氛，从而大大降低谈判协商的难度。如果还没有与对方建立足够好的信任关系，就不应匆忙进入实质性事务协商的正题，否则很难达到预期的结果。而一旦有了情感的投入，即使较为困难的问题，也常能迎刃而解。为此，在谈判中应当表现出对对方事业和个人的关心、礼仪上的周到、己方的诚意等。

③达成洽谈协议。确认共同利益点，并在此基础上通过充分磋商，制定一个双方都能接受的方案。

④履行洽谈协议。维持协议并确保其得到良好的实施，一方面是企业诚信的展示，另一

方面是双方利益需求得到满足的保证。为促使对方履行协议必须做好以下两件事：一是己方积极信守协议，认真履行合同，并及时把有关实施情况通告对方；二是对对方遵守协议约定的行为给予适时良好的情感反应。

⑤维持良好关系。对于一个具有长远眼光的谈判者来说，还需要维持同对方的关系。谈判后，尽力保持和维护同本次交易谈判中开发出来的同对方的关系，如保持同对方的接触和联络，特别是个人之间的关系，以避免今后同对方进行交易时再花费精力重新开发这种关系。

商务谈判的成功模式不仅可以使某项具体的交易谈判获得成功，而且也为今后继续同对方成功地进行交易谈判奠定了基础。上述五个步骤应相互联系，前一步为后一步打基础，后一步是前一步的延续，从而可以循环运转，形成一个连续不断的交易谈判过程，即以本次交易的成功为基础去继续争取今后交易的成功，如图 1－3 所示。

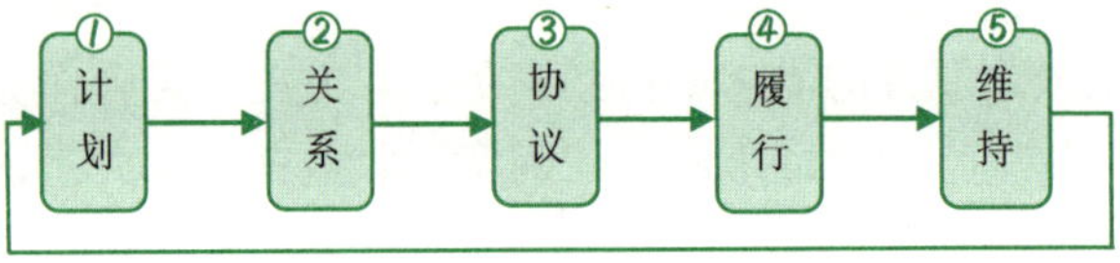

图 1－3　成功模式的循环

◆ 案例分析

远大公司的“胜利”

昌北食品厂从远大公司购买一台分析仪器，使用几个月后，一个价值 17 元的零件坏了，昌北食品厂希望远大公司免费调换一只。远大公司不同意，认为零件是因为昌北食品厂使用不当造成的，并特别召集了专家来研究，寻找证据。双方为这件事争执了很长时间，专家们费了九牛二虎之力终于证明了责任在昌北食品厂一方，取得了谈判的胜利。但此后整整 20 年时间，昌北食品厂再未从远大公司购买过一个零件。

问题讨论：

1. 远大公司的这一谈判究竟是胜利还是失败？原因何在？
2. 远大公司该怎么做才合适？

任务实训

校企合作（2）

1. 背景资料

“校企合作”——见项目 1 任务 5【任务实训】的背景资料。

2. 实训目标

通过实训使学生了解商务谈判的成功模式。

3. 实训步骤

（1）将全班学生分为若干个小组，每小组4～6人，推举一位组长。

（2）在背景资料的基础上，请本校“校企合作”职能部门的工作人员给全班同学介绍本校校企合作谈判及实施情况。

（3）各小组分别研讨，形成一份研讨报告，说明“校企合作”是否符合商务谈判的成功模式。

（4）各小组组长汇报工作成果，并将研讨报告上交老师。

4. 实训成果

研讨报告。

5. 实训评价

教师统一评价并展示优秀作品。

思考与练习

1. 单项选择题

（1）以下不属于商务谈判的主要特征的是（　　）。

A. 以经济利益为目的　　B. 是一个零和博弈的过程

C. 以价格谈判为核心　　D. 注重合同条款的严密性与准确性

（2）下列选项中，不属于商务谈判构成要素的是（　　）。

A. 谈判主题　　B. 谈判议题

C. 谈判背景　　D. 谈判风格

（3）商务谈判以（　　）作为谈判的核心。

A. 交易条件　　B. 合同条款

C. 谈判议程　　D. 价格

（4）（　　）在注意与对方人际关系的同时，建议和要求谈判双方尊重对方的基本要求，寻求双方利益上的共同点，积极设想各种使双方都有所获的方案。

A. 原则型谈判　　B. 让步型谈判

C. 价格型谈判　　D. 立场型谈判

2. 多项选择题

（1）商务谈判的种类主要包括（　　）。

A. 双边谈判和多边谈判　　B. 个体谈判

C. 群体谈判　　D. 软型谈判和硬型谈判

（2）商务沟通的目标具体可以分为（　　）等层次。

A. 信息的传递　　B. 信息的理解

C. 信息的接受　　D. 积极的反应

（3）成功商务谈判模式主要由（　　）构成。

A. 制订洽谈计划　　B. 建立洽谈关系

C. 达成洽谈协议　　D. 履行洽谈协议

（4）商务谈判的价值评判标准有（　　）。

A. 商务谈判目标的实现程度　　B. 谈判的效率如何

C. 谈判参与人数的多少　　D. 谈判后的人际关系如何

3. 判断题

（1）正式沟通是指按照组织明文规定的渠道进行信息的传递和交流。（　　）

（2）出现异议是坏事，这表明对方对沟通的话题没兴趣，不想获得更多的信息。（　　）

（3）沟通前要事前准备这样一些内容：设立沟通的目标、制订计划、预测可能遇到的异议和争执。（　　）

（4）谈判时间适当与否，对谈判结果有很大影响。（　　）

（5）双方关系改善程度的如何是衡量谈判是否成功的首要标准。（　　）

4. 案例分析题

案例 1

插　单

一个业务经理跟厂长说："厂长，这个订单你给插个单吧！"（插单即在生产计划中，临时来了一个订单并优先安排该订单）。

厂长不能够接受并说："这样插来插去，乱七八糟的，这个工厂还能干什么？"

"厂长你不想插，我也无所谓，公司都不在乎，我也不在乎，反正你看着办。"业务经理说罢就走了。

厂长心想："跟我来这套，我就不给你插！"

这时，另一个业务经理也要插单，他找到厂长："厂长，我刚坐上这职位，好不容易抢了一个订单，订单虽小，却是拼了半条老命才拿到的。厂长，我知道您的工作安排很满，但我查了一下，下个礼拜二、礼拜三、礼拜四，您分别各有两个小时的空档，我这张小单四个小时就可以做完，您看，下个礼拜二到礼拜四，我能不能借用您其中四个小时？"

厂长还在犹豫。业务经理又说道："厂长，我会叫我的兄弟过来帮忙，您看是搬材料还是搬机器？还有，我手上有一点点预算，2 万元钱，我打算拨 5 000 元给您的兄弟们，加加菜，喝喝酒，您看怎么样？"

厂长一听，笑了笑说："好吧，你的兄弟不用过来。"

（资料来源：余世维．有效沟通Ⅱ．北京：北京大学出版社，2009.）

问题讨论：

后一个业务经理插单成功的原因是什么？

案例 2

互利的合作

某粮食加工厂向某农场订购了一批优质水稻。期间，农场遭遇虫灾。为防止资金不足，经过谈判，粮食加工厂向农场提供了一部分预付款，帮助农场治虫。后来，优质水稻奇缺、价格飞涨，而农场依然执行原来的协议价格，将优质水稻卖给了粮食加工厂。

（资料来源：曹艺．商务礼仪．北京：清华大学出版社，2009.）

问题讨论：

（1）为什么先前粮食加工厂向农场提供部分预付款，后来农场依然执行原来的协议价格，将优质水稻卖给粮食加工厂？

（2）这是什么样的商务谈判模式？

项目二
2 探寻商务沟通技巧

案例导入

18元8角8分

在一次外交部举行的记者招待会上，周总理介绍了我国经济建设的成就及对外方针后，回答记者提问。一位西方记者问道："请问，中国人民银行有多少资金?"其本意是讥笑我国建国初期的贫穷。

周总理正色作答："中国人民银行货币资金嘛，有18元8角8分。"全场愕然，鸦雀无声。

周总理以风趣的语调解释说："中国人民银行发行的货币面额有10元、5元、2元、1元、5角、2角、1角、5分、2分、1分的10种主辅币人民币，合计为18元8角8分。中国人民银行是由全中国人民当家做主的金融机构，有全国人民做后盾，信用卓著，实力雄厚，它所发行的货币，是世界上最有信誉的货币之一，在国际上享有盛誉。"周总理一语惊四座，大厅内顿时响起热烈的掌声。

（资料来源：曹伟，荀志强．谈判力．北京：中国言实出版社，2005.）

问题思考：

周总理采用了何种回答问题的技巧?

任务1
探寻倾听的技巧

学习目标

理解倾听的概念，了解倾听的作用和类型，掌握造成倾听障碍的因素及倾听技巧。学会在商务沟通中更好地倾听。

任务描述

进行商务沟通时，细心地“听”比滔滔不绝地“说”更为重要。掌握倾听技巧，能有效地帮助倾听者提高倾听能力。有效的倾听技巧主要有集中精力地倾听，有鉴别地倾听，客观公正地倾听，积极主动地倾听，自我控制地倾听，做必要的记录。

任务学习

沟通贯穿于商务谈判的始终，而沟通最重要的方式是听、说、问、答。所以，商务谈判沟通的关键是要掌握倾听、陈述、提问、答复的技巧。

倾听是与人沟通最基本的技巧，是了解对方的一种直接、简便但非常重要的方式。

1. 认识倾听

商务沟通中的“听”是指在运用听觉器官听的同时，还用眼观察对方的表情、动作，用心去体会对方的话语，用脑去分析研究对方话语背后的动机。即倾听应是“耳”“眼”“心”“脑”综合运用的听。

码 2－1－1
用“心”倾听

2. 倾听的作用

倾听的宗旨在于接受信息，了解对方的心理，发掘事实的真相，以便在沟通时不断地调整自身的行为。倾听在沟通过程中的作用主要体现在：首先倾听可以满足对方受尊重的需要，激发对方的表达欲望，更真实地了解、把握对方的观点、态度、立场，从而掌握沟通的主动权；其次倾听和谈话一样具有说服力，常常能让倾听者取得意外收获。

3. 倾听的类型

（1）人物导向型倾听。人物导向型倾听风格的倾听者在商务沟通中非常重视和关注他人的情感，善于察言观色。对对方的谈话不会立即回应，对自己所听到的信息不会很快下判断。

（2）动作导向型倾听。动作导向型倾听风格的倾听者喜欢对方直截了当、直奔主题的说话方式，喜欢准确、恰当、得体的表述，对于啰嗦及语无伦次的表述缺乏耐心。

（3）内容导向型倾听。内容导向型倾听风格的倾听者非常关注对方传递的信息、内容及事情的细节，喜欢听最新、复杂及充满挑战的信息，并愿意随时判断对方传递的信息的真伪，而做决策时需要花费较长的时间。

（4）时间导向型倾听。时间导向型倾听风格的倾听者喜欢简短、快速地与他人沟通。这类人缺乏倾听的耐心，更愿意表达，常常打断对方的谈话，在听对方说话的同时，也常常在思考自己应如何表述。对对方的谈话会很迅速地给予语言和非语言的反馈。

4. 倾听的障碍

商务沟通中，人们非常重视如何表述自己的立场，说服对方，而忽略了倾听，产生倾听障碍。沟通时，影响倾听的因素多种多样，一般主要有以下几点：

（1）倾听者的文化知识、语言水平。倾听的效果如何，在很大程度上受倾听者的文化知识、语言水平等的限制。特别是倾听者受专业知识与外语水平的限制，而听不懂对方的讲话内容。

（2）倾听者的主观偏见。在商务沟通过程中，倾听者容易带着主观偏见或个人情绪去倾听，这就无法做到客观公正，很容易忽略某些重要的信息，甚至是扭曲对方传递的信息，误解对方的真实意图，造成沟通障碍。据心理学研究，人们会主动摒弃自己不喜欢的信息。因此，有时由于与对方观点不一致，也会导致倾听者有意识或无意识的少听或漏听。

（3）倾听者的精力。如果在商务沟通时，倾听者精力分散，或思路较对方慢，也会造成对对方信息的少听、漏听。

（4）环境的干扰。进行商务沟通时，倾听者所处的空间环境涉及心理因素，因而对倾听效果有一定的影响。有时，刻意的环境安排与布置会让倾听者感到有思想压力和心理障碍，从而干扰倾听者的正常思维，影响倾听效果。

码2－1－2
问禅南隐

5. 倾听的技巧

倾听的关键在于了解对方阐述的事实，理解对方表达的含义，鼓励对方进一步表述其对有关问题的想法。在商务沟通中要获得理想的倾听效果，其中有许多技巧。

（1）集中精力地倾听。商务沟通双方交谈中包含大量的信息，而人的注意力容易受到兴趣爱好、需求动机、情绪心态等因素的影响及外界的干扰。倾听者必须全神贯注、专心致志地倾听对方谈话，同时进行分析思考，保证自己的思维能跟上对方的思路，以获取充分有效的信息。

（2）有鉴别地倾听。在集中精力地倾听的基础上，为了达到更好的倾听效果，应有鉴别地倾听对方发言。一般情况下，人们说话是边想边说，有时表达一个意思要绕许多弯子。因此，倾听者就需要用心倾听，鉴别对方传递信息的真伪，去粗取精、去伪存真，这样才能获得对自己有用的信息。

（3）客观公正地倾听。先入为主地倾听，往往会扭曲说话者的本意，倾听者忽视或拒绝与自己心愿不符的意见，难以获得客观、准确的信息。因此，倾听者应客观公正，摒弃先入为主的观念，这样才能准确把握对方说话的意图，正确理解对方说话所传递的信息。

（4）积极主动地倾听。积极主动地倾听，一方面体现在倾听时能及时做出反馈。倾听并不是被动地接受，而是要了解对方的想法，同时反馈自己的信息。倾听者应主动与讲话者进行目光接触，并做出相应的表情，适当的回应能激起讲话者的兴致；另一方面则体现在注意观察对方的言行举止。通过仔细观察对方的手势、体态、目光、表情等来了解对方说话的本意。

（5）自我控制地倾听。倾听对方谈话时，要约束自己的言行。注意不要因轻视对方而抢话、急于反驳对方的观点、急于判断问题而放弃或耽误倾听。即使遇到自己难以对付的问题，也不要因为思考而对对方的谈话充耳不闻。这些行为都会影响倾听效果，有的行为甚至会破坏商务沟通的气氛。

（6）做必要的记录。进行商务沟通时，人的思维在高速运转，大脑需接受和处理大量的信息，只靠大脑记忆全部的信息几乎是不可能的。同时，做记录给人的印象是重视发言者讲话的内容，能对其产生鼓励的作用。因此，做记录是必要的。

总之，倾听是商务沟通中的一个主要环节，它是一种无声的谈话技巧。倾听者只有做到“多听”“善听”，才能增进交流、促进沟通、融洽彼此关系，为圆满完成谈判任务奠定坚实的基础。

◆ 案例分析

倾听式 CEO

万豪国际酒店集团的董事长兼 CEO 小马里奥特巡视一家酒店时，看到顾客对餐厅女招待的服务评分不高，询问经理问题出在哪儿，经理说不知道。这时，小马里奥特注意到了经理不安的身体语言，便问女招待的待遇是多少。得到回答之后，他又问为什么待遇比市场标准低。经理回答：“加薪要总公司决定，而我不想提出来。”

通过倾听小马里奥特发现了三个的问题：总公司管得太多；高层重视利润胜过顾客满意度；经理不敢提加薪要求，说明他的上级是糟糕的倾听者。当然，小马里奥特解决了这三个问题。

（资料来源：刘澜．向小马里奥特学倾听，商界：评论，2008（3）.）

问题讨论：

1. 小马里奥特属于哪种类型的倾听者？
2. 请分析小马里奥特的倾听方式和采用的倾听技巧。

任务实训

积极倾听

1. 背景资料

有甲、乙、丙三个角色，甲方为陈述方，乙方为倾听者，丙方为观察员。甲方需谈论在学习或生活中碰到的某一个问题；乙方倾听并提出建议；丙方观察双方的表现，为乙方提供建议，并现场点评双方表现。

2. 实训目标

培养学生的倾听能力。

3. 实训步骤

（1）将全班学生划分为若干个小组，每小组 3 ~4 人。

（2）小组成员轮流扮演甲、乙、丙的角色。

（3）观察员上台点评甲、乙的表现，并形成点评报告上交老师。

4. 实训成果

研讨报告。

5. 实训评价

教师统一评价并展示优秀作品。

任务 2
探寻陈述的技巧

学习目标

了解陈述的概念，理解陈述的原则，掌握陈述的技巧，以便在商务谈判中更好地陈述。

任务描述

能够层次清晰、态度诚恳、简洁流畅、语言生动地陈述己方的立场、观点，这是对业务人员语言表达能力最基本的要求。准确运用语言、针对性强、不伤对方的面子与自尊、选择合适的说话方式、委婉式的表达、了解应避免使用的言辞等陈述技巧，能帮助陈述者提高陈述能力，说服对方，实现沟通目标。

任务学习

陈述是开展商务沟通时最常见的语言表达方式。沟通双方通过述说，不断地向对方传递信息，力图使对方了解己方的立场、观点、要求和意图，促使沟通走向成功。

1. 陈述的概念

陈述是指介绍己方的情况，阐述客观事物的具体情况或己方对相关问题的具体看法，从而使对方了解己方的观点、立场和方案。

2. 陈述的作用

陈述者的陈述能力十分重要，陈述方式不同，对方接受的信息、做出的反应差别就很大。陈述者叙事清晰、论点明确、语言表达精练、证据充分，才能协调彼此的目标和利益，保证商务沟通的成功。陈述的作用表现为：首先可以准确无误地阐述沟通双方的意图，表达各自的目的与要求；其次是可以说服对方，实现己方的沟通目标；最后是能够缓和气氛、融洽关系，促进沟通顺利进行。

3. 陈述的原则

进行商务沟通表达观点、陈述问题时，应做到层次清晰、态度诚恳、简洁流畅、语言生动。

（1）层次清晰原则。商务沟通中的陈述不同于日常的聊天，应避免东拉西扯、语无伦次。陈述时应主题明确、层次清晰，力求准确表达己方意图。同时，叙述方式应尽可能适合倾听者的习惯，以便对方理解和接受。

（2）态度诚恳原则。陈述的目的是阐述己方观点、立场并说服对方理解和接受。因此，态度诚恳非常关键，应避免夸夸其谈、故弄玄虚、炫耀卖弄、语气傲慢等行为，否则很容易引起对方的反感，造成商务沟通失败。

（3）简洁流畅原则。商务沟通中的陈述应以对方能快速接受和理解信息为标准，避免使用专业性过强、过于隐晦的词语，应通俗易懂、简单明了。

（4）语言生动原则。为了使对方注意倾听己方的陈述，说话时应避免平铺直叙，语气语调没有任何变化。陈述时应尽量做到语调抑扬顿挫，语言风趣幽默，以达到吸引对方认真倾听的目的。

码 2－2－1
根据陈述画图

4. 陈述的技巧

沟通过程中，要准确恰当、有条有理地表达自己的观点与要求，要做到这些，必须适当运用陈述技巧。

（1）准确运用语言。沟通双方协商合同条款，应明确各自的责任、义务，因此，不要使用模棱两可、笼统和含糊的语言，以避免出现误会与不必要的纠纷。同时，措辞不当、前言不接后语、词不达意、没有逻辑性的语言，会使对方疑惑、反感，降低己方威信，成为沟通的障碍。

案例链接

你要买什么

美国大财阀摩根想从洛克菲勒手中买一块矿地。洛克菲勒派下属约翰出面与摩根交涉。见面后，摩根问："你准备开什么价？"约翰答道："摩根先生，我想你说的话恐怕有点不对。我来这并非卖什么，而是你要买什么才对。"约翰的几句话说明了问题的实质，掌握了主动权。

（资料来源：关三馨．第一流的商务谈判．北京：中国发展出版社，1998.）

（2）针对性强。在商务沟通中，语言要有针对性，做到有的放矢。针对不同的商品，沟通内容、沟通对手、同一对手的不同需求，要有针对性地使用语言，才能保证商务沟通的成功。

（3）不伤对方的面子与自尊。面子与自尊是商务沟通中极其敏感而又重要的问题。当一个人感到失了面子，自尊受到伤害时，要想与他沟通交往，会十分困难。多数情况下，沟通中丢面子、伤自尊都是由于语言不慎造成的。这种状况常常出现在双方对问题产生分歧时，对个人进行攻击与指责。

（4）选择合适的说话方式。在进行商务沟通时，可灵活运用“停顿”“重复”“改变语气语调”“调整语速”等方式，来增强陈述的效果。

一般，如果说话者要强调谈话的某一重点时，可运用“停顿”或“重复”，这样可加深对方对谈话内容的印象，“停顿”还可以让对方有机会对强调的内容进行思考或加以评论。当然，也可以运用加强语气，提高说话声音以示强调，或显示说话者的信心和决心。

在商务沟通中，通过改变说话语气语调、语速的快慢，特别是恰到好处地抑扬顿挫，也有助于增强讲话的效果，使听话者消除枯燥感，激发其兴趣。根据对方是否能理解你的讲话，以及讲话内容的重要程度，控制和调整说话的速度。

（5）委婉式表达。陈述时，应充分考虑到对方的感情和接受程度，尽量使用委婉语言，让对方在感情上接近自己，这样易于被对方接受，进而做出理智的决策。有经验的业务人员常常努力把自己的意见用委婉的方式伪装成对方的见解，让对方相信这是他自己的观点，如果反对这个方案就是反对他自己，因而容易达成一致，获得沟通成功。

（6）应避免使用的言词。进行商务沟通时，应尽量避免使用诸如极端性的语言、针锋相对的语言、涉及对方隐私的语言、伤自尊的语言、催促的语言、威胁性的语言、模棱两可的语言、否定或怀疑供应商商品质量的语言，以免影响相互之间的沟通、交流，引起对方的反感，破坏沟通气氛，不利于商务沟通顺利地开展。

陈述应随机应变，应针对具体说话对象、客观环境的变化灵活运用上述技巧，才能促进彼此沟通、交流，达到说服人的效果。

◆ 案例分析

秀才买柴

秀才去集市买柴，他不愿进市场，只是在门口观望。看见一位老农站在市场里，脚边放着一捆柴，他向老农喊道：“荷薪者，过来！”老农听见有人喊，但不知是叫谁。看见秀才远远地向他招手，于是挑着柴走过去。秀才指着柴问：“其价几何？”老农不知什么意思，但听到“价”字，估计是问价格，就说了一个价钱。秀才觉得价钱有些贵，还价道：“外实而内虚，烟多而焰少，请损之。”这次老农实在不知秀才讲些什么，还以为自己碰到一个怪人，挑起柴扭头就走了。

问题讨论：

1. 秀才此次买柴为什么会失败？
2. 秀才买柴的故事对你有何启示？

任务实训

故事接龙

1. 背景资料

教师事先准备好若干个谈判小故事。

2. 实训目标

培养学生陈述能力。

3. 实训步骤

（1）将全班学生划分为若干个小组，每两组为一个对应组。
（2）对应组轮流派组员上台接对手组组员的故事。

4. 实训成果

学生通过活动提高了陈述能力。

5. 实训评价

教师统一评价。

任务 3
探寻提问的技巧

学习目标

了解提问的作用，掌握提问的类型及技巧，以便更好地把提问运用在商务沟通中。

任务描述

灵活、巧妙地使用各种提问技巧，能促进商务沟通顺利开展，达成协议，因此应了解提问的作用、类型及时机。在沟通中常用的提问技巧有：预先准备好问题；目的明确、态度诚恳、讲究方式；要有耐心；用适当的语速提问；不为表现自己而提问；要避免对方连续的否定回答；关注对方的心情等。

任务学习

提问是商务沟通中常用的一种语言方式，它是了解对方真实需求、掌握对方心理、表达己方观点和立场的重要手段。

1. 提问的概念

提问是指向对方提出问题，要求对方陈述或解释某个问题，以获得信息的语言沟通方式。

2. 提问的作用

提问的作用有许多，有些提问在特定的场合有其特殊的作用。提问的具体作用是什么，关键在于提问者的使用目的和使用方法。提问一般具有以下作用：

（1）增进了解、活跃气氛。例如："今天天气很好，是不是？""对这里的生活还习惯吗？"等。这些寒暄式的问话，能增进沟通双方彼此的了解，缓解沟通现场的紧张气氛，并能为接下来的谈话做铺垫，因而在谈判开局阶段的应用十分广泛。

（2）获取自己所需要的信息。提问人通过提问，希望对方能提供自己不了解的信息，例如："这个卖多少钱？""你们对这一点是怎么考虑的？"这类问话一般有一些典型的、常见的引导词，如"什么时候""哪个方面"等。

（3）可以控制、引导谈话的方向。提问者可以运用提问将话题从打岔的话题中引回到原来的话题上，也可以运用发问，提醒对方注意己方所提的话题，并借连续的提问，把对方引导到己方希望的结论上。

（4）引起对方思考。提问者可以通过提问，引起对方的注意，引导对方的思考方向。例如"你是否曾经……""现在怎么……""这是指哪一方面？"等。

（5）鼓励对方继续讲话。如果没弄清楚某些问题或当认为对方还有话没说完，可以用提问的方式鼓励对方继续讲下去，进而能了解对方更为详细的情况。例如"你说完了吗？""你还有什么想法？"等。

（6）是突破困境的有效手段。商务沟通过程中难免会出现冷场或僵局，这时可借助提问改变尴尬的局面，促进沟通的顺利进行。例如"我们换个话题好吗？"

（7）能帮助做出结论。借助提问使话题归于结论，例如"我们难道还不应该采取行动吗？"

值得注意的是，在沟通过程中，还需根据对对方的观察和形势的把握，不断调整提问的内容和方式。

码 2-3-1
水草

3. 提问的类型

沟通时的提问方式很重要。采用的提问方式不同，有时取得的效果截然不同。常用的提问方式主要有：

（1）封闭式提问。在特定的范围内能带出肯定或否定答复的问句。提问者通过这种问句可获得特定的资料，且回答这种问句不需要太多的思索。但有时这种问句也会有一定的威胁性。

案例链接

我在抽烟的时候可以祈祷吗

一位信徒问牧师："牧师，我在祈祷的时候可以抽烟吗？"牧师很生气地说："不行！祷告是很严肃的事，怎么可以吸烟？"

另一位信徒问："牧师，我在抽烟的时候可以祈祷吗？"牧师高兴地回答说："当然可以！"

（资料来源：商道编辑部. 我在抽烟的时候可以祈祷吗. 商道，2010.）

（2）澄清式提问。针对对方的答复，重新提出问题以使对方进一步澄清或补充其原先答复的一种问句。例如：“您刚才说上述情况没有变动，这是不是说贵方可以如期履约了？”澄清式问句有利于双方在“同一语言”的基础上进行有效沟通，同时也是对对方的话语进行信息反馈的有效方法。

（3）强调式提问。强调式提问目的在于强调己方的观点和立场。例如：“这个协议不是要经过公证之后才生效吗？”“我们怎能忘记上次双方愉快的合作呢？”

（4）探索式提问。针对对方的答复，要求进一步引申或举例，以便找出新的解决方法的提问方式。例如：“假设我们运用这种方案会怎样？”探索式发问可以进一步发掘更多的信息，而且还可以显示发问者对问题的重视。

（5）借助式提问。借助式提问是借助第三方的看法来影响或改变对方意见的提问方式。例如“我们的产品通过了世界著名的劳尔教授的鉴定，现在我们来谈谈价格吧？”被借助的第三方必须是对方熟知的，且能产生正面效应的人或组织。否则，可能会适得其反，因此，这种方式应当慎重使用。

（6）证实式提问。要求对方对问题做出证实或补充的提问方式。例如：“根据您刚才的陈述，我可以得出……结论，您看是这样的吗？”

（7）强迫选择式提问。强迫选择式提问是把问题的可能出现结果告知对方，促使对方在限定的范围内选择答案的提问方式。例如：“运输方式，贵方是愿意选择空运还是公路运输？”使用强迫选择式发问时，应尽量做到语调柔和、措辞达意得体，以免给对方留下强加于人的不良印象，让对方产生反感，而导致谈判出现僵局，甚至破裂。

（8）诱导式提问。诱导式提问是指那些对问题答案有强烈暗示性，几乎使对方毫无选择余地而按发问者所设计好的答案回答的提问方式。例如：“贵方如果违约是应该承担责任的，对不对？”

（9）协商式提问。协商式提问是指为使对方同意己方的观点，采用商量的口吻向对方提问的方式。例如：“给我方的折扣定为5%，你看是否妥当？”这种提问方式语气平和，对方容易接受，且能保持谈判气氛的融洽，即使双方未达成共识，也仍有合作的可能。

（10）试探性提问。试探性提问是指在不了解对方虚实的情况下，采用委婉的方式提问，可避免出现被对方拒绝的尴尬场面。例如：“这种产品的功效还不错吧？你能谈谈你的看法吗？”

小贴士

谨慎的提问等于获得一半的智慧。

——弗朗西斯·培根

4. 提问的时机

选择正确合理的时机发问，能帮助提问者掌握主动权。提问的时机一般有以下几种：

（1）对方发言结束后。对方发言时，要认真仔细、积极主动地倾听，如果对对方所讲的内容有疑问，不要打断对方的讲话，应将想问的问题记录下来，等待对方发言结束后再问。这样既尊重了对方，不会引起对方的反感，又体现了自己的修养，同时，还能全面把握对方的观点和意图。

（2）对方发言停顿时。如果对方的发言冗长、沉溺于细枝末节或不得要领、离题万里时，可利用对方停顿的间隙或在对方喝水、点烟的瞬间进行提问，借此把控进程，争取主动。

（3）己方发言前后。在己方发言前，可以先针对对方的发言内容进行提问。这种提问比较灵活，对方可回答、可不回答或己方自问自答，争取主动。在充分、全面阐述己方观点后，也可借助提问使谈判继续沿着己方思路推进。

（4）规定的辩论时间里。大型的商务谈判事先都要商定谈判进程，确定辩论时间。在这个时间里，双方可进行自由提问及辩论。

5. 提问的技巧

为了获得良好的提问效果，需掌握以下提问技巧：

（1）预先准备好问题。为了更好地发挥提问的作用，业务人员在进行商务沟通前应做好充分的准备，进行提问设计，做到心中有数。准备的内容包括提问的内容、方式、时机，什么是关键问题，对方的反应，效果如何等。

（2）目的明确、态度诚恳、讲究方式。提问的目的是为了获得对方的信息，居高临下、咄咄逼人或低三下四的提问，极易让对方反感，产生敌对与防范心理。在沟通中，应以真诚、礼貌的态度，尽可能使用委婉的、对方能接受的语言，应避免提出有敌意的问题，以免伤害对方的感情，不利于双方的合作。

（3）要有耐心。提出问题后应闭口不言，耐心等待对方做出回答。当对方的答案不完整或有意回避时，要有耐心和毅力等待合适的时机继续追问。如果直接提出某问题，而对方不感兴趣，不愿回答时，应有耐心，试着换个角度继续提问，以激发对方回答问题的兴趣。但应注意不要连续不断地提问，以免对方产生厌烦心理而不愿回答。

（4）用适当的语速提问。提问时语速太快，容易使对方误以为你是不耐烦而引起对对方的反感；反之，语速太慢，容易让对方感到拖沓、沉闷、不耐烦，而影响提问的效果。

（5）不为表现自己而提问。不应为了表现自己，显示自己的聪明而故意提出问题，特别是与沟通内容无关的问题。

（6）要避免对方连续的否定回答。对方连续的否定回答，容易影响沟通者的情绪，形成双方的心理对抗，而导致沟通出现僵局。

（7）关注对方的心情。商务沟通中，沟通双方难免会受情绪的影响。心境好时，比较容易满足对方所提出的要求，会在不经意间透露一些相关的信息。因此，要随时留意对方的心情，在适当的时候提出相应的问题。

◆ 案例分析

晏子巧计救马夫

齐景公很爱马。有一天，齐景公得知自己的爱马暴病而亡，一怒之下，下令将马夫就地肢解。为了救马夫，晏子问齐景公："大王，我有个问题想向您请教，尧舜这样的贤君在肢解人体时，是在哪个部位下手的？"齐景公思考了一会儿，意识到了自己的草率，立刻将马夫放了。

（资料来源：寒天．奇谋妙计．内蒙古：内蒙古人民出版社，2004.）

问题讨论：

晏子采用了哪种提问方式？

任务实训

成功提问的训练

1. 背景资料

销售员：王经理，我知道贵公司对上次订购的瓷砖非常满意。这次贵公司又承接了这么大的工程，我想您一定还需要订更多的货吧？

王经理：我们不需要订购瓷砖了。

销售员：为什么不需要了？可是这批瓷砖是运用最新技术烧制的，在市场非常畅销的呀！

王经理：我知道你们的产品质量不错，但是我们不需要了。

销售员：你是说这次不打算买了？

王经理：不买了。

销售员：真的不买？

王经理：真的不买。

销售员：你确定？

王经理：肯定不买。

销售员：哦，我的问题问完了。谢谢你这么直率。

2. 实训目标

培养学生提问的能力。

3. 实训步骤

（1）将全班学生划分为六个小组。

（2）每个小组分别就案例进行讨论、分析应如何提问，以获得王经理不再购买瓷砖的原因。

（3）各个小组将讨论结果制作成研讨报告并派代表向全班汇报。

（4）教师总结分析。

4. 实训成果

研讨报告。

5. 实训评价

教师统一评价并展示优秀作品。

任务 4 探寻答复的技巧

学习目标

了解答复，理解答复的原则，熟练掌握答复的方式与技巧，以便在商务沟通中更好地回答对方的问题。

任务描述

商务沟通中的许多问题都是对方处心积虑、精心营造的，答复应遵循有理有据、简明易懂、缜密思考的原则，选用正面回答、迂回回答或避而不答的方式，并掌握由这三种方式演变的具体答复方式。必须讲究答复的策略与技巧。

任务学习

商务沟通中的许多问题都是对方处心积虑、精心营造的，而直接正面的回答未必是最好的答复。因此，谈判中的答复必须讲究策略与技巧。

1. 认识答复

商务沟通中的回答是对提问的反馈，是证明、解释、反驳和推销己方观点的过程。优秀的商务人员能借助答复改变己方被动的局面，将被动变为主动，从而控制沟通局势。

2. 答复的原则

（1）有理有据的原则。回答问题时，应有理有据，避免信口开河或用威胁、轻蔑的口气回答。

（2）简明易懂的原则。回答问题应尽量使用简单明了的词语，紧扣主题，让对方能够理解和接受。避免长篇大论，不得要领的回答。

（3）缜密思考的原则。答复者应对自己所说的话负责，因此，在答复对方的提问之前必须经过缜密的思考，谨慎回答。对对方提的每一个问题答复前都必须认真思考，冷静斟酌其提问的目的及动机，切忌掉以轻心，随口而答，以免落入对方的陷阱。

3. 答复的方式

答复有正面回答、迂回回答和避而不答三种类型。这三种类型又可演变成多种具体的答复方式。有偿作答和部分回答由正面回答演变而来，答非所问和模糊答复由迂回回答演变而来；以问代答、拖延回答、沉默不答和狙击回答由避而不答演变而来。

（1）答非所问。当对方提的某个问题对自己不利或难以直接正面回答，但又不能拒绝回答时，可以采用“答非所问”方式来破解对方的进攻，有效地避开对方的锋芒，即避开问题的实质，而将话题引入其他方向的一种策略。这种答复方式是以答复的语气开始陈述，但只是点题而未表态，接下去谈的是与原题相关而实质是另一个问题的看法。

案例链接

我没有百万富翁的父亲

约翰·洛克菲勒是世界有名的富翁，可他平常非常节俭。一天，他到纽约一家旅馆去投宿，要求住一间最便宜的房间。旅馆经理巧言相劝道：“先生，您为何要住便宜的小房间呢？您儿子住宿时，总是挑最豪华的房间呀！”洛克菲勒答道：“不错。我儿子有个百万富翁的父亲，可我没有呀！”

（资料来源：米艾．论辩艺术品评．武汉：华中理工大学出版社，1997.）

（2）模糊答复。模糊答复即运用模棱两可、宽泛模糊的语言作答。对对方的提问看似已经答复，其实留有余地，让对方感到自己的观点得到了我方的理解但又未完全同意，从而无法准确把握我方的观点。

（3）以问代答。以问代答是在看似正面的答复中“偷梁换柱”，讨论起某件事的细节，并征求对方的看法，将“皮球”踢回给对方。

（4）有偿作答。当对方运用投石问路策略时，可以运用有偿作答的方法，因势利导，根据对方所提的问题反过来试探对方。例如问：“如果我方增加两倍的订货量，贵方能给多少点的优惠？”答：“如果我告诉您，可以给予一定的优惠，我们就签订合同，如何？”

（5）拖延回答。如果无法完全了解对方的提问动机或如实回答对我方不利时，不要立即回答，可借口拖延。拖延后可以有两种选择，即延而不答或先延后答。

（6）部分回答。将对方所提问题的范围缩小后，选择对己方有利的内容回答。

（7）沉默不答。对于一些明显不值得回答的问题或对回答效果没有充分自信时，可保持沉默。沉默不答会给对方造成一定的压力，对方可能为了打破沉默而提出新的解决方案或透露本不想透露的信息。

（8）狙击回答。如果对方提出试探性问题，试图摸清我方底细，使我方处于极为不利的被动地位时，应力争通过回答迅速易位或抓住关键的问题向对方反问，变被动为主动，抑制住对方的连续发问，甚至可以反而探明对方的虚实，找出和扫除成交的障碍。

4. 答复的技巧

为了能有效地回答提问，掌握一些应答技巧并能灵活运用是十分必要的。一般来说，答复的技巧包括如下内容：

（1）不知道的问题不要回答。商务沟通中难免碰到陌生难解的问题，切不可为了顾及面子而强作回答，否则，可能会损害己方的利益。对于不懂的问题，可以坦率地告知对方不能回答或暂不回答，以免付出不必要的代价。

（2）需要思考的时间，可利用“重申”和“打岔”。商务沟通中，如果需要时间考虑如何答复某个问题，而对方不断催促时，可以运用“重申”或“打岔”的方式争取思考的时间。“重申”即要求对方再次阐明所提的问题。“打岔”的方式有多种，可以自己找借口，暂时离开沟通场所；也可事先安排人员进入沟通场所打岔。

（3）尽量采用委婉的方式反驳、拒绝。反驳对方的观点时，应尽量避免使用对抗性强的词语，例如“不”“错了”等，直接反驳会令对方难堪，让对方产生对抗情绪。拒绝回答对方的问题时，有时可以使用“无可奉告”，但不应滥用。“无可奉告”这种回答，有时显得过于直率，很容易让对方产生不好的感受，不利于双方的合作。

（4）答复时不要授人以柄。在回答对方的提问时，应注意不应有疏漏，授人以柄，让对方有机会抓住某一点继续追问，使我方陷入被动的境地。

◆ 案例分析

善意的谎话

美国总统卡特竞选时，有位女记者采访他的母亲。

问：“您儿子向选民们说，他如果说谎话，大家就不要投他的票，您敢说卡特从没说过谎吗？”

答：“也许我儿子说过谎，但都是善意的。”

问：“什么是善意的谎话？”

答：“你不记得几分钟前，当你跨进我家门槛时，我对你说你非常漂亮，我见到你很高兴。”

（资料来源：常桦. CEO 的谈判艺术. 天津：天津古籍出版社，2003.）

问题讨论：

1. 卡特母亲采用了何种答复方式？
2. 这种方式适用于什么场景？

任务实训

我是辩论手

码 2－4－1
我是用竹竿把它捅下来的

1. 背景资料

以学生日常学习和生活中常见的现象为辩题，进行辩论。

2. 实训目标

培养学生答复的能力。

3. 实训步骤

（1）将全班学生划分为六个小组。
（2）每个小组派一位同学上台抽签确定对手组。
（3）利用课余时间收集与辩题相关的资料。
（4）分组展开辩论。
（5）教师总结分析。

4. 实训成果

学生通过参加活动提升了答复的能力。

5. 实训评价

教师统一评价。

任务 5
解读身体语言密码

学习目标

熟练掌握眼、眉、嘴、肢体所传递的信息，以推动商务沟通的进程。

任务描述

人的言谈举止传递着丰富的信息。业务人员应善于察言观色，捕捉对方举止的细微之处，能正确解读眼、眉、嘴、肢体所传递的信息，有助于更准确地把握对方的心理。

任务学习

在面对面的商务沟通中，沟通者的五官、四肢、躯干等都是沟通的工具，会传递丰富的信息。我们要善于从对方的一举一动中，捕捉对方内心活动的蛛丝马迹，借此把握对方的心理，摸清对方的意图。

1. 不会说谎的眼睛

人的眼睛是“心灵的窗户”，最能表现人的内心活动状况。

（1）瞳孔变化会反映人的情绪状态。当人处于兴奋状态或对事物有强烈兴趣等积极情绪状态中，瞳孔会放大。反之，如果处于消极情绪状态中，瞳孔会缩小。

（2）目光凝视时间的长短反映人的心理感受。一般与人交谈时，目光凝视谈话者的时间，应占总谈话时间的30%～60%。超过其平均值者，可认为对谈话者本人比对谈话内容更感兴趣。低于其平均值者，可认为对谈话者本人和谈话内容都不感兴趣。如果根本不看谈话者，只是偶尔看一眼，则表明听者对沟通没有诚意或试图掩饰什么。当然，有些人可能有自己的独特习惯，用心倾听而不愿凝视谈话者。

（3）眨眼时间和频率代表的含义。正常情况下，眨眼频率高于自然频率（每分钟大约15次），一方面表示听者思维活跃，对谈话内容感兴趣；另一方面也可能表示听者心里胆怯，因而不敢正眼直视谈话者，而做出不停眨眼的动作。眨眼时间过长，一方面表示听者有厌烦情绪；另一方面也可能表示听者有优越感，对谈话者本人或谈话内容不屑一顾。

（4）视线代表的含义。

①视线的不同方向。

a. 仰视：一般表示尊重和信任。如果仰视的同时下巴内收，则表示听者有求于谈话者，让步的可能性很大，有利于成交。

b. 俯视：一般听者有自我防范意识。如果俯视的同时下巴上扬，表示听者的成交愿望不强，让步的可能性不大或只能做出极小的让步。

c. 直视：听者直视谈话者时，附带的表情不同，直视所代表的含义差异也很大。面带微笑的直视表示融洽；皱着眉头的直视表示同情和担忧；平和的直视表示友好。

> **小贴士**
>
> 人的眼睛和舌头所说的话一样多，不需要词典，却能够从眼睛的语言中了解整个世界。
>
> ——爱默生

d. 斜视：面无表情的斜视表示鄙视。

e. 上下打量：表示听者有审视的心理，对谈话者不信任。

f. 扫视：表示好奇。如果横扫谈话者一眼，同时不自然的发笑，则表示讥讽。

g. 瞪大眼睛：一直瞪大眼睛看着谈话者，表示听者有很大的兴趣。如果是突然瞪一下，则表示警告、制止或吃惊。

h. 眯眼：沟通时眯着眼表示不同意，厌恶，发怒或不欣赏。

②视线的移动。交流对方如果视线闪烁不定，或躲避与你视线相会，表示他（她）心虚，企图掩饰什么。

③视线的集中度。听者将视线集中在谈话者两眼和嘴之间，表示尊重和理解。如果听者点头的同时却不将视线集中在谈话者身上，则表示对谈话内容不感兴趣，想制止谈话者继续说下去。

2. 会说话的眉毛

一般，眉毛是配角，配合眼睛来表示某些意义。但有时眉毛也会唱独角戏，有它自己的“喜”“怒”“哀”“乐”。

（1）眉毛上耸：表示人们处于惊喜或惊恐状态。例如“喜上眉梢”。

（2）眉角下拉或倒竖：表示人们处于愤怒或气恼状态。例如“柳眉倒竖”。

（3）紧皱眉头：表示人们处于困窘、不愉快、不赞同的状态。

（4）眉毛迅速地上下运动：表示亲近、同意、愉快或兴奋。例如“眉飞色舞”。

（5）眉毛上挑：表示询问、疑问或惊讶。

（6）眉宇舒展：表示心情舒畅。例如“扬眉吐气”。

（7）双眉下垂：表示难过、沮丧。例如“愁眉不展”。

3. 多功能的嘴巴

在商务沟通中，可根据对手嘴巴的动作，了解其心理状态，促进沟通的成功。

（1）撅嘴：表示生气和赌气，是不满意和准备攻击对方的表现。

（2）抿嘴：对手如果紧紧地抿住嘴，则表示其意志坚决。

（3）撇嘴：表示讨厌、轻蔑。

（4）咂嘴：表示赞叹或惋惜。

（5）努嘴：表示暗示或怂恿。

（6）咬嘴唇：是人们遭受失败时，自我惩罚的动作，有时也可解释为内疚的心情。

（7）嘴角稍稍向后拉或向上拉：表示听者比较注意倾听。

（8）嘴角向下拉：表示出不满和固执。

（9）嘴角上翘、嘴巴张开：表示开心和喜悦。

码 2－5－1
商务谈判中的行为语言

4. 语言丰富的肢体

肢体语言在商务沟通中起着重要作用，仔细观察对方通过肢体语言传递的信息将有助于沟通的成功。

（1）手势语言。手势是沟通中常用的辅助语言，我们可通过对方手势的动作，解读其心理状态。

①手臂：双臂交叉抱于胸前，同时两腿交叠，表示不愿与你接触；双臂交叉抱于胸前，同时上身前倾，表示对方愿意合作，具有恭谦的态度；双臂交叉抱于胸前，同时上身后仰，

表示对方不愿合作，具有优越感，傲慢；抓握式的双臂交叉，表示对方拘谨、紧张，利用这个手势来安慰自己；抓拳式的双臂交叉，表示对方具有强烈的敌意，准备发起进攻。

②手掌：平掌晃动表示不同意；举手平掌表示别说了或是为了加强说话的语气。

③手指：两手手指并拢放于胸前上方，呈尖塔形状，表明对方充满信心；用手指敲打桌子，有表示感谢的意思，但如果对方一只手撑着头，同时用手指敲打桌子，则表示对方对你谈话内容不感兴趣或不愿考虑你的意见、建议。

④拳头：握拳表示对方紧张或具有挑战的意思；晃动拳头则表明其愤怒或富攻击性；如果以拳击掌，则是其发出的攻击信号。

⑤手：双手叠放在腹部者，表示其矜持、谦恭或心情有些不安，沟通中处于下风；双手叉腰者，表示其准备充分，有信心，具有优越感；双手放于桌上，挺腰而坐者，表示对沟通积极，有兴趣；交谈中，不断搓手、挠头者，表明其处在犹豫不决中；扭绞双手者表示其紧张，不安或害怕；双手放在背后者表明其愤怒，不欣赏，不同意，防御或攻击的情绪和态度。

（2）握手语言。握手是商务沟通中必用的礼仪动作，它蕴含了丰富的信息。

①握手时手心出汗：表示兴奋、紧张或情绪不稳定。

②握手的力度：如果握手时用力较大者，表明此人是个热情、好动，有主见或有比较强的占有欲的人；如果握手时不用力者，只是被动的握手，则此人可能是个胆怯或傲慢的人。

③握手的方式：在实际沟通过程中，握手的方式与人的性格有很大关系。握手时用两只手握住对方的一只手并上下摆动者，表示此人表达了热情欢迎、真诚感谢或有求于人的意思；握手的同时，将另一只手放在对方肩膀上者，表明此人精力充沛，精明强干；握手时手掌向下者，表明此人想获取主动、沟通的优势或想取得沟通的支配权；握手时手掌向上者，表明此人是个性格软弱的人，在沟通中容易被人控制，处于被动、劣势状态；谨慎、保守的人握手时手臂不伸长，靠近自己的身体。

（3）腰部动作语言。商务沟通中，挺直腰背的人，说明他对沟通充满自信且情绪高昂；反之，如果他塌着腰、驼着背，则说明其疲倦，情绪消极。

（4）下肢动作语言。

①“二郎腿”：如果双方并排而坐，将离对方远的腿架在离对方近的腿上且上身向对方倾斜者，表明其具有合作的态度，反之，则表明其拒绝合作、傲慢或具有优越感；如果双方相对而坐，跷“二郎腿”且挺直腰背的人则表明其拘谨，不够灵活。

②分腿而坐：表明对方是个自信、豁达的人；分腿而坐且背靠椅背者表明对方有合作意向，但如果要让对方做出较大的让步，是件相当困难的事情。

③架腿而坐：表明对方有自我保护意识。如果频繁调换架的腿，则表示对方不耐烦、焦躁不安。如果与对方是初次见面，对方架腿而坐且仰靠在沙发背上，则表明对方有戒备、怀疑之心，不愿合作之意。

④抖腿、用足尖拍打地面或摇脚：表明此人内心不耐烦、焦躁不安或为了摆脱紧张感。

拓展阅读

文化的差异会导致不同国家或地区的谈判者在身体语言的运用上存在着巨大的差异，甚至同样的身体语言传递着截然相反的信息。例如，绝大多数的国家都以点头表示赞成。但在印度、尼泊尔等国却以摇头表示肯定，即一面摇头，一面微笑表示赞成、肯定之意。

◆ 案例分析

重视身体语言　把握面试机会

有一个公司招聘面试机会，你跃跃欲试，很想获得这份工作。但竞争非常激烈，其他应聘者实力也很强。于是，你非常紧张，希望能给主考官一个好印象。

问题讨论：

1. 从身体语言的角度谈谈你可以怎样做？
2. 从身体语言的角度说明应聘时应注意的事项。

任务实训

我的动作　你懂吗

1. 背景资料

以成语为例，一个学生用肢体语言描述该成语，另一个学生猜对方描述的是什么成语。

2. 实训目标

培养学生运用身体语言传递信息的能力。

3. 实训步骤

（1）将全班学生划分为若干个小组。

（2）每个小组轮流用肢体语言描述成语。

（3）教师下达开始口令，并计时，猜出数量最多，且用时最少的组为优胜组。

4. 实训成果

学生通过参加活动提升了解读身体语言的能力。

5. 实训评价

教师统一评价。

思考与练习

1. 单项选择题

（1）下面对讲话说法正确的是（　　）。

A. 讲话一定要看对象

B. 讲话一定要了解听众
C. 讲话一定要把自己的观点表达清楚
D. 以上都正确

（2）通过己方的提问，使对方对问题做出证明或理解的发问方式是（　　）。
A. 封闭式发问　　B. 证明式发问
C. 诱导式发问　　D. 协商式发问

（3）基于己方的立场、观点、方案等，通过叙述来表达对各种问题具体看法的沟通行为是（　　）。
A. 辩　　B. 答
C. 说服　　D. 陈述

（4）（　　）表明对方是个自信、豁达的人。
A. 分腿而坐　　B. 架腿而坐
C. 抖腿　　D. “二郎腿”

2. 多项选择题

（1）进行商务沟通表达观点，陈述问题时，应做到（　　）。
A. 层次清晰　　B. 态度诚恳
C. 简洁流畅　　D. 语言生动

（2）一般影响倾听的因素主要有（　　）。
A. 倾听者的文化知识、语言水平　　B. 倾听者的主观偏见
C. 倾听者的精力　　D. 环境的干扰

（3）提问的时机有（　　）。
A. 对方发言结束后　　B. 对方发言停顿时
C. 己方发言前后　　D. 规定的辩论时间里

3. 判断题

（1）倾听是最好的说服和沟通。（　　）

（2）陈述是对提问的反馈，是证明、解释、反驳和推销己方观点的过程。（　　）

（3）如果俯视的同时下巴上扬，表示听者的成交愿望不强，让步的可能性不大或只能做出极小的让步。（　　）

（4）态度诚恳是陈述应遵循的原则之一。（　　）

（5）眉毛迅速地上下运动，表示亲近、同意、愉快或兴奋。（　　）

4. 案例分析题

案例1

买　票

一个贵妇打扮的女人牵着一条狗登上公共汽车，她问售票员，“我可以给狗买

一张票，让它也和人一样坐个座位吗？”售票员说：“可以，不过它也必须像人一样，把双脚放在地上。”

（资料来源：刘志刚．你会谈判吗．青年文摘．2008.）

问题讨论：

（1）牵狗女人用的哪种提问类型提问？

（2）售票员用了哪种答复方式回答提问？这种答复方式妥当吗？

案例 2

曾国藩的洞察力

某日，李鸿章带了三个人去拜见曾国藩，请求给他们分派职务。恰巧曾散步去了，李示意那三人在厅外等候，自己去里面。不久，曾散步归来，李禀明来意，请曾考察那三人。曾摇手笑言：“不必了，面向厅门站在左边的那位是个忠厚人，办事小心谨慎，让人放心，可派他做后勤供应一类的工作；中间那位是个阳奉阴违、两面三刀的人，不值得信任，只宜分派一些无足轻重的工作，担不得大任；右边那位是个将才，可独当一面，将大有作为，应予以重用。”

李很是惊奇，问：“还没用他们，大人您如何看出来的呢？”

曾笑着说：“刚才散步回来，在厅外见到了这三人。走过他们身边时，左边那个态度温顺、目光低垂、拘谨有余、小心翼翼，可见是一个小心谨慎之人，因此适合做后勤供应一类只需踏实肯干、无须多少开创精神和机敏的事情。中间那位，表面上恭恭敬敬，可等我走过之后，就左顾右盼、神色不端，可见是个阳奉阴违、机巧狡诈之辈，万万不可重用。右边那位，始终挺拔而立、气宇轩昂、目光凛然、不卑不亢，是一位大将之才，将来成就不在你我之下。”

曾国藩所指的那位“大将之才”，便是日后立下赫赫战功并官至台湾巡抚的淮军勇将刘铭传。

问题讨论：

曾国藩通过哪些身体语言准确解读案例中的三人，并对其做出准确预言的？

项目三
3 巧用商务沟通方法

案例导入

部门之战

几年前，亨达公司所有的部门都卷入一场内讧，大家彼此指责对方。产品开发部人员对营销部的人大为不满，认为他们没有提供新产品的详细计划书；他们对销售人员也不满，认为销售人员没有向他们反馈顾客对新产品的意见。生产部的人认为销售人员只关心自己的销售额，不惜以牺牲公司的利益来推销产品；他们也信不过市场营销部的人，因为他们缺乏准确预测市场趋势的能力。营销部则认为，生产部的人思想太保守，他们对生产部的不合作和无休止的诽谤非常愤怒；他们也看不惯产品开发部的人，认为他们动作迟缓，对他们的要求根本没有反应。而销售部的人则认为营销部的人没有工作能力，有时在电话里与生产部的人大吵大闹，指责生产部的人对顾客提出的售后服务要求置之不理。

（资料来源：李雅乐，苏庆林．商务沟通与谈判．北京：科学出版社，2013.）

问题思考：

1. 亨达公司面临什么危机?
2. 产生这场内讧的原因是什么？
3. 怎样帮助亨达公司走出这场困境?

任务 1
巧用电话沟通

学习目标

了解电话沟通的基本礼仪及商务电话的拨打技巧，并应用于实际沟通中。

任务描述

电话沟通是通过声音来传递信息的，语言成为双方沟通的唯一媒介，电话沟通的基本礼仪和商务电话的拨打技巧都会影响信息传递的有效性。

任务学习

电话沟通是个体沟通的一种方式，也是一种比较经济的沟通方式。一般来说，电话沟通的对象通常是企业外的人员，因此，我们在进行电话沟通时代表着企业的风貌、精神、文化等，如果在电话应对上表现不当，就会导致外部人员对企业效率、友善程度、设施、档次等方面的不利判断。所以，在许多大型企业中，电话的礼仪和技巧往往是新员工上岗培训的一个必备内容。

1. 电话沟通的基本礼仪

码 3－1－1
正确把握电话营销时间

电话沟通是生活中最常见、最便捷的沟通方式，我们在拨打电话时应掌握的基本礼仪如下：

（1）重要的第一声问候。当打电话给某企业时，若一接通，就能听到对方亲切、优美的问候声，心里一定会很愉快，进而促进双方对话的顺利展开，并对该企业也会产生较好的印象。其实，在接打电话时，只要稍微注意下自己的细节行为，就会给对方留下完全不同的印象。同样说：“你好，这里是××公司”。如果声音清脆、悦耳、吐字清晰，就会给对方留下良好的印象；反之，声音含糊、迟疑、吐字不清，将直接影响企业给对方留下的印象。因此要记住，接打电话时，应有“代表企业形象”的意识。

（2）轻松愉悦的心情。接打电话时要保持良好的心情，这样即使对方看不见你，但是也会被你欢快的语调感染，给对方留下极佳的印象。由于面部表情会影响声音的变化，所以即使在电话中，也要保持一种“面对面”的心态去应对。

（3）清晰明朗的声音。接打电话过程中绝对不能吸烟、喝茶、吃零食，即使是懒散的姿势对方也能“听”得出来。如果你打电话的时候，弯着腰躺在椅子上，对方听你的声音就是压抑的、懒散的、无精打采的；若坐姿端正，所发出的声音也会亲切、悦耳，充满活力。因此接打电话时，即使看不见对方，也要尽可能注意自己的姿态。

（4）迅速准确的接听。现代工作人员业务繁忙，桌上往往会有两三部电话，听到电话铃声，应准确、迅速地拿起听筒，最好在三声之内接听。电话铃声响一声大约3秒钟，若长时间无人接电话，或让对方久等是很不礼貌的，对方在等待时心里会十分急躁，也会对企业产生不好的印象。即便电话离自己很远，听到电话铃声后，附近没有其他人，也应该用最快的速度拿起听筒，这样的态度是每个人都应该拥有的，这样的习惯是每个办公室工作人员都应该养成的。此外，如果电话铃响了五声才接起，应该先向对方道歉，若电话响了许久，接起电话只是“喂”了一声，对方会十分不满，会给对方留下不好的印象。

（5）认真清楚的记录。电话记录既要简洁又要完备，应随时牢记“5W1H”技巧。在工作中这些资料都是十分重要的，它对于决策和执行性的工作非常有帮助，对于接打电话具有相同的重要性，并有助于弥补考虑问题的疏漏。

拓展阅读

5W1H对打电话的启发

（1）Why（为什么）：为什么要这么做？理由何在？原因是什么？

（2）What（是什么）：具体做什么工作？目的是什么？

（3）Where（何处）：在哪里做？从哪里入手？

（4）When（何时）：什么时间进行？什么时间完成？什么时机最适宜？

（5）Who（谁）：由谁承担？由谁负责？由谁完成？

（6）How（怎样做）：如何实施？如何提高做事效率？方法怎样？

打电话既要有准备、有计划，又要知道如何去实施。用5W1H的技巧非常简单、方便，易于理解，并富有启发意义，我们可以考虑：我的电话打给谁？我打电话的目的是什么？我要说明几件事？它们之间的联系怎样？我应该选择怎样的表达方式？等等。

（6）了解来电的目的。上班时间打来的电话几乎与工作有关，企业的每个电话都十分重要，不可敷衍，即使对方要找的人不在，切忌只说“不在”就把电话挂了。接电话时要尽可能问清事由，避免误事。首先应了解对方来电的目的，如若自己无法处理，也应认真记录下来，既可避免误事，也可赢得对方的好感。

（7）挂电话前的礼貌。要结束电话交谈时，一般应当由打电话的一方提出，然后彼此客气地道别，说一声“再见”，再挂断电话，不可只管自己讲完就挂断电话。

码3－1－2

电话营销的作用

想一想

电话沟通适合在哪些情境下使用？为什么？

2. 商务电话的拨打技巧

商务活动离不开电话这一便捷的通信工具，当你的声音通过话筒传向全国乃至世界各地时，是否也能做到彬彬有礼？

（1）语调的魅力。用清晰而愉快的语调接电话能显示出说话人的职业风度和亲和的性格。虽然对方无法看到你的面容，但你的喜悦或烦躁仍会通过语调流露出来。打电话时语调应平稳柔和、安详，这时如能面带微笑地与对方交谈，可使你的声音听起来更为友好热情。商务电话最忌含糊不清、心不在焉和吃东西打电话。

（2）得体的问答。来电应在第二声铃响之后立即接听，在礼貌问候对方之后应主动报出公司或部门名称以及自己的姓名，切忌拿起电话劈头就问：“喂，找谁？”同样，来电话人需要留话也应以简洁的语言，清晰地报出姓名、单位、回电号码和留言。结束电话交谈时，通常由打电话的一方提出，然后彼此客气地道别。无论什么原因造成的电话中断，主动打电话的一方应负责重拨。

（3）电话留言。在商业投诉中，不能及时回电话最为常见。为了不丧失每一次成交的机会，有的公司甚至做出对电话留言须在一小时之内答复的规定。一般应在24小时之内对电话留言给予答复，如果回电话时恰遇对方不在，也要留言，表明你已经回过电话了。如果自己确实无法亲自回电，应托付他人代办。

（4）留意时差。打电话前要弄清地区时差以及国际工作时间的差异，不要在休息日打电话谈工作，以免影响他人休息。即使客户已将家中的电话号码告诉你，也尽量不要往家中打电话。

（5）恰当地使用电话。在美国可以通过电话向一个素不相识的人推销商品，而在欧洲、拉美和亚洲国家，电话促销或在电话中长时间地谈工作就难以让人接受。发展良好商务关系的最佳途径是与客户面对面地商谈，而电话主要用来安排会见。当然一旦双方见过面，再用电话沟通就方便多了。

拓展阅读

成功的电话营销观念

（1）我所接听或拨出的每个电话都是最重要的。

（2）对方是我生命中的贵人或我将成为他生命中的贵人。

（3）电话是全世界最快的通信工具，我一定要很好地利用。

（4）我打电话一定会达成想要的结果，我会成为电话营销的高手。

（5）我充满激情，我会为自己感动，一个能感动自己的人，才能感动别人。

（6）没有人会拒绝我，所谓的拒绝只是他不够了解，或者我说话的角度还不是最好，我要想办法改变。

◆ 案例分析

推销员的失败

推销员：“王总您好！好久没给您打电话了。”

客户：“你好，请问你是哪位啊？”

推销员：“王总您真是贵人多忘事啊，怎么连我的声音都听不出来啦？我是小张啊！”

客户：“哪个小张啊？”

推销员：“培训公司的，上次我们公司举办公开课，咱们见过的。”

客户：“哦，有什么事吗？”（声音有些心不在焉）

推销员：“也没什么事啦，好久没和您联系了，想和您聊聊而已，您明天有空吗？”

客户：“明天没空，要开会。”

推销员：“做老总的哪个不忙啊，那后天呢？”

客户：“后天要出差，估计得忙上一阵子，抱歉，我还有个长途要接。”（客户挂断电话）

推销员：“这人什么素质，也能当老总？”

（资料来源：李雅乐，苏庆林．商务沟通与谈判．北京：科学出版社，2013.）

问题讨论：

推销员的电话沟通有哪些不妥之处？

任务实训

电话沟通礼貌用语大搜集

1. 背景资料

学生们在日常生活中的电话沟通实践经验。

2. 实训目标

通过实训使学生们进一步掌握电话沟通的基本礼仪。

3. 实训步骤

（1）将全班学生分为若干个小组，每个小组 4 ~ 6 人。
（2）各小组将生活中常用的电话沟通礼貌用语进行罗列，并分成接电话和打电话两类。
（3）各小组展示成果，并对电话沟通礼貌用语的使用情境做相关介绍或模拟表演。
（4）各小组将电话沟通礼貌用语进行整理，制成条幅上交老师。

4. 实训成果

电话礼貌用语的条幅若干。

5. 实训评价

教师根据课堂展示及制作的条幅对各组表现做出统一评价。

任务 2
巧用面对面沟通

学习目标

掌握面对面沟通的基本要素及技巧，并能将所学技能应用于实践中。

任务描述

面对面沟通是一种自然、亲近的沟通方式，掌握面对面沟通的三大要素和面对面沟通的技巧能加强双方的了解、加速问题的冰释。

任务学习

面对面沟通不仅是一种自然、亲近的沟通方式，对于商务人员来说，也是一项必备的基本技能。面对面沟通要比电话沟通更为直观，因为言由心生，商务人员可以通过目光、表情、语言来传达心灵的声音，能让对方体会到真诚和善意，还有包容等等，进而形成感性的认知。

1. 面对面沟通的基本要素

码3-2-1
7%—38%—55%定律

面对面沟通的三大要素是文字、声音以及肢体语言。研究发现，面对面沟通时三大要素影响力的比率是文字占7%，声音占38%，肢体语言占55%。人与人面对面沟通时，常常强调讲话内容，却忽视了肢体语言的重要性。其实，沟通就是要努力与对方达成一致，进入对方的频道，即你的肢体语言要让对方感觉你的所讲与所想是一致的。在面对面的沟通中，每个人都在自觉或不自觉地使用着肢体语言，它有着口头语言所不能替代的作用。

（1）肢体语言沟通是最普遍的沟通方式之一，它是在全世界各个民族中，不分年龄、不分性别、不分受教育程度，每个人都能使用的沟通方式。

（2）在面对面的沟通中，依据肢体语言所表达的信息，能够增强双方对沟通内容理解的准确性。

（3）在某些情境中，肢体语言比任何文字和言词都更有力量和影响力。肢体语言更能够表达某种特定的情感体验。

（4）在面对面的沟通时，恰当地使用肢体语言能够增强沟通的有效性。肢体语言具有形象、生动、直观、个性化的特点。在沟通中，将语言和肢体语言结合起来使用，能够使表达的含义更准确、更精彩。同时，根据对方肢体语言所表达的信息，我们也能够更准确地理解对方。

（5）对肢体语言的理解，应该结合各地的文化、风俗、习惯等多方面的信息进行综合性判断。因为肢体语言也是文化、风俗、习惯的载体，只有清楚地了解了对方的背景，才能保证沟通的有效性。

2. 面对面沟通的技巧

码1-2-1
面对面沟通口才
20个小技巧

（1）正确的态度。在职场中，与人面对面沟通时既要不卑不亢，又要谦虚诚恳、温文尔雅和富有幽默感，这样的谈吐才能给人留下深刻的印象。切记盛气凌人，自以为是，即使自己是一个有学识的人，也不要轻视他人。反之，自卑感也是要不得的，一个对自己都没有信心的人，怎能得到他人的重视与信任呢？此外，在面对面沟通时采用亲切、诚恳的态度是十分重要的。如果你碰到一个油腔滑调、华而不实的人，一定会觉得异常不快，甚至会从内心上引起反感，自己的心情如此，别人的心情也是一样的。因此，在商务面谈沟通时必须要保持诚恳的态度。

拓展阅读

沟通必备的六种心态

（1）乐观的心态：快乐是人际交往的基础，乐观是工作顺利的条件。

（2）积极的心态：积极的心态导致积极的行动，只有行动才会成功。

（3）自信的心态：自信是人生的起点，成功的开始。

（4）平和的心态：平和让客户感到沉稳、信任、安全。

（5）执着的心态：执着是成功必不可少的条件。

（6）宽容的心态：宽容别人等于给自己创造机会。

（2）专业的形象。有人曾把职业人成功的要素归结为：能力、性格和形象。前两者是隐形的，需要借助可以外现的东西表现出来的，那就是形象。一个成功的商务人士靠的不仅仅是自己杰出的才华，更重要的是他们非常懂得形象所能产生的魅力，并能够运用这种魅力获得别人的支持和认同。我们与客户沟通交往时，有必要树立一种“个人形象”意识。你的形象，尤其是你留给别人的第一印象，包括穿着、言谈举止、说话风格等，不仅在很大程度上体现了你的性格，更代表着公司或企业的职业形象。可以说，你的形象就是你的名片，你的形象就是企业的品牌。

案例链接

注重员工形象的 CEO

著名 CEO 杰克·韦尔奇在企业中严格地要求“清除园中杂草”，这“杂草”就是以形象来判断的。杰克会定期查看职员的照片，看见那些肩膀低垂、睡眼惺忪或者耷拉着脑袋的人，毫不犹豫地把他指出来，“这家伙半死不活的，他能干好什么！怎么还不把他调走？”他还说：“我会聘用那些外表英俊，谈吐流畅的应聘者作为我的销售员，因为他代表的不仅仅是自己。”

（3）信息的交流。信息交流是面对面沟通的基本要素之一，它可以从“用心地听”和“简明地讲”两方面来理解。

①用心地听。倾听属于面对面沟通的必要部分，力求达成思想的一致和感情的通畅。倾听不仅仅是要用耳朵来听说话者的言辞，还需要一个人全身心地去感受对方在谈话过程中表达的言语信息和非言语信息。倾听的要点包括：

a. 克服自我中心：不要总是谈论自己，或只谈论自己感兴趣的话题。

b. 克服自以为是：不要总想占主导地位，不给对方表达的机会。

c. 尊重对方：不要打断对方，要让对方把话说完。千万不要去深究那些不重要或不相关的细节。

d. 不要匆忙下结论，或是急于评价对方的观点，不要因为与对方的见解不同而产生激烈的争执。

e. 注重一些细节：不要打探自己不应该知道的内容，不要做小动作，不要走神，不必介意别人讲话的特点。

小贴士

自然赋予我们人类一张嘴，两只耳朵，也就是让我们多听少说。

——苏格拉底

②简明地讲。谈话是人们传递信息的重要方式，也是面对面沟通的基本手段。讲话简明扼要，说起来容易，做起来不易。我们应注意：

a. 谈话要抓住问题的实质，把话说到点子上，讲到要害处，力求用最少的文字表达最明确、最丰富的意义。

b. 语言表达上尽量用诱导、疑问的方式，少说决策性的话。

c. 不要责怪对方讲不清楚，是你没有养成喜欢问的习惯。为了及时查证自己是否了解对方，不妨这样问："不知我是否了解你的意思?""你的意思是……"事前问清楚，事后负责任，彼此不要推、拖、赖，这是面对面沟通非常重要的习惯。

d. 应保持平和、谦虚的语气，决不能有高高在上的念头，打击对方谈话的积极性。

e. 要注意反馈：要养成反馈的习惯，学会利用反馈。

拓展阅读

商务沟通箴言

相互尊重，礼让对方；设身处地，换位思考；
平心静气，共同协商；求同存异，客户至上；
面向未来，不断改进；增进理解，达成共识。

任务实训

情境模拟表演

1. 背景资料

利用业余时间收集的保险知识以及本任务中所学的面对面沟通的相关知识。

2. 实训目标

通过实训使学生掌握面对面沟通的基本要素及技巧。

3. 实训步骤

（1）将全班学生分为两个大组，一组负责推销墓地，另一组负责推销保险。分别向商人、工薪族、已婚妈妈及老人进行面对面推销，设计情境并进行模拟表演。

（2）各组通过研讨，分别安排相应的角色，并记录下拟在面谈时的沟通主旨。

（3）各组在班级进行情境模拟表演，并回答同学们提出的问题。

（4）每个同学写一份书面报告上交老师，内容以“面对面沟通时，如何有效地向客户推销”为主题。

4. 实训成果

研讨报告。

5. 实训评价

教师根据每组的具体表现及同学们的书面报告做出相应评价。

任务 3
巧用组织内沟通

学习目标

掌握组织内沟通的目的和作用、类型与表现形式以及组织内沟通方式的特点与策略技巧，以便在今后的商务活动中能处理好各种关系。

任务描述

组织内沟通是在组织结构环境下的知识、信息及情感的交流活动。组织内沟通具有明确的目的，通过影响组织中每个人、每个部门的行为，最终实现组织的整体目标。

任务学习

组织内沟通是在组织结构环境下的知识、信息及情感的交流活动，它与一般意义上的沟通是有一定区别的，主要在于组织内沟通特定的情境是工作场所，所以它既具备一般人际沟通的特点，同时又是工作任务和要求的体现。

1. 组织内沟通的目的和作用

组织内沟通的目的是促进组织行动，即按有利于组织的方向左右组织的行为。组织内沟通的作用主要表现在下述四个方面：

（1）传递组织信息，控制内部成员行为。组织需要为组织内部成员采取合理的行动提供必要的信息。组织成员对自己的工作和工作环境掌握得越多，工作就能完成得越好。

（2）征求员工意见，促进决策合理有效。信息由基层一级向上传递，上一级对收到的信息进行总结分析，并最终传递到最高主管部门。最高主管部门对收到的信息进行总结归纳，用来决策。同时，组织在决策过程中还必须进一步与组织成员沟通，征求成员的意见，从而使组织的决策更加合理有效。

（3）统一组织行动，激励成员改善绩效。组织沟通可以使组织成员了解组织的内部政策、习惯做法、规章制度，并遵守这些要求，从而保持组织的统一性。绩效考评方面，上级评价下级对组织所做的贡献，并将此评价传达给下级是十分重要的，有利于了解上级对他们完成工作的看法，了解他们如何改进对组织的贡献以及了解他们的未来前途等，这将极大地激发组织成员的士气，使其工作更有成效。

（4）逐步沉淀积累，塑造企业独特文化。组织通过内部不断沟通，逐渐积累经验，形成组织独特的沟通文化，进而积淀为组织文化，形成组织的沟通内涵，如组织间乐于共享的心态、对他人的尊重、顺畅的沟通网络等。这些资源作为企业文化的重要内容，能够为组织的发展增加活力。

拓展阅读

人际关系和谐的要点

凡事都从自己做起——反省　　凡事都替别人着想——宽容

凡事都有感恩之心——惜缘　　凡事都想帮助别人——服务

2. 组织内沟通的类型与表现形式

有效的组织内沟通可依据信息在组织结构中的传递方向分为下行沟通、上行沟通以及平行沟通。

（1）下行沟通。下行沟通是指上级作为信息发送者与作为信息接收者的下属进行沟通的一种形式，是沿着组织结构中的直线等级进行自上而下的沟通，即组织的高层结构向低层结构传递信息的过程。下行沟通的内容通常是管理决策、规章制度、工作目标和要求、工作评价和工作绩效反馈等，其表现形式通常有：命令、说明、面谈、演说、会议、电话等。

（2）上行沟通。上行沟通就是下属主动作为信息发送者而上司作为信息接收者的沟通行为，是信息从组织的低层结构向高层结构自下而上传递的过程，即下属对组织内的有关事务以及个人本身的状况、问题，向上级表示自己的态度和意见的一种程序。主要表现形式包括：下级的工作汇报、工作总结、当前存在的问题、工作行为的反映、申诉、建议和意见等。

码 3－3－1
组织内沟通误区

（3）平行沟通。平行沟通又称横向沟通，是指沿着组织结构的横线进行的信息传递，即发生在同一工作群体的成员之间、同一等级的工作群体之间以及任何不存在直线权利关系的人员之间的沟通。平行沟通是企业实现团队精神的必要环境和保证，其表现形式主要有部门会议、协调会议、员工面谈、备忘录、主题报告、例行的培训等。

3. 组织内沟通方式的特点与策略技巧

（1）下行沟通的特点及策略与技巧。

①下行沟通的优点。可以使下级及时了解组织目标和领导意图，增加员工对所在团体的向心力和归属感；能够协调组织内各层级之间的关系，增强各层级之间的联系；对下级具有督导、指挥、协调和帮助等作用。

②下行沟通的缺点。由于信息是逐级传递的，因而在传递过程中可能会发生信息的搁置、误解、歪曲，从而影响沟通的效果，而且长期过分依赖于下行沟通，一方面容易助长形式权威主义，导致不民主的氛围，影响士气；另一方面会助长下属的懒惰行为，过分依赖上

级，缺乏工作的积极性和创造性。

③下行沟通的策略与技巧。

a. 传达命令时。第一，态度和善、语言礼貌。上级对下级传达命令时，管理者应保持理解与和善的态度，上级的态度和语言能够直接影响下级对领导的看法，进而影响命令的执行。第二，给下属提出疑问的机会。管理者向下属传达命令时，应主动询问下属的意见，以确保下属能全面和准确地领会。第三，引导下属认识到命令的重要性。管理者对命令进行的重复和强调并不能代表下属也这样认为，管理者要通过介绍命令的背景、要求、意义等信息让下属认识到命令的重要。

b. 批评下属时。第一，尊重客观事实。管理者批评下属一定要从客观事实出发，坚持就事论事。充分了解事实情况，并了解下属全部的想法后再做出相应的处罚决定。第二，选择恰当场合。批评下属时，要选择合适的场合，不能伤害下属的自尊心和自信心。第三，恰当运用肯定与赞美。管理者在批评下属的时候，应适当对下属进行肯定和赞美，让下属意识到自己价值的同时能够虚心接受领导的批评。

c. 赞扬下属时。第一，以诚相见、由衷赞美。赞美是一种艺术，只有当赞美建立在诚挚的基础上时，才会让下属真正受到鼓舞和激励。第二，及时肯定，具体赞扬。在工作中创造了价值的下属，都渴望获得管理者的肯定和承认，管理者应当创造机会及时对下属的工作给予肯定。第三，见微知著、给予肯定。管理者要善于发现下属所做的有意义的事情，且不论事情的大小都能给予真诚的赞扬。

案例链接

及时表扬

表扬被认为是当今企业中最有效的激励方法。日本松下集团，很注意表扬人，创始人松下幸之助如果当面碰上进步快或者表现好的员工，他会立即给予口头表扬，如果不在现场，松下还会亲自打电话表扬下属。

（资料来源：余世维．余世维管理系列丛书．北京：东方出版社，2011.）

（2）上行沟通的特点及策略与技巧。

①上行沟通的优点。下级和组织成员将自己的看法、意见向上级和领导反映，能够获得一定的满足感，能够增强下级的参与感。上级和领导可以通过上行沟通了解下级和组织成员的状况、存在的问题等，做出符合实际情况的决策，并有助于和下属形成良好的关系，提高管理水平。

②上行沟通存在的问题。下属因级别不同造成心理距离，形成心理障碍。下属害怕被“穿小鞋”，受打击报复，不愿反映意见。由于特殊的心理因素，信息经过层层过滤，导致信息曲解，出现适得其反的结果。

③上行沟通的策略与技巧。第一，建立信任。从组织的角度看，连接员工和管理者的是权力和责任，而从沟通的角度看，维系员工和管理者的是信任。第二，建立适当的上行沟通渠道和制度。组织可以设立正式的上行沟通途径，如意见反馈系统，员工座谈会等，定期实施员工调查，了解员工对组织和工作的看法。设立员工意见箱，允许员工提出问题和看法，并得到高层管理者的解答。第三，培育组织沟通文化。有效的上行沟通与组织环境、氛围直

接相关。良好的组织沟通氛围，有利于打开员工的心扉，促进上下级之间的信任关系，提高上行沟通的效率。第四，采用走动管理，鼓励非正式的上行沟通。各层级的管理者都积极与员工交流，自然会建立比较融洽的氛围，提高员工对管理者的信任度，最终帮助员工更好地完成工作。

案例链接

割草男孩

一个替人割草的男孩出价5美元，请他的朋友为他给一位老太太打电话。

电话拨通后，男孩的朋友问道："您需不需要割草?"老太太回答说："不需要了，我已经有了割草工。"

男孩的朋友又说："我会帮您拔掉花丛中的杂草。"老太太回答："我的割草工已经做了。"

男孩的朋友再说："我会帮您把走道四周的草割齐。"老太太回答："我请的那个割草工也已经做了，他做得很好。谢谢你，我不需要新的割草工。"

男孩的朋友挂断电话，不解地问割草的男孩："你不是就在老太太那割草打工吗？为什么还要打这个电话?"割草男孩说："我只是想知道老太太对我工作的评价。"

这个故事的寓意是：只有勤与老板或上司沟通，你才有可能知道自己的长处与短处，才能够了解自己的处境。

（资料来源：割草的男孩．大众标准化．2012.）

（3）平行沟通的特点及策略与技巧。平行沟通可以采取正式沟通的形式，也可以采取非正式沟通的形式。通常是以后一种方式居多，尤其是在正式的或事先拟定的信息沟通计划难以实现时，非正式沟通往往是一种极为有效的补救方式。

①平行沟通的优点。第一，它可以使办事程序、手续简化，节省时间，提高工作效率。第二，它可以使企业各个部门之间相互了解，有助于培养整体观念和合作精神，克服本位主义倾向。第三，它可以促进职工之间的互谅互让，培养员工之间的友谊，满足职工的社会需要，使职工提高工作兴趣，改善工作态度。

②平行沟通的缺点。平行沟通程序过多，信息量大，易于造成混乱。此外，平行沟通尤其是个体之间的沟通也可能成为职工发牢骚、传播小道消息的一条途径，造成涣散团体士气的消极影响。

③平行沟通的策略与技巧。第一，树立"内部顾客"的理念。对待企业内部的其他同仁或其他部门，都要像对待顾客一样，待人热诚、谦逊，勿自夸。真诚关心别人，遇事保持从容不迫的态度。要用接纳、激励、重视的态度正面肯定对方。第二，组织结构调整，完善部门职责、岗位职责。第三，多加倾听。要学会少讲多听，不随意插嘴，不打断对方讲话，不争论、不批评等。第四，换位思考。换位思考有助于克服人性的弱点，在企业中可以形成一种"从我做起，从现在做起"的氛围。

码3-3-2
组织内沟通的
注意事项

案例链接

换位思考

美国有一种新产品，专门给不理解怀孕老婆的老公使用。老婆把怀孕的模拟装置给老公，下了班戴上去，上班前摘下来，让他背十个月。怀孕模拟装置会让老公恶心、呕吐，让他睡觉不知道往哪边翻身，十个月以后整个怀孕的痛苦都能尝到，老公这才真正知道老婆怀孕不容易。

◆ **案例分析**

从同事到冤家

小赵是公司销售部的一名员工，为人随和、不喜争执，和同事的关系处得都比较好。但是，前一段时间，不知道为什么，同一部门的小李老是处处和他过不去，有时候还故意在别人面前指桑骂槐，对跟他合作的工作任务也都有意让小赵做得多，甚至还抢了小赵的几个老客户。

起初，小赵觉得都是同事，忍一忍就算了。但后来看到小李如此嚣张，一赌气，告状到经理那儿。经理把小李批评了一通，从此，小赵和小李成了绝对的冤家。

问题思考：

1. 谈谈这场风波究竟是谁的错？错在哪里？
2. 小赵应该采用怎样的沟通方式？

任务实训

我来想办法

1. 背景资料

张红一直是个品学兼优的好学生，并始终担任班长的职务。上高中后，她仍然担任班级班长，但却出现了很多的烦恼：在班级安排事务时，常有同学跟她唱反调，甚至包括个别班干部。她找到班主任诉说苦恼，希望能寻求到帮助和指导，班主任却希望她能靠自己的能力解决问题。“我该怎么办呢？”张红困惑地问自己。

2. 实训目标

通过实训使学生进一步巩固组织内沟通的策略与技巧。

3. 实训步骤

（1）将全班学生分为若干个小组，每个小组 4 ~ 6 人，推举一位组长。

（2）各小组分别研讨，利用所学知识，帮助张红找到与班级同学、班级干部有效沟通的方法和策略。

（3）各小组组长在班级汇报工作成果，并回答其他组员的提问。

（4）各小组组长将研讨内容整理，形成一份研讨报告上交老师。

4. 实训成果

研讨报告。

5. 实训评价

教师统一评价并展示优秀作品。

任务 4
巧用会议沟通

学习目标

掌握会议沟通的目的和类型，以及会议沟通的要素和注意事项，并能将所学技能应用到沟通中。

任务描述

会议沟通是群体或组织中相互交流意见的一种形式。掌握会议沟通的目的、类型、要素和注意事项，可以利用会议集思广益、传递信息、有效沟通。

任务学习

会议沟通是群体或组织中相互交流意见的一种形式，它是一种常见的群体活动。根据不同的目的和要求，既可以将会议看作一个集思广益的过程，也可以看作一种信息传递的方式。会议是向上沟通意见的途径之一，管理者可以将有关政策和指示传达给下属或员工，同时，也可以借此机会听取意见与反馈。此外，通过会议，组织内的成员也可以聚集在一起，相互交换思想，进行横向沟通。

小贴士

会议是管理工作得以贯彻实施的中介手段。

——格罗夫

1. 会议沟通的目的

一个成功的会议是完成管理沟通目的的最佳手段，其目的大致包括：开展有效沟通，交流信息；给予适当指导，监督员工；解决具体问题，协调矛盾；开发优秀创意，完善决策；

激励员工士气，提高员工满意度。

拓展阅读

适宜会议沟通方式的情境

（1）需要统一思想或行动时（如项目建设思路、项目计划的讨论等）。

（2）需要当事人清楚、认可和接受时（如绩效考核制度发布前的讨论、公司考勤制度发布前的讨论等）。

（3）传达重要信息时（如项目里程碑计划活动、项目总结活动等）。

（4）澄清一些谣传信息，而这些谣传信息将对团队产生较大影响时。

（5）讨论复杂问题的解决方案时（如针对复杂的技术问题、已收集到的解决方案等）。

2. 会议沟通的类型

按照会议的目的不同分类，主要有以下几种类型：

（1）谈判。谈判的目的是解决双方在利益上的冲突，采用互动的方式讨论，力求达成一致的意见。

（2）通知。通知的目的是为了传播信息，采取单项的方式，一般没有讨论。

（3）解决问题。解决问题的目的是为了利用团体的力量解决问题，通常要将待解决的问题摆在桌面上，与会者应提出解决的方法。在这类会议上，与会者多会为探求解决的方法而努力，不会停留在过去的状态中。

（4）决策。决策的目的是为了在不同的方案中权衡利弊做出抉择，与会者不仅会讨论和决策，而且还要遵守会议的决议。

（5）交流。交流的目的是在于集思广益，每位与会者都可以提出自己对问题的看法，并从相互间的发言中得到启发，激发灵感、产生创意。这类会议多鼓励讨论。

码 3－4－1
会议类型与性质

码 3－4－2
令人惊奇的结果

3. 会议沟通的要素

会议作为一种重要的沟通方式，被各种组织广泛地采用。但有时开会是一种费力又令人疲倦的活动，因此，要提高会议的效率，掌握会议沟通的要素就显得尤为重要。会议沟通主要包括五大要素：

（1）议题要和与会者有关。若参加开会的人觉得议题和自身没有关联，或探讨的议题不切合实际，或在自身权责以外，则会议将很难使与会者产生参与感。

（2）选定适当的出席人员。开会就要决定事宜，这样才能产生开会的影响力，因此出席会议的人，对议题应具有一定的决定权，或是在职务上有权利和义务执行会议决定的人。

（3）专业的会议主持人。主持人是会议顺利进行的保障，主持人要能引导发言，控制会场秩序，管理时间，管制发言人不偏离主题，归纳与会者的发言要点、做出总结。此外，主持人还要具备思维清晰敏锐、善于言辞表达、积极倾听、较强的分析、应变等能力。

（4）会前要有充分的准备。要明确会议的必要性，确定会议的目标，拟定会议议程，准备会议文件，分发会议材料，确定会议主持人，确定与会人员，预订会议场所，补充最新信息等。

（5）合理控制与会者的行为。严肃对待迟到行为；控制喋喋不休者；对沉默给予积极引导；尊重别人的发言权；要注意倾听别人的意见；鼓励思想碰撞；提防对建议的压制。

4. 会议沟通的注意事项

码 3－4－3
有效的会议筹备

会议沟通是一种成本较高的沟通方式，沟通的时间一般比较长，常用于解决较重大、较复杂的问题。实施有效会议沟通，我们应注意以下几点：

（1）发言时应从重要的部分说起，要思考发言提纲，要有自信，尽量使用切合业务的表达方式。

（2）要有逻辑地、简单地表达，使听者容易理解，不要有“基本上可以”“大致没有问题”等含糊不清的表达。

（3）与会者都有发表自己意见的权利，即使其发表的意见不能被采用，也要鼓励其发表精神，以鼓励大家发言。如果总是抓住别人话里的漏洞不放，则会出现小心谨慎、保持沉默的气氛。

（4）在会议进程中，要适时做出反应，对于可以采用的意见，别人说话时要看着他点头，要使用肯定性的语言称赞。

（5）要保持会议气氛的活跃，避免冗长与乏味。同时，也要避免涣散与争论，要鼓励思想冲突，制止感情冲突。

◆ 案例分析

成功的动员会

工程部张经理主持动员会议时，一直在向大家传达着信心这个理念。对不同的员工有不同的对待方式，能准确把握员工的性格。不同的问题有不同的处理方式，对会议的掌控也恰到好处，及时解决各个部门的疑虑，掌握每个部门发言的时间，对于一些需要花很多时间考虑的问题，也禀明会后单独再谈。最后把大家的焦虑一一消除，成功完成了这次动员会议的召开。张经理主持会议的风格大度、沉稳，让大家有信心开始着手准备下面的工作。总体来说，成功的主持人成就了这次会议，进而达到了动员会的目的。

（资料来源：李雅乐，苏庆林．商务沟通与谈判．北京：科学出版社，2013.）

问题思考：

结合案例，谈谈成功的会议主持人应具备哪些能力？

任务实训

解决会议中的问题

1. 背景资料

假设你是公司某部门的负责人，在召集部门人员开会时，常常遇到下列情况：

（1）小张拖拖拉拉，开会总是迟到。

（2）小李会上总是默不作声，不管正确与否，从不发表意见。

（3）小付则十分活跃，不管会议内容如何，总爱打断主持人的讲话，对会议内容进行诸多评价，经常导致会议主题难以正常进行。

2. 实训目标

通过实训使学生进一步巩固会议沟通的相关知识点。

3. 实训步骤

（1）将全班学生分成 3 组，每组推举一位组长。

（2）各组分配一个议题，针对问题，讨论解决方案及具体措施。

（3）组长汇总本组提出的有效解决方案，并在班级上交流。

（4）组长把本组的解决方案及具体措施形成书面研讨报告，上交老师。

4. 实训成果

每组上交研讨报告一份。

5. 实训评价

教师根据各组表现及研讨报告的可实施性给予评价。

思考与练习

1. 单项选择题

（1）电话沟通是双方不见面的一种沟通形式，它是通过声音来传递信息的，（　　）成为双方沟通的唯一媒介。

A. 语言　　　　B. 行为

C. 态度　　　　D. 表情

（2）接电话的时候，一定要迅速接听，一般在铃声响（　　）之内就应该接听。

A. 四声　　　　B. 三声

C. 二声　　　　D. 一声

(3) 在面对面沟通时，恰当地使用（　　）能够增强沟通的有效性。

A. 图像设备　　　　B. 寒暄

C. 肢体语言　　　　D. 文字

(4) 成功的组织内沟通来自于下行沟通和上行沟通的（　　）。

A. 平衡　　　　B. 制衡

C. 一致性　　　　D. 相悖性

2. 多项选择题

(1) 面对面沟通的三大要素有（　　）。

A. 文字　　　　B. 声音

C. 肢体语言　　　　D. 表情与手势

(2)“5W1H”技巧中所谓“5W”包括 When 何时和（　　）。

A. Who 何人　　　　B. Where 何地

C. What 何事　　　　D. Why 为什么

(3) 有效的组织内沟通可依据信息在组织结构中的传递方向分为（　　）。

A. 交叉沟通　　　　B. 下行沟通

C. 上行沟通　　　　D. 横向沟通

(4) 按照会议的目的分类，其类型主要有谈判与（　　）。

A. 通知　　　　B. 解决问题

C. 决策　　　　D. 交流

3. 判断题

(1) 面对面沟通时三大要素影响力的比率是文字占 7%，声音占 38%，肢体语言占 55%。（　　）

(2) 组织内沟通是在组织结构环境下的知识、信息及情感的交流活动，它与一般意义上的沟通是没有区别的。（　　）

(3) 要提高会议的效率，掌握会议沟通的三大要素就显得尤为重要。（　　）

(4) 下行沟通的策略可从传达命令、批评下属及赞扬下属三个方面掌握。（　　）

(5) 会议既是一个集思广益的过程，也是一种信息传递的方式。（　　）

4. 案例分析题

案例 1

如何走出困境

4 月初，即将毕业的小王已经在为租房奔波。因为学校对毕业生下了逐客令，她想找工作，必须赶紧找个落脚的地方。5 月底，小王终于和三个同学搬进了一处房子，但因为伙食费等问题，没几天她们就产生了矛盾。在小王看来，很多生活用具都是自己掏钱买的，若是开口要别人分摊，好像显得很小气，但看着她们用得那么理所当然，自己心里又不免有疙瘩。伙食费亦然，自己下班早，经常都是自己去买菜做饭，几个同学一起吃，但大家对买菜的费用都绝口不提，只是分担了水电费而已。很多次，小王都不想再做她们那份了，但同住一个屋檐下，又曾是同学，如果不做她们的饭或者开口要买菜的费用，小王又开不了口。

问题讨论：

如果你是小王，你会怎样解决目前的困境呢？

案例 2

杨锐的苦恼

杨锐从东北某大学的人力资源管理专业毕业，来到广州求职。杨锐选定了一家研究生产食品添加剂的公司，因为该公司规模适中、发展速度很快，最重要的是其人力资源管理工作还处于尝试阶段，她认为自己施展能力的空间很大。

但是到公司一个星期杨锐就陷入了困境。原来这是一个家族企业，关键职位基本由老板的亲属担任，充满了裙带关系。尤其是她的临时上司，是老板的大儿子，只重视技术开发，根本没有管理理念。因此，在到公司的第五天杨锐就拿着自己的建议书走向了临时上司的办公室。

"王经理，我到公司快一个星期了，有一些想法想和您谈谈，您有时间吗?""来来，小杨，本来早就应该和你谈谈了，只是最近一直扎在实验室里就把这件事忘了。""王经理，对于一个企业来说，要持续企业的发展必须在管理上狠下功夫。据我对公司的了解，我认为公司主要的问题在于职责界定不清，雇员的自主权力太小致使员工感觉公司对他们缺乏信任……"杨锐按照提纲开始逐条向王经理叙述。王经理皱了下眉头说："你说的这些问题确实存在，但是你必须承认我们公司在赢利，这就说明目前实行的体制有它的合理性。""可是，眼前的发展并不等于将来也可以发展，许多家族企业都是败在管理上。""好了，你有具体方案吗?""目前还没有，这些只是我的一点想法而已，如果您支持，方案只是时间问题。""那你先回去做方案吧，材料放在这儿我先看看再给你答复。"

杨锐感受到不被认可的失落，她似乎预测到第一次提建议的结局，果然，建议书如石沉大海。杨锐陷入了困惑之中，她不知道自己是该继续和上级沟通还是干脆放弃这份工作。

（资料来源：李雅乐，苏庆林．商务沟通与谈判．北京：科学出版社，2013.）

问题讨论：

1. 在此沟通过程中，杨锐表现出有何不妥的地方，应该怎么改进？
2. 在此沟通过程中，王经理做的有何不妥的地方，应该怎么改进？

项目四
4 认知商务谈判准备

案例导入

新宇的地产买卖

三年前，新宇有限公司在昌东高新开发区买下一处地产，共花费资金 10 000 万元。刚买下，房地产市场就开始不景气。最近，通过广告，新宇公司得知华泰建筑材料有限公司对那块地产生了兴趣。

新宇公司组建了以副总经理周志涛、经营部总监徐艳萍、法律顾问曾新飞等为代表的谈判班子，并紧锣密鼓地了解情况：地皮周边类似地产的价格、附近地区地价的涨落趋势；华泰公司的营业范围、财务报表、新闻报道、相关文章。

谈判班子还得知华泰刚上市几个月，手中有大量的通过出售股票募集的现金。据华泰宣传材料上讲，他们的业务还要继续扩展到中部地区，而新宇的地产正位于这一带。

此外，曾新飞的朋友告知：华泰副总曾让他介绍昌东地区房地产经纪人。新宇由此推断华泰要在昌东建立分公司，他们对房地产有迫切的需求。

新宇公司对待卖土地定价是 21 000 万元，底线是 11 000 万元。

新宇公司做好了周全的接近华泰公司的准备，拟订谈判计划，公司组织谈判班子成员和其他相关人员召开讨论会，以完善谈判计划。

在朋友的介绍下，两公司成员反复到对方公司访问。

谈判开始，华泰公司反复说新宇公司定价离谱，强调己方可能会集中精力拓展南部业务，而关注中部地区只是他们的谈判策略。这种说法显然不太诚实。他们说的与新宇公司了解的情况不一致。

由于准备充分，在反复磋商后，最终地产以 12 000 万元成交。

问题思考：

为什么在房地产不景气的背景下新宇公司能以 12 000 万元售出地产？

任务 1
寻找客户

学习目标

掌握各种寻找客户的方法，并用于实际商务谈判工作中。

任务描述

寻找客户的方法主要有逐户寻访法、连锁介绍法、中心开花寻找法、资料查阅法、广告拉引法、亲友中介法、团体活动咨询法、委托助手法、电话寻找法、个人观察法、邮寄法、企业内部搜索法等。

任务学习

商务谈判的对手是客户，寻找客户往往是一个商务活动的开端。我们需具备发现和识别潜在客户的能力，并通过自己的工作来提高寻找客户的成效。寻找客户的方法非常多，而且具有灵活性和创造性。

1. 逐户寻访法

逐户寻访法又称普访法、地毯式访问法，是指在特定的区域或行业内，普遍地、逐一地访问所有的个人和组织并从中确定客户的方法。

逐户寻访法依据“平均法则”，即假定在被访问的人和组织当中，总会有数量的潜在客户，发现这些客户的数量与被访问的人数呈正比例关系。

2. 连锁介绍法

连锁介绍法是指请求现有的客户介绍其他客户的方法。

资料卡

推销大王乔·吉拉德的“社交圈二百五法则”

每个顾客的背后都有“250 人”，如果你得罪了一个人，就等于得罪了 250 个人；反之，如果你利用每一个顾客，就等于得到 250 个关系，这 250 个关系中，就可能有要购买你的产品的顾客。

3. 中心开花寻找法

中心开花法又称为中心辐射法、权威介绍法，指在某一特定的范围里发展一些具有影响力的中心人物或组织，使其成为自己的客户，然后再通过他们的影响把该范围内的其他个人或组织变为自己的客户。

一般来说，中心人物或组织常常是消费者领袖，诸如政界要人、文体界巨星、知名企业等。他们的行为能在其崇拜者心目中形成示范和先导作用，从而引发甚至左右崇拜者的行为。

4. 资料查阅法

资料查阅法是指通过查阅各种现有资料来寻找客户的方法，也称间接市场调查法。

可供查阅的资料有：政府报告和统计资料、各种年鉴、工商企业名录、商标公告、各种专业团体的会员名册、各种信息快报杂志、产品目录、银行账号、市场调研报告、邮政编码、电话簿等。

5. 广告拉引法

广告拉引法是指利用广告媒介把有关商务信息传递给受众以寻找客户的方法。利用该方法关键在于正确地选择广告媒介，以较少的费用取到较好的广告效果。

6. 亲友中介法

亲友中介法是指利用亲友的关系，从他们的社交圈里为自己介绍推荐客户。

资料卡

研究表明，由亲友及其他熟悉的人向新客户推销产品，影响力高达80%。向由现有客户推荐的新客户推销比向没有人推荐的新客户推销，成交率要高3~5倍。

7. 团体活动咨询法

团体活动咨询法是指通过参加各种社会交际活动，广交各界朋友，建立广泛的社会关系网络，从而源源不断地寻找到客户。

具体方法有：参加有关展览会、新产品发布会、信息交流会、订货会等；通过市场服务机构或咨询机构来获取信息。

8. 委托助手法

委托助手法是指在企业外部选聘一批兼职人员协助搜集情报，提供新客户线索，或帮助业务人员进行营销活动。这些接受雇佣或被委托寻找客户的人士被称为“推销助手”。

9. 电话寻找法

电话寻找法是指用打电话的方式寻找客户的方法。采用该方法要做好充分准备，选择好打电话的时机，讲究打电话的礼仪与效果。

码 4-1-1
你看到了什么？

10. 个人观察法

个人观察法又称为现场观察法，是指根据对周围环境的直接观察和判断来寻找客户的方法。

11. 邮寄法

邮寄法是指制作经过特别创意设计的、具有吸引力与感染力的宣传资料寄发给客户，或者为一些特定的准客户亲笔写信函以寻找客户的方法。

12. 企业内部搜索法

企业内部搜索法是指从本企业内部获得有关客户的信息资料，从而寻找客户的方法。

我们可以从各个职能部门寻找潜在客户的线索，其中最有价值的是财务部门所保存的会计账目，仔细查阅本单位与客户之间的往来账目，从中可以发现许多虽已很少往来却极富潜能的客户。

码 4－1－2
客户开发的渠道

◆ 案例分析

"打错"的电话

"喂，葛太太，我是乔·吉拉德，这里是雪佛莱麦若里公司。我只是想让您知道您订购的车已经准备好了，谢谢！"这位葛太太愣了："先生，你可能打错了电话，我们没有订新车。"

吉拉德问道："您能肯定是这样吗？""当然，因为我先生没告诉我。"

吉拉德又问道："请您等一等，对了，您这里是葛克莱先生的家吗？""不对，我先生叫史蒂。"

其实，吉拉德早就知道她先生的名字，因为电话簿上写得清清楚楚。

"史蒂夫人，很抱歉，一大早就打扰您，我相信您一定很忙。"对方没有挂断电话，吉拉德就此跟她在电话中聊了起来："史蒂夫人，你们不会正好也准备买部新车吧？""还没有，不过你应该问我先生才对。"

"您先生什么时候在家呢？""他通常晚上六点钟回家。"

"那好吧，史蒂夫人，我晚上再打来，该不会影响你们吃晚饭吧？"

当天晚上六点半，吉拉德再次拨通电话，和史蒂先生通了话。他记下了对方的姓名、地址和电话号码，还记下了譬如对方在什么地方工作、喜欢哪种型号的车等有用的资料。

（资料来源：李尚隆 .7 天成为销售高手：销售新人的入门圣经 . 北京：中华工商联出版社，2010.）

问题讨论：

1. 乔·吉拉德为什么打错电话？
2. 他用的是什么寻找客户的方法？

任务实训

寻找客户的方法

1. 背景资料

平常商务活动中寻找客户的事例。

2. 实训目标

通过实训使学生掌握寻找客户的方法。

3. 实训步骤

（1）将全班学生分为若干个小组，每小组 4 ~6 人，推举一位组长。
（2）各小组分别研讨，罗列商务活动中寻找客户的例子，越多越好。
（3）各小组通过研讨后，形成一份研讨报告，写明事例、理由。
（4）各小组组长汇报工作成果，并将研讨报告上交老师。

4. 实训成果

研讨报告。

5. 实训评价

教师统一评价并展示优秀作品。

任务 2 准备谈判人员

学习目标

通过掌握如何进行谈判人员的准备，以便有效地影响谈判结果。

任务描述

谈判人员的准备包含谈判班子的规模、谈判人员的配备、谈判班子成员的分工与协作等。

任务学习

一场谈判能否取得成功，在很大程度上取决于谈判人员的水平。因此，组建一支精明强干的谈判队伍，对于顺利完成谈判任务会有莫大的帮助。谈判人员的准备包含谈判班子的规模、谈判人员的配备、谈判班子成员的分工与协作等内容。

1. 谈判班子的规模

从大多数的谈判实践来看，谈判班子人数规模在 4 人左右为宜，这个规模得到国内外谈判专家的普遍认可。

在具体确定谈判队伍的规模时，主要考虑以下因素：

（1）谈判班子的工作效率。一个集体如要有效地开展工作，就必须进行适当而严密的分工和协作并且意见交流要畅通。谈判要求高度的集中统一，必须能对问题做出及时而灵活的反应，基于这点，工作效率较高时的谈判人数规模在 4 人左右。

（2）最佳的管理幅度。商务谈判活动紧张、复杂、多变，既需充分发挥个人的独创性和独立的应变能力，又需要内部的协调统一、一致对外，其领导者的有效管理幅度在 4 人左右为宜。超过这个限度，内部的协调和控制就会发生困难。

（3）满足谈判所需知识的范围。商务谈判会涉及许多专业知识，但谈判的不同阶段所涉及的主要专业知识的种类有限，只要谈判班子的成员具备这几种主要的专业知识就可胜任。某些非常专业或具体的细节谈判可以安排另外的小型谈判予以解决，或者请某些方面的专家作为谈判班子的顾问，给谈判人员献计献策或提供咨询服务，不必扩大谈判班子的规模。

（4）便于小组成员随时调换。如技术谈判阶段，生产技术人员发挥的作用很大，金融法律人员可以不参加；签约阶段法律人员则起关键作用，其余人员可不参加。因此，适当的谈判班子的规模便于小组成员随时调换。

码 4－2－1
谈判人员的
素质要求

2. 谈判人员的配备

谈判班子人员配备应根据谈判对知识方面的要求而定。商务谈判中，一般所需知识大体可概括为技术、商务、法律等方面的知识，涉外谈判还涉及语言翻译方面的知识。

（1）首席代表。首席代表即谈判领导人。他们在谈判中拥有领导权和决策权，一般由单位的副职领导人担任。其主要职责是：监督谈判程序、掌握谈判进程、听取专业人员的建议和说明、协调谈判班子成员的意见、决定谈判过程中的重要事项、代表单位签约、汇报谈判工作。

> **资料卡**
>
> 有资料显示，最佳谈判年龄在 35～50 岁间，因为该年龄区的人，身心都处于成熟时期，经验和阅历较为丰富。

（2）技术人员。技术人员由熟悉生产技术、产品标准和科技发展动态的工程师担任。在谈判中负责有关产品技术方面的问题，也可以与商务人员配合，为价格决策做技术参谋。其基本职责是：同对方进行专业细节方面的磋商、修改草拟谈判文书的有关条款、提出解决专业问题的建议、为决策提供专业方面的论证。

（3）商务人员。商务人员由熟悉商业贸易、市场行情、价格形势、财务情况的贸易专家担任。其基本职责是：阐明己方及弄清对方参加谈判的愿望和条件、找出双方的分歧或差距、掌握该项谈判总的财务情况、了解谈判对手在项目利益方面的期望指标、分析和计算修改的谈判方案所带来的收益变动、提供财务方面的意见和建议、在正式签约前提供合同或协议的财务分析表。

（4）法律人员。法律人员一般是由律师、或由既有经济知识背景又精通法律专业知识的人员担任，通常由特聘律师或企业法律顾问担任。其主要职责是：确认谈判对方经济组织的法人地位、监督谈判在法律许可范围内进行、检查法律文件的准确性和完整性。

（5）翻译人员。翻译人员一般由熟悉外语和企业相关情况、纪律性强的人员担任。翻译的职责在于准确地传递谈判双方的意见、立场和态度。一个出色的翻译人员，在商务谈判中不仅能起到语言沟通作用，而且能改变谈判气氛，增进谈判双方的了解、合作和友谊。

码 4－2－2
自测题

想一想

与外商谈判，我方谈判人员都有熟练地运用谈判方外语的能力，也能与对方直接交谈，那么还有没有必要配备一名专职翻译？

（6）记录人员。记录人员必须具备熟练的文字记录能力，并具有一定的专业基础知识。其具体职责是准确、完整、及时地记录谈判内容。

这样，由不同类型和专业的人员就组成了一个分工协作、各负其责的谈判组织群体（见图 4－1）。

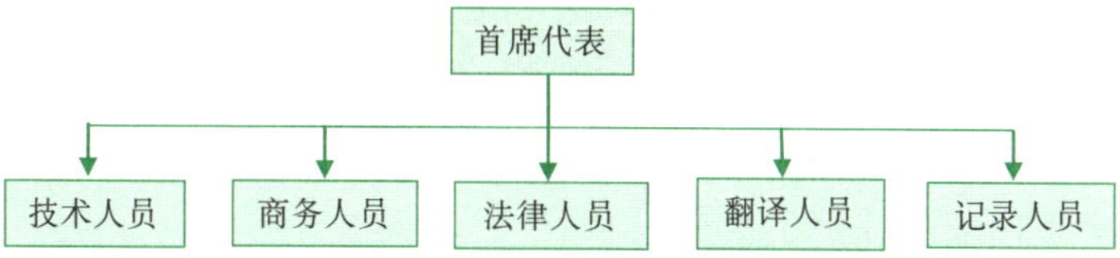

图 4－1　谈判人员的配备

3. 谈判班子成员的分工与协作

组建谈判班子后，班子成员要做到合理分工、默契配合，从而赢得谈判。

（1）主谈人和辅谈人的配合。主谈人是在谈判的某一阶段或针对某一个或几个方面的议题，由谁为主进行发言，阐述己方的立场和观点，此人即为主谈人。其他人处于辅助的位置，称为辅谈人。一般来讲，谈判班子中应有一名技术主谈，一名商务主谈，一名法律主谈。

主谈人一旦确定，己方的意见、观点都由其来表达。在主谈人发言时，自始至终都应得到己方其他人员的支持。

（2）洽谈技术条款时的分工与合作。在洽谈合同技术条款时，专业技术人员处于主谈人的地位，其他成员处于辅谈人的地位。

技术主谈人要对合同技术条款的完整性、准确性负责。要放眼谈判的全局，尽可能地为后面的商务条款和法律条款的谈判创造条件。辅谈人员从商务和法律的角度支持技术主谈人的意见和观点。

（3）洽谈商务条款时的分工与合作。同样，在洽谈合同商务条款时，商务人员应处于主谈人的地位，而其他成员则处于辅谈人的地位。

合同的商务条款在许多方面是以技术条款为基础的，或者是与之紧密联系的，故技术人员要密切配合，从技术角度有力地支持商务人员。

（4）洽谈法律条款时的分工与合作。在涉及合同中某些专业性法律条款的谈判时，法律人员则以主谈人的身份出现，法律人员对合同条款的合法性和完整性负主要责任。

由于合同条款法律意义的普遍性，因而法律人员应参加谈判的全部过程。只有这样，才能对各项问题的发展过程了解得比较清楚，从而为谈判法律问题提供充分的依据，从法律角度支持其他主谈人。

码4－2－3 你是哪一种谈判者？

（5）“台上”和“台下”的配合。谈判小组成员不仅在谈判桌上需要相互配合，在其他场合也一样需要配合。如首席代表把谈判组的成员介绍给谈判对手时可以说：“这是胡斌先生，本公司的财务总监，负责本公司的资金调度，是一个精力充沛，聪明能干的小伙子。”而不是说“这是小胡，刚上任的财务科长，大学毕业没几年，没什么谈判经验，这次带他来长长见识。”

◆ 案例分析

谈判人员的配备

进贤县军湖电子科技有限公司欲购买日本EMS的产品生产技术和设备。派往日本的谈判小组包括以下四名成员：军湖公司总经理、做全职太太的总经理夫人、市场部经理和日语翻译。

问题讨论：

1. 该谈判小组人员构成是否合理？为什么？
2. 应怎样安排赴日谈判小组人员？

任务实训

安西果业有限责任公司的进京谈判准备

1. 背景资料

信丰脐橙被誉为“橙中之王”。信丰安西果业有限公司想借助电子商务平台销售安西牌脐橙，在脐橙收获季节来临之前，组团到北京，和本来生活网洽谈购销事宜。

2. 实训目标

通过实训使学生了解如何做谈判人员准备。

3. 实训步骤

（1）将全班学生分为若干个小组，每小组 4 ~6 人，推举一位组长。

（2）各小组分别研讨，安西公司进京谈判人员应如何准备。

（3）各小组通过研讨后，形成一份研讨报告，写明进京谈判人员规模、配备、分工、素质要求等。

（4）各小组组长汇报工作成果，并将研讨报告上交老师。

4. 实训成果

研讨报告。

5. 实训评价

教师统一评价并展示优秀作品。

任务 3
准 备 信 息

学习目标

通过了解商务谈判必须准备哪些信息，为开展谈判做好准备。

任务描述

商务谈判必须了解己方信息、谈判对手信息、竞争者信息、环境因素信息。

任务学习

在人员确立的基础上，对与谈判有关的各种信息资料的掌握至关重要，信息准备越充分，谈判成功的概率则越大。

1. 己方信息准备

了解本企业产品及经营状况。全盘掌握本企业的实际水平与现处的市场地位，对于谈判地位确立及决策制定十分重要。只有对自家产品规格、性能、质量、用途、销售状况、竞争状况、供需状况、财务状况、技术实力、设备能力、管理水平、劳动效率、产品优缺点等熟悉，才能更全面地分析自己的优势、劣势，评估自己的实力，从而认定自我需要，确定己方合理的谈判目标及让步空间。

小贴士

知人者智，自知者明，胜人者力，自胜者强。

——老子

了解己方谈判人员。代表企业出席谈判的谈判人员作为直接参与谈判交锋的当事人，其性格特征、健康状况、知识结构、知识水平、谈判习惯、应变能力等因素直接影响谈判结果，因此，谈判者需要对己方谈判人员进行了解，以便合理组合，扬长避短，组建优秀的谈判团队，成功实现谈判目标。

2. 谈判对手信息准备

商务谈判应具备的最有价值的信息莫过于精准掌握对方的情报资料。只有摸清对方虚实，才能对症下药，制定相应的对策。

对方资料主要包括：

（1）了解谈判对手企业信息。对与己谈判的企业，要了解其公司性质、法人地位、注册资本、公司信誉、技术水平、经营状况、市场地位等基础状况。同时，还要了解该企业的资信情况，确定其是否具有经营许可等能力，以降低信用风险，掌握谈判的主动权。

（2）了解谈判对手合作情况。知道对方为什么谈判、是否存在经营困难等会对谈判主动权产生影响的因素；明确其谈判目标，掌握对方的谈判时限，将其优势、劣势细细分析，使自己能避实就虚，在谈判中占主动地位。

（3）了解谈判对手谈判人员情况。摸清对手谈判代表的一切情况，包括人员组成、个人简历、信誉、文化传统、风俗习惯、性格特征、兴趣爱好、思维特征、惯用的谈判手法及谈判权限等，以便在谈判中做到心中有数，确定恰当的商务谈判策略。

3. 竞争者信息准备

了解同行业其他企业的产品及经营状况，包括商品类型、性能、质量等信息以及他们的资信、市场情况及决策方式等，对比优势及差距，便于己方谈判时，以己之长较他人之短，从而制定适于自己的谈判战略。

随着经济的发展，企业面临着国内外同行业的激烈竞争，也许当我们与谈判对手讨价还价之时，被忽视的竞争者已准备坐收渔翁之利了。所以必须以主动的姿态掌握该行业整个市场的经营状况及形势。

4. 环境因素信息准备

商务谈判总是在一定环境下进行的，政治法律、经济建设、自然、社会文化、金融状况、地理气候、商业习惯、基础设施等因素都对谈判成功产生影响，在谈判前必须对它们通盘了解，避免付出巨大代价才达成的协议，或因在履行中受某些客观因素阻碍而前功尽弃。

码 4－3－1
安利转型

（1）政治法律环境的信息。这些信息是指与市场经营有关的各种法规及有关的管理机构和社会团体活动的信息。在不断发展的经济社会里，国家经济的立法也会不断加强和完善，谈判人员必须具有很强的法制观念，对有关的法规和细则都必须有很充分的了解，利用法律来维护自己的权益。

（2）经济环境的信息。这些信息是指市场经济的形势、市场行情方面的信息。每一个谈判人员都要了解整个社会的生产力总体发展水平、社会分工状况、消费收入水平、市场需求及市场竞争状况，这些都将影响商品的质量、价格的高低等。

（3）自然环境的信息。社会的主体要从事交易、谈判等经济活动，都离不开一定的自然环境。由于自然环境的不同，就决定了产品的原材料供应、运输方式、储存条件及商品的包装等多方面的差异，谈判人员应该对经济活动的自然环境方面的信息做一个充分的了解。

拓展阅读

谈判大师荷伯·科恩提出影响谈判结果主要有“三要素”：权威，即掌握谈判的主动权，引导谈判方向；时间，即掌握好谈判的节奏，有条不紊；信息，即谈判所操作的工具。

（4）社会文化环境的信息。这些信息是指企业所处的社会结构、社会风俗和习惯、信仰以及价值观念、行为规范、生活方式、文化传统、人口规模与地理分布等因素的形成和变动。谈判人员充分了解各地区、各民族的社会文化背景，以便于研究对方的性格爱好，尊重对方的风俗习惯，有益于维持良好的谈判气氛。

◆ **案例分析**

暴跌的毛皮

1986年，日本一个客户与东北某省外贸公司洽谈毛皮生意，条件优惠却久拖不决。转眼过去了两个多月，原来一直兴旺的国际毛皮市场货满为患，价格暴跌，这时日商再以很低的价格收购，使我方吃了大亏。

（资料来源：李力刚．力刚文章．商务谈判培训网，2012.）

问题讨论：

1. 日方基于什么情况在条件优惠的条件下却久拖不决？
2. 我方为什么在毛皮洽谈中吃大亏？应如何避免这种状况？

任务实训

徐艳萍的信息准备

1. 背景资料

廖为龙拥有一家主营汤包的餐饮店，已开数年，位置极佳。他想趁生意还算红火的时候把餐饮店盘出去，对外开价575 000元（含存货、厨房设备估价、餐厅设备估价等）。

徐艳萍看中了廖为龙的店，认为条件都不错，符合自己的要求。

现存在的问题是：徐艳萍虽能从银行获得贷款，但还不足以支付廖为龙的要价。即使先付一半，余款分 2 年付清也做不到，希望能分 4 年付清。

2. 实训目标

通过实训使学生理解商务谈判的信息准备。

3. 实训步骤

（1）将全班学生分为若干个小组，每小组 4～6 人，推举一位组长。

（2）根据背景资料，各小组分别研讨：徐艳萍为了提高谈判的成功率，必须收集哪些方面的信息。

（3）各小组通过研讨后，形成一份研讨报告，详细写明徐艳萍收集信息的内容。

（4）各小组组长运用多媒体汇报工作成果，并将研讨报告上交老师。

4. 实训成果

研讨报告。

5. 实训评价

教师统一评价并展示优秀作品。

任务 4
准备接近客户

学习目标

了解如何做好接近客户的准备、掌握接近客户的方法，学会接近客户。

任务描述

在接近客户进行商务谈判前，必须做好计划：确定谈判目标、明确谈判地点和时间、确定谈判的议程和进度等。接近客户的方法主要有问题接近、介绍接近、产品接近、利益接近、馈赠接近、调查接近、好奇接近、赞美接近、求教接近、社交接近、服务接近、反复接近等方法。

任务学习

接近客户是指业务人员为了同客户进行商务谈判，而对其进行的初步接触或再次访问。

1. 制订谈判计划

在接近客户进行商务谈判前，必须做好谈判计划：确定谈判目标，规定谈判期限，拟定谈判议程，选择谈判地点，确定谈判时间等。

（1）确定谈判目标。谈判目标是谈判预期要得到的结果，是指导商务谈判的核心。确定谈判目标要考虑企业的总体目标等因素，在综合多方信息的基础上，反复研究确定谈判目标。谈判目标包括的要素有：品质目标、数量目标、价格目标、支付方式目标、保证期目标、交货条件目标、商品检验目标、服务标准目标等。

拓展阅读

美国谈判专家卡洛斯对两千多名谈判人员进行的实际调查表明：一个良好的谈判者必须坚持“喊价要狠”的原则，若卖主喊价较高，则往往能以较高的价格成交，若买主出价较低，则往往能以较低的价格成交。这里的卖价、买价就是谈判期望目标的主要内容。

谈判目标分为：

①最高目标（期望目标）。最高目标是对目标制定一方最为理想的谈判目标。它是在满足目标制定者的基本利益之外，加上一个增加值。

②可接受目标（争取目标）。这是谈判人员根据各种客观因素情况，经过科学论证、预测、决策后所确定的谈判目标。可接受目标是谈判方制订的基本利益目标，是要坚守的主要防线。

③最低目标（基本目标）。最低目标是谈判中己方毫无退让余地，必须达到的目标。在洽商中既有可能实现较为理想的谈判目标，也有可能是在最低限度目标内达成协议。

这样最高目标、可接受目标和最低限度目标的制定就使谈判目标具有比较大的伸缩性，如图 4－2 所示。

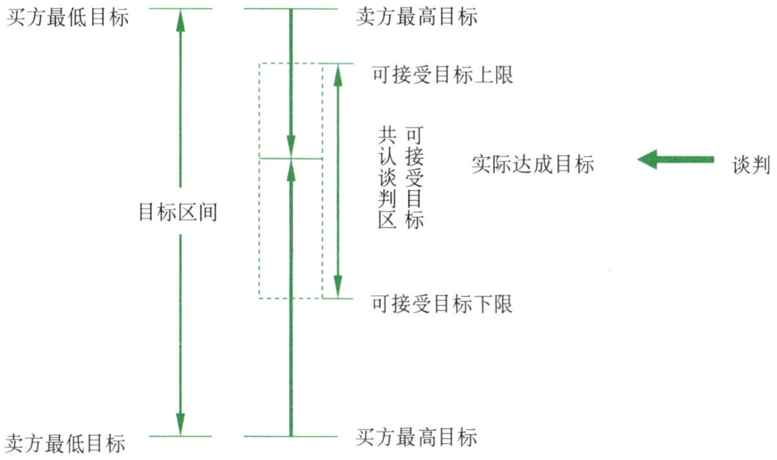

图 4－2　买卖双方谈判目标伸缩性示意图

（2）明确谈判地点和时间。

①明确谈判地点。商务谈判的地点选择一般有四种：在己方国家或公司所在地谈判；在对方所在的国家或公司所在地谈判；在双方所在地交叉谈判；在谈判双方之外的国家或地点谈判。

②明确谈判时间。明确谈判时间即谈判在什么时间举行、多长时间、各个阶段时间如何分配等等。选择合适的谈判时间，要考虑以下几个因素：准备情况、谈判者的情绪状况、季节气候情况、谈判的紧迫程度、谈判对手的情况等。

（3）确定谈判的议程和进度。谈判的议程是指有关谈判事项的程序安排。它是对有关谈判的议题和工作计划的预先编制。谈判的进度是指对每一事项在谈判中应占时间的把握，目的在于促使谈判在预定的时间内完成。

典型的谈判议程至少包括三项内容：谈判应在何时举行，为期多久；哪些事项列入讨论，哪些不列入讨论；讨论的事项如何编排先后顺序，每一事项应占多少讨论时间等。

谈判议程有通则议程和细则议程（见图4－3）。通则议程是谈判双方共同遵守使用的程序安排，一般要经过双方协商同意后方能正式生效。细则议程是己方参加谈判策略的具体安排，只供己方人员使用，具有保密性。

码4－4－1
谈判议程步骤、制订谈判计划书

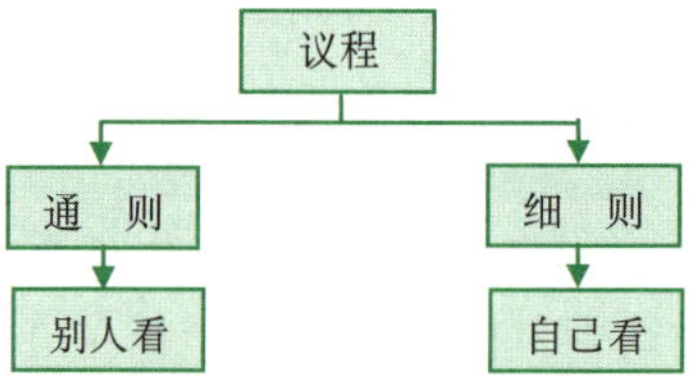

图4－3　谈判议程

2. 接近客户的方法

接近顾客是一项非常灵活而有创造性的活动，方法多种多样，一些行之有效的方法可以综合运用。

（1）问题接近法。问题接近法也称为问答式接近法或讨论接近法，是指业务人员通过直接提问来引起客户注意和兴趣进而转入谈判的方法。

想一想

电器商对酒店经理说："您希望保证贵酒店正常经营的情况下，明年电费开支减少15%吗？"这是问题接近法吗？

（2）介绍接近法。介绍接近法是指业务员通过自我介绍或他人介绍接近客户的方法。介绍的形式可以是口头介绍或者书面介绍。

（3）产品接近法。产品接近法也称为实物接近法，是指业务人员直接利用产品实物或者模型摆在客户面前，以引起客户对产品足够的注意与兴趣，进而转入谈判的接近方法。

（4）利益接近法。利益接近法是指业务人员利用商品能为客户带来的实际利益以引起客户的兴趣并接近顾客的方法。

想一想

“李经理，您是否知道通过我们的服务，你们公司可以比其他公司更快地将产品从利物浦航运到伦敦！”这属于什么接近客户的方法？

（5）馈赠接近法。馈赠接近法是指业务人员以一些小巧精致的礼品赠送给客户，借以达到接近顾客目的的一种方法。

（6）调查接近法。调查接近法是指业务人员假借调查研究的机会接近客户的方法。调查接近法使客户看到业务人员的工作态度，较易获得顾客的信任与支持，能成功地接近客户。

（7）好奇接近法。好奇接近法是推销人员利用顾客的好奇心理而接近顾客的方法。

案例链接

与众不同的名片

英国营销高手约翰·凡顿的名片与众不同，每一张上面都印着一个大大的25%，下面写的是约翰·凡顿，英国XX公司。接到他名片的客户几乎第一反应都是：“25%，什么意思？”约翰·凡顿告诉他们：“如果使用我们的机器设备，您的成本将会降低25%。”这一下就引起了客户的兴趣。约翰·凡顿还在名片的背面写上这么一句话：“如果您有兴趣，请拨打电话××××××××。”他将名片装在信封里寄给客户，被激发出好奇心的客户纷纷打电话过来咨询。

（资料来源：门店心理战术：三部推荐法．大众医药网．2009.）

（8）赞美接近法。赞美接近法是指业务人员利用客户的求荣、求美的心理引起客户的注意和兴趣，进而转入正式谈判的接近方法。

案例链接

吉姆的赞美

保险员吉姆向律师安德森推销保险。安德森很年轻，对保险没兴趣，但吉姆离开时的一句话却引起了安德森的兴趣：“安德森先生，如果允许的话，我愿继续与您保持联络，我深信您前程远大。”“前程远大，何以见得？”“几周前，我听了您在州长会议上的演讲，那是我听过的最好的演讲。”见安德森喜形于色，吉姆请教他是如何学会当众演讲的。安德森的话匣子被打开了……临别时他说：“欢迎您随时来访。”没过几年，安德森成为当地非常成功的律师。吉姆和他一直保持好朋友关系，保险生意越来越多。

（资料来源：乔·库尔曼．美国金牌推销员的成功秘诀．北京：长安出版社，2003.）

（9）求教接近法。求教接近法是指业务人员通过请客户帮忙来解答疑难问题，从而接近客户的方法。如业务员问：“赵工，您是机电产品方面的专家，您看看与同类老产品相比，我厂研制并生产的产品有哪些优势?”运用求教接近法时要问对方擅长的问题，并在求教后及时将话题引入有利于促成交易的谈话之中。

（10）社交接近法。社交接近法指通过与客户建立社会关系接近客户的方法。采用这种方法一般不开门见山地说明用意，而是尽量先与顾客形成和谐的人际关系。

（11）服务接近法。服务接近法是指业务人员通过为客户提供有效并符合需要的某项服务来博得客户的好感，赢得客户的信任从而来接近客户的方法。具体的服务内容如维修服务、信息服务、免费试用服务、咨询服务等。

（12）反复接近法。反复接近法是指业务人员在一两次接近不能达成交易的情况下，采用多次访问来接近客户的方法。该方法在交易较大的生意中经常采用。

◆ 案例分析

资金供求谈判

信丰安西果业有限公司因扩大脐橙种植急需资金500万元，最低不能少于100万元的款项。公司派出财务总监与开户银行信贷部经理进行谈判。一开始，财务总监开出500万元的贷款要求，但银行方没同意。为了掌握更多的谈判主动权，信贷部经理只同意提供300万元的贷款。

问题讨论：

此处的500万元、300万元、100万元对安西公司而言各是什么谈判目标?

任务实训

接近客户方法

1. 背景资料

平常商务活动中接近客户的事例。

2. 实训目标

通过实训使学生掌握接近客户的方法。

3. 实训步骤

（1）将全班学生分为若干个小组，每小组4~6人，推举一位组长。

（2）各小组分别研讨、罗列商务活动中接近客户的例子，越多越好。

（3）各小组通过研讨后，形成一份研讨报告，写明事例、理由。

（4）各小组组长汇报工作成果，并将研讨报告上交老师。

4. 实训成果

研讨报告。

5. 实训评价

教师统一评价并展示优秀作品。

任务5
模拟谈判

学习目标

通过了解模拟谈判，为商务谈判奠定基础。

任务描述

对一些重要的、难度较大的谈判，有必要采取模拟谈判的方法来改进与完善谈判的准备工作；在拟定假设基础上，一般有三种模拟谈判演练方法，分别是全景模拟法、讨论会模拟法、列表模拟法；模拟谈判告一段落后必须及时总结模拟谈判。

任务学习

模拟谈判是指正式谈判开始之前，将谈判小组成员一分为二，一部分人扮演谈判对手，并以对手的立场、观点和作风来与另一部分扮演己方的人员交锋，预演谈判的过程。

1. 模拟谈判的必要性

尽管制订了详细的谈判计划，但计划不可能尽善尽美，不能成为谈判成功的充分保证。因此，对一些重要的、难度较大的谈判，可以采取模拟谈判的方法来改进与完善谈判的准备工作。

模拟谈判能使谈判人员获得一次临场实践的经历，经过操练达到磨合谈判班子、锻炼和提高己方协同作战能力的目的。

在模拟谈判中，通过角色扮演会暴露己方的不足和一些可能被忽略的问题，及时找到出现失误的环节及原因，有助于修改和完善最初方案。

通过模拟谈判，谈判人员在角色扮演中，找到了比较真实的感觉，训练和提高了谈判人员的应变能力，为临场发挥做好心理准备。

2. 拟定假设

拟定假设是指根据某些既定的事实和常识以及经验，将某些假设条件为真。不管这些事物现在或将来是否发生，但仍视其为事实进行推理。

码4-5-1
模拟谈判

根据假设的内容，可以把假设分为下列三类：

（1）对客观事物的假设。

（2）对谈判对手的假设。

（3）对己方的假设。

不管以上哪种假设，都要因事而异、因人而异，力求使假设更接近事实。并且还要想到，无论哪一种假设，都可能会有错误，切不可把假设当事实，要对假设产生的意外结果有充分的心理准备。

拟定假设的关键在于提高假设的精确度，使之更接近事实。为此要注意以下几个问题：首先，拟定假设的人必须有丰富的谈判经验。这些人拟定的假设准确度较高，在实际谈判中发生的概率大；其次，假设要以事实为基础，提高精确度。假设切忌纯粹凭想象地主观臆造；再次，假设必须按照正确的逻辑思维进行推理，遵守思维的一般规律；最后，假设归根结底只是一种推测，带有或然性，不是全部假设在谈判中都会出现的，如果把或然性奉为必然去指导行动，那就是冒险。

3. 模拟谈判的方法

（1）全景模拟法。全景模拟法是指在想象谈判全过程的前提下，企业有关人员扮成不同的角色所进行的实战性演练。全景模拟比较复杂、耗资也大，但模拟效果比较好。它一般用于大型的、复杂的、关系到企业重大利益的谈判。采用这种模拟方法时，要合理地想象谈判的全过程，尽可能地扮演谈判中所有会出现的人物。

（2）讨论会模拟法。首先，企业组织参加谈判人员和一些其他相关人员召开讨论会，请他们根据自己的经验，对企业在本次谈判中谋求的利益、对方的基本目标、对方可能采取的策略、我方的对策等问题发表各自的观点。而后把讨论会情况上报相关领导，作为决策参考；其次，请人针对谈判中种种可能发生的情况，及谈判对方可能提出的问题等提出疑问，由谈判班子成员一一加以解答。

讨论会模拟法鼓励与会者提出意见和建议，尤其是反对意见。因为这些意见和建议有助于己方重新审核拟定的方案，从多种角度和多重标准来评价方案的科学性和可行性，并不断完善准备的材料，以提高成功的概率。

（3）列表模拟法。列表模拟法是通过对应表格的形式，在表格的一方列出己方经济、科技、人员、策略等方面的优缺点和对方的目标及策略；另一方则相应地罗列出己方针对这些问题在谈判中所应采取的措施。

这是最简单的模拟方法，一般用于小型、常规性的谈判。

这种模拟方法的最大缺陷在于它实际上还是谈判人员的一种主观产物，它只是尽可能地搜寻问题并列出对策。

码4－5－2
欧盟谈判
模拟游戏

4. 模拟谈判总结

模拟谈判的目的是为了总结经验、发现问题、弥补不足、完善方案。所以，在模拟谈判告一段落后，必须及时总结，以便为商务谈判奠定基础。

模拟谈判的总结应包括：对方的观点、风格、价值观；对方的反对意见及解决办法；己方的有利条件及运用状况；己方的不足及改进措施；谈判所需情报资料的完善程度；双方各自的妥协条件及可共同接受的条件；谈判破裂与否的界限等。

◆ 案例分析

日内瓦会议

1954 年，我国派代表团参加日内瓦会议，因为是新中国成立以来第一次与西方打交道，在代表团出发前，进行了反复的模拟练习，由代表团的同志为一方，其他人分别扮演西方各国的新闻记者和谈判人员，提出各种问题“刁难”代表团的同志，在对抗中发现问题，及时解决。经过充分的准备，我国代表团在会议期间的表现获得了国际社会的一致好评。

（资料来源：卞桂英．国际商务谈判．北京：北京大学出版社，2008.）

问题讨论：

1. 为什么中国代表团在日内瓦会议期间的表现能获得国际社会的一致好评？
2. “日内瓦会议”用的是哪种模拟谈判方法？

任务实训

定岗实习模拟谈判

1. 背景资料

在中职学习的第三年是定岗实习，去哪个企业实习实际上是一个双向选择的过程，学生选择企业、企业面试学生。

2. 实训目标

通过实训使学生了解模拟谈判。

3. 实训步骤

（1）将全班学生分成双数谈判代表团，每两个代表团结对，一个代表团扮演面试学生，另一个代表团扮演招聘企业，每个代表团推举一位首席代表。

（2）根据背景资料，各代表团站在各自角度选择合适的模拟谈判方法，就毕业生定岗实习双向选择谈判做模拟。

（3）各代表团根据模拟谈判情况形成一份报告，详细叙述模拟谈判的过程及结果。

（4）各首席代表汇报模拟谈判成果，并将报告上交老师。

（5）老师根据各代表团模拟谈判情况选择两个成绩最好的结对代表团做模拟谈判表演展示。

4. 实训成果

模拟谈判报告、模拟谈判表演展示。

5. 实训评价

教师统一评价并展示优秀作品。

思考与练习

1. 单项选择题

（1）谈判班子人数规模在（　　）左右为宜，这个规模得到国内外谈判专家的普遍认可。

A. 4 人　　B. 7 人

C. 10 人　　D. 13 人

（2）（　　）即谈判领导人。他们在谈判中拥有领导权和决策权，一般由单位的副职领导人担任。

A. 商务人员　　B. 技术人员

C. 法律人员　　D. 首席代表

（3）（　　）是在谈判中己方毫无退让余地，必须达到的目标。

A. 最低目标　　B. 最高目标

C. 中间目标　　D. 可接受目标

（4）（　　）是谈判双方共同遵守使用的程序安排，一般要经过双方协商同意后方能正式生效。

A. 议程　　B. 细则议程

C. 通则议程　　D. 通则议程和细则议程

2. 多项多选题

（1）在具体确定谈判队伍的规模时，主要考虑以下因素（　　）。

A. 谈判班子的工作效率　　B. 最佳的管理幅度

C. 满足谈判所需知识的范围　　D. 便于小组成员随时调换

（2）商务谈判必须了解（　　）。

A. 己方信息　　B. 谈判对手信息

C. 竞争者信息　　D. 环境因素信息

（3）选择合适的谈判时间，要考虑（　　）等因素。

A. 准备情况　　B. 谈判者的情绪状况

C. 季节气候情况　　D. 谈判对手的情况

（4）根据假设的内容，可以把假设分为（　　）。

A. 对客观事物的假设　　B. 对谈判对手的假设

C. 对谈判议题的假设　　D. 对己方的假设

3. 判断题

（1）组建谈判班子后，班子成员要做到合理分工、默契配合，从而赢得谈判。（　）

（2）逐户寻访法是业务人员请求现有的客户介绍其他客户的方法。（　）

（3）做谈判对手信息准备时，只需了解谈判对手的企业信息。（　）

（4）做己方信息准备时，必须了解本企业产品及经营状况、了解己方谈判人员。（　）

（5）接近客户是业务人员为了同客户进行商务谈判，而对其进行的初步接触或再次访问。（　）

4. 案例分析题

案例 1

机遇总是光顾有准备的人

江北市准备举办计算机高级程序员辅导班，江北大学学生科技咨询开发中心的徐章浩以及几个实力雄厚的咨询培训机构参加了竞争。

谈判过程中，大家为取得承办辅导班激烈争吵。徐章浩站起来发表意见："我想问大伙几个问题：你们报名参班的人有多少了？你们打算怎么办辅导班？你们有没有辅导班的教材？"徐章浩又说："我们已经有 300 多人报名。据我所知，龙文计算机培训部 50 个人报名，市计算机培训中心报名人数不到 10 个，江北计算机研究所也才五六个人报名……"

竞争者们十分吃惊：他怎么把我的底细摸得这么清楚？他怎么争取到了这么多人报名？

"这没什么奥秘可言。我们通过江北计算机水平测试考试实施办公室把所有已经通过初级测试的人员名单搞来，并给每人发函电，告诉他们办班的时间、地点、方法，学员可自由选班。另外我们还编写了全国第一本培训教材。"

结果大家一致同意辅导班由徐章浩所代表的江北大学学生科技咨询开发中心来办，已报名其他辅导班的人员也全部转给过去。

问题讨论：

（1）徐章浩为什么会取得谈判的圆满成功？

（2）徐章浩做了哪些谈判准备？

案例 2

小刘的生意经

新业务员小刘参加培训回来后，不到半年，业务量直线上升。资深业务员小张对此百思不得其解。小刘指着手中的资料说："我把培训所学知识用在业务中，在接近客户前，分析这些资料，有针对性地拜访。比如，我对136户老客户分析后，感到有继续合作的客户只有95户，95户中有23户的订货量不大，所以，我只拜访72户，结果有58户订货，订货率较高。这样节约出大量时间去寻找和接近新客户，因为新客户订货概率并不高。”

问题讨论：

（1）为什么小刘参加培训回来后不到半年时间业务量直线上升？

（2）他是如何寻找客户的？

项目五

5 洞悉商务谈判思维与心理

案例导入

入乡随俗　认同取胜

1860年，林肯作为共和党候选人参加总统竞选，他的对手是民主党人、大富豪道格拉斯。道格拉斯租用了一辆豪华的列车，车后安放了一尊大炮，每到一站，就鸣炮30响，并伴随乐队奏乐，声势浩大，史无前例。道格拉斯洋洋自得地说："我要让林肯这个乡巴佬闻闻我的贵族气息。"

面对此情此景，林肯毫不畏惧。他买票乘车，每到一站，就登上朋友们为他准备的耕田用的马拉车，发表竞选演说。他说："有人问我有多少财产。我有一个妻子和三个儿子，都是无价之宝。此外，还租有一间办公室，室内有一张办公桌，三把椅子，一个大书架，书架上的书值得每人一读。我本人既穷又瘦。我实在没什么可依靠的，唯一可以依靠的就是你们。"

选举结果最终是林肯获胜！

问题思考：

林肯为什么能战胜道格拉斯，当选为美国总统？

任务1
揭开思维艺术的神秘面纱

学习目标

了解思维的分类，把握谈判中的思维艺术，掌握思维方法在商务洽谈中的灵活应用，提高沟通效果。

任务描述

谈判思维是谈判人员在谈判过程中理性地认识客观事物的行为与过程。根据思维的分类标准和方法不同，思维有不同的类别。谈判中常用的思维方法有比较法、抽象和概括法、归纳法和演绎法、分析法和综合法。把握好谈判的思维艺术，才能在谈判中做出正确的选择，取得谈判的胜利。

任务学习

思维是谈判者在谈判活动中对客观对象的分析、综合、判断及推理的行为与过程。

在一切商务沟通与谈判中，自始至终都是人的思维发挥着重要作用。双方谈判策略的运用与调整，其实就是双方思维能力的较量。

码 5－1－1
商人卖伞

1. 思维的分类

思维的分类标准和方法有多种，其主要类别有：

（1）发散性思维和收敛性思维。

①发散性思维。发散性思维是根据已有信息，从不同角度、不同方向寻求多样答案的思维方式。它与创造力有着直接的联系，具有流畅性、变通性及独特性的特点。

发散性思维的具体表现形式有多向思维、侧向思维和逆向思维。多向思维是从尽可能多的方面考虑同一问题，进而充分发挥思维的活力；侧向思维是相对于正向思维而言的，它是从本专业或领域以外的其他专业或领域获得灵感，来解决本专业或领域的问题的思维方式；逆向思维就是从与一般情况下思考问题的相反方向来考虑问题的思维方式。

②收敛性思维。收敛性思维是指在解决问题的过程中，尽可能利用已有的知识和经验，进行全方位的思考，运用比较、排除、综合、概括等方法，最终确定一个最佳方案的思维方式。收敛性思维具有经验性、程序性及选择性三个特点。

发散性思维与收敛性思维是一种辩证关系。在思维过程中，彼此应相互协同，交替运用。

（2）单一化思维和多样化思维。

①单一化思维。单一化思维是指从事物的某一方面考虑问题，且把这一方面绝对化的思维方式。单一化思维无法正确反映客观事物，具有片面性和绝对性两大特征。

②多样化思维。多样化思维是从思维的各个层次出发，进行多角度、多方面、多因素、多变量的系统考察事物的思维方式。多样化思维具有多角度性、多层次性及开放性的特点。

（3）纵向思维和横向思维。

①纵向思维。纵向思维是纵观事物的历史进程，立足事物目前的状态，进而推断事物发展方向的思维方法。它是按照有顺序的、可预测的、程式化的方式进行思维，符合事物的发展方向和人类的认识习惯。我们平时生活、学习中大都采用这种思维方式。

②横向思维。横向思维是指突破问题本身的范围，从其他领域的事物、事实中得到启示而产生新的解决方法的思维方式。横向思维改变了解决问题的一般思路，试图从其他方面、

方向入手，其思维广度大大增加。

案例链接

帆布做成的裤子

在加利福尼亚淘金热期间，一位年轻的创业者怀着把帐篷卖给矿工的想法来到此地。不幸的是，天气非常温暖，矿工们都是露天睡觉，没有多少人买他的帐篷。他该怎么办呢？他把帐篷上的帆布割下来，做成裤子卖给矿工们。通过横向思维，他得以创造了一个一直持续到今天的品牌。这个人的名字叫莱维·施特劳斯。

（资料来源：麦冬．经典思维 50 法．内蒙古：内蒙古人民出版社，2006.）

（4）静态思维和动态思维。

①静态思维。静态思维是指从相对静止的一面来研究、分析事物的一种思维方法。静态思维方法将运动变化的事物静止化，将多样化的事物简单化，因而不利于全面深入地把控事物。

②动态思维。动态思维是指用发展变化的眼光看待问题，对解决问题过程中出现的状况不断地进行调整和控制，从而实现问题解决方法或方案的最优化的思维方式。它是当今最主要的科学思维方式之一。

案例链接

都是第一

三位著名演员应邀同台演出。他们向剧场经理提出了同样的要求，即在海报上自己的名字要排在第一位，否则将退演。演出广告早已登出，何况三位演员，谁也得罪不起。

不料，剧场经理略加思索后满口答应下来。到了演出的那天，三位演员到剧场一看，海报是一个不断转动的大红灯笼，三位演员的名字写在上面转圈出现，谁都可以说是排在第一位。

（资料来源：麦冬．经典思维 50 法．内蒙古：内蒙古人民出版社，2006.）

（5）反馈思维和超前思维。

①反馈思维。反馈思维是一种以过去的经验来指导现在的行为，并忽视事物的发展变化，力图使现在成为过去的重复和影子的思维方式。显然，反馈思维反映了因循守旧、不愿变革的思想。

②超前思维。超前思维是一种在充分认识和把握事物发展规律的基础上，对未来进行分析预测，并借此调整现在行为的思维方式。超前思维就是未雨绸缪，以长远的眼光，对未来早做谋划。

2. 谈判中的思维艺术

人的思维多种多样，不同的思维方式产生的思维效果也大相径庭。谈判人员只有灵活、科学地运用各种思维方法，才能在曲折的、具有风险的商务谈判中做出正确的选择，取得谈判的胜利。

案例链接

提前开发的轮椅

第二次世界大战期间，许多企业受战争的影响处于半瘫痪状态。杰森是一家濒临倒闭的服装厂厂长，他经过深思熟虑后，决定改行。杰森以超前的意识发现了战争带来的市场即伤残的百姓及士兵对于行走的需求，于是他设计开发出残疾人用的轮椅。果然，二战即将结束时，受伤的人们纷纷购买轮椅。他的轮椅不仅在国内畅销，甚至还出口到海外。

（资料来源：麦冬．经典思维50法．内蒙古：内蒙古人民出版社，2006.）

（1）准确理解、把握概念。概念是反映事物本质和内部联系的思维形式。在商务谈判中，谈判双方都存在建立准确的概念体系的问题，即明确概念的内涵和外延，确认概念的时间性和地域性。如果概念混淆不清，或被对方抓住漏洞，陷入被动，或无法辨别出对方的思维错误，失去谈判的方向，那么谈判就会失败。因此，概念的确定是谈判的起点，是正确运用谈判策略的基础。

（2）灵活运用思维方法。

①比较法、抽象法和概括法。

a. 比较法。比较法是在谈判中通过某些内容的比较而得出结论的思维方法。这种方法在商务谈判中使用频率比较高。在使用比较法时，谈判人员应注意比较的内容、标准、前提及条件。同时，还应防止对手只将事物的部分做比较或将不可比的事物做比较以迷惑我方。

b. 抽象法。抽象法是指在分析事物时，暂时不考虑事物的非本质、非核心的因素，而从大量的现象中提取出本质的、核心的属性进行分析和研究的思维方法。谈判人员运用抽象法的实质就是在谈判时抓住主要矛盾或矛盾的主要方面。

c. 概括法。概括法是在抽象的基础上，将抽象的结论推广到具有相同属性的事物上，形成对这类事物普遍性的结论的思维方法。

②归纳法和演绎法。

a. 归纳法。归纳法是指分析事物时，从事物的个性到事物的共性、从事物的局部到事物的整体、从事物的表面到事物的本质的思维方法。

b. 演绎法。演绎法是指分析事物时，由事物的共性推断事物的特性的思维方法。

③分析法和综合法。

a. 分析法。将事物按不同属性和特征分解成不同部分，再根据不同目的分别对各个部分进行分析和研究的思维方法。

b. 综合法。在分析法的基础上，从事物的整体、全局及事物与事物的联系上去分析和研究的思维方法。

◆ 案例分析

聪明的老人

一位老人搬到一所学校附近住。不久有三个年轻人常在附近踢垃圾桶闹着玩，制造出很大的噪音。老人受不了，决定去跟年轻人谈判。他说："我喜欢看你们玩得开心。如果你们天天都来踢，我将每天给你们每人一元钱。"三个年轻人很高兴，更加卖力地踢垃圾桶。三天后，老人忧愁地对年轻人说："我的收入减少了，从明天开始，只能给你们每人五毛钱。"年轻人不高兴但还是接受了老人的条件。一周后，老人又说："最近没收到养老金支票，每天只能给两毛。""两毛钱?"一个年轻人脸色发青，"我们不干了!"

从此以后，老人又过上了安静的日子。

（资料来源：化山．犹太人商战幽默．北京：地震出版社，2005.）

问题讨论：

1. 老人采用了何种思维方式解决了自己的难题?
2. 此案例对你有何启发?

任务实训

"非"常用途

1. 背景资料

发散思维的过程是以某个问题为中心，思维的方向像车轮的辐条一样向四周发散，找出的解决方法越多越好，然后从诸多的方法中，选择最优方法，以便最有效地解决问题。

2. 实训目标

通过活动，培养学生的发散思维能力。

3. 实训步骤

（1）全班学生每人准备一张白纸。

（2）教师罗列出若干个常见的物品，要求学生在规定的时间内尽可能多地写出它们的用途。

（3）请学生自愿上台公布答案。

4. 实训成果

学生参加活动的答案。

5. 实训评价

教师统一评价并展示优秀作品。

任务 2
认识逻辑思维

学习目标

了解逻辑在商务谈判中的作用，掌握和理解谈判中的逻辑准备和逻辑思维，让逻辑思维服务商务谈判。

任务描述

逻辑是人通过概念、判断、推理、论证来理解和区分客观世界的思维过程。谈判的逻辑准备方法主要有树立谈判标的法、调用备战粮草法和战前运筹帷幄法。正确选择思维目标，制定谈判中思维的具体步骤，对思维进行动态控制则是逻辑思维缜密的保证措施。

任务学习

逻辑是人通过概念、判断、推理、论证来理解和区分客观世界的思维过程。

谈判人员要把控全局、取得谈判的成功，必须拥有清晰、缜密的逻辑思维，在谈判过程中讲究逻辑艺术。

1. 逻辑在商务谈判中的作用

（1）逻辑是连接谈判各环节的线索。逻辑贯穿于谈判的整个过程中，并制约着有关的商务谈判活动，使谈判人员在谈判中能保持思维和表达的确定性、一贯性、明确性和论证性。

（2）逻辑是谈判中的探测器。从某种意义上说，谈判的过程是不断推理、判断的过程。谈判中的推理、判断依赖于逻辑，谈判人员需要运用逻辑对谈判中的各种各样的信息，尤其是对方的言谈举止所传递的信息进行科学的推理与判断，了解对方的真实需求、意图和动机，促使谈判成功。

（3）逻辑是谈判中的论证手段。商务谈判中的论证需要综合运用各种逻辑规则、逻辑形式、逻辑规律来推断关于对手的某个判断是否真实、准确。

（4）逻辑是反驳对方的有利武器。商务谈判是运用正确的思维方式进行的说理活动。但在谈判中，难免会有些谈判对手运用诡辩，迷惑己方谈判人员，使己方处于不利的境地。这时需要己方谈判人员正确、恰当地运用逻辑艺术，批驳其谬误，指出事实的本质，使己方摆脱困境。

码 5－2－1
你能喝到水吗？

2. 谈判中的逻辑准备

谈判中的逻辑准备包括思想准备和物质准备。其中思想准备是指谈判人员在进入谈判前，运用其逻辑知识和各种逻辑方法，在准确树立谈判标的及全面收集整理各方面信息的基础上，精心拟订谈判计划，从而能对整个谈判了然于胸，争取谈判的成功。谈判的逻辑准备方法主要有树立谈判标的法、调用备战粮草法和战前运筹帷幄法。

（1）树立谈判标的法。谈判标的即谈判的主题，是谈判的核心，也是谈判的起因和动力，左右着谈判的组织方式和内容。因此，任何谈判人员都不应忽视谈判标的。谈判标的必须经过谈判双方讨论并通过后才能确定。谈判标的的确定应遵循明确、统一和无矛盾的要求：谈判标的的明确性主要是指标的的表达无歧义及谈判的范围概括适度；统一性则是指整个谈判活动必须围绕标的来开展，不能随意地更改、转移或脱离；无矛盾是指在同一个谈判过程中，不能有两个或两个以上的标的。

（2）调用备战粮草法。这是逻辑准备中的第二项内容，即收集、整理信息。信息收集的总原则是谈判双方的信息均要收集。收集双方的信息时，应尽最大努力拓宽收集的范围。信息收集的越深入、越全面，则把握谈判的能力越强，但同时应注意收集信息的时效性。

信息收集后必须要经过挑选、整理、加工后方能为我所用。挑选的过程就是去伪存真的过程，而信息的整理、加工过程则是逻辑思维的过程，常用归纳法、比较法和演绎法等逻辑方法。

（3）战前运筹帷幄法。

①理清思路法。理清思路的逻辑方法很多，主要有时间顺序法、空间顺序法、因果顺序法及组合顺序法。谈判人员如果按时间顺序法来理清思路，一般做法是以谈判的各个阶段为时间划分点，分别理清自己在每个阶段的基本观点和采用的方法。因此，这种方法也称之为过程顺序法。空间顺序法，顾名思义是以空间距离的远与近为划分点，理清自己在各个场合的基本观点和采用的方法。因果顺序法则是按与谈判有关的各个事物间的因果关系来安排思路。组合顺序法是根据叙述和论证思想的需要，把各种思想、信息材料组合在一起，据此来理清思路。

②谈判计划拟订法。谈判计划拟订法是根据拟订的计划来统筹安排谈判活动。它是谈判活动的指导框架，一般包括任务和目标、程序和要求、政策和措施。谈判人员应考虑到计划是在将来实施的，因此，拟订计划必须以时态逻辑为依据，由事物的过去、现在推测出未来。

③谈判情景模拟法。采用谈判情景模拟法，先需要设想在谈判中可能出现的客观世界的情况、自我内心世界的情况和谈判对方内心世界的情况，然后根据各种设想的情况制定出相应的对策、措施，并确定应采用的相应策略和技巧。

码 5－2－2
上帝与石头

3. 谈判中的逻辑思维

成功的谈判无不与正确的逻辑思维有关。谈判人员要把握谈判的主动权，促进谈判顺利进行，保证谈判中的逻辑思维正确，应做到如下几点：

（1）正确选择思维目标。正确的思维目标才能指明正确的思维方向。思维目标有总目标和分目标，总目标是由各个分目标有机组合在一起的。各个分目标逐步得以实现，则总目标也就实现了。

（2）制定谈判中思维的具体步骤。制定思维的具体步骤是指确定谈判中概念与概念、阶段与阶段、目标与目标之间如何过渡的程序。谈判中思维的具体步骤能指导思维按照指定的方向流动，从而保证思维能不断地深入并取得成果。

（3）对思维进行动态控制。谈判人员在思维过程中，由于受认识条件的限制，思维难免出现偏差，这就需要谈判人员不断依据信息反馈，及时、准确地发现导致偏差产生的原因，并予以及时地纠正。

◆ 案例分析

以子之矛　攻子之盾

我国曾以10亿元人民币从某国引进三套化肥生产成套设备。调试期间，设备的叶片发生了三次断裂，每一次造成的经济损失高达45万元。外方专家认为是偶然事故，做些修补即可；我方专家经过分析测算，认为是设计问题，要求对方更换设备并赔偿相关经济损失。对此，双方进行了一场紧张而艰苦的谈判。

对方技术主谈说："我们的产品是依据世界著名的德国特劳贝尔教授的理论设计的。"我方技术主谈孟教授听后说："我们赞赏特劳贝尔教授的理论，它应当成为我们双方共同遵守的准则。"孟教授的一席话让对方以为我方已被特劳贝尔教授的权威性折服。但孟教授接着说："特劳贝尔教授的理论是我们谈判的基础，因为它是你们设计的依据。可是教授在他的著作中谈到'激振力系数是很难取准、很难确定的'。那么，你们依据这一理论所设计的叶片系数不是也很难取准、很难确定吗？叶片三次断裂，且不在同一部位，其原因不言自明了。"就这样，经过三天四次谈判，我方取得了谈判的全面胜利。

（资料来源：关兰馨．第一流的商务谈判．北京：中国发展出版社，1998.）

问题讨论：

1. 外方论证的逻辑是什么？
2. 外方谈判失败的原因在哪儿？

任务实训

商店打烊时

1. 背景资料

某商人刚关上店里的灯，一男子来到店堂并索要钱款，店主打开收银机，收银机内的东西被倒了出来而那个男子逃走了，一位警察很快接到报案。

仔细阅读下列有关故事的提问，并迅速在"正确""错误"或"不知道"中做出选择，划圈。

	正确	错误	不知道
（1）店主将店堂内的灯关掉后，一男子到达	T	F	?
（2）抢劫者是一男子	T	F	?
（3）来的那个男子没有索要钱款	T	F	?
（4）打开收银机的那个男子是店主	T	F	?

（5）店主倒出收银机中的东西后逃离	T	F	?
（6）故事中提到了收银机，但没说里面具体有多少钱	T	F	?
（7）抢劫者向店主索要钱款	T	F	?
（8）索要钱款的男子倒出收银机中的东西后，急忙离开	T	F	?
（9）抢劫者打开了收银机	T	F	?
（10）店堂灯关掉后，一个男子来了	T	F	?
（11）抢劫者没有把钱随身带走	T	F	?
（12）故事涉及三个人物：店主、索钱男子、警察	T	F	?

2. 实训目标

通过活动，培养学生的逻辑推导能力。

3. 实训步骤

（1）让学生对照背景故事，做上述12道题。
（2）请学生逐条分析。
（3）教师公布答案。

4. 实训成果

学生活动答案。

5. 实训评价

教师统一评价并展示优秀作品。

任务3
认识商务谈判心理

学习目标

理解商务谈判心理的内涵及学习意义，了解商务谈判心理的特征，并能用商务谈判心理服务商务谈判。

任务描述

人的行为受人的心理影响，商务谈判心理对商务谈判行为有着重要影响。商务谈判心理是指在商务谈判活动中谈判人员的各种心理活动，它具有内隐性、相对稳定性及个体差异性三大特征。

任务学习

在谈判中，人的心理具有强烈的影响力，对整个谈判进程都具有潜移默化的作用，带来积极或消极的效果。谈判人员只有掌握对手的心理活动状况，才能准确判断对方的谈判趋势，实施合理的谈判策略，争取良好的谈判效果。

1. 商务谈判心理的含义

商务谈判心理是指在商务谈判活动中谈判人员的各种心理活动，它是商务谈判人员在谈判活动中对各种情况、条件等客观现实的主观能动反映。

谈判人员的心理活动时刻伴随着谈判活动过程，谈判桌上的谈判方针、谈判作风、谈判策略、谈判技巧的选择及谈判结果的认定等，无一不是谈判人员心理活动的结果。

2. 商务谈判心理的特征

商务谈判心理与其他的心理活动一样，具有其特点和规律性。商务谈判心理的具体特点归纳如下：

（1）内隐性。心理是藏于脑、存于心，他人无法直接观察和触摸到的。虽然如此，但人的心理会影响人的行为，反之，行为是心理的外在表现。因此，人的心理能从其外在行为中加以推测。例如，在商务谈判中，购买方对销售方所提供的商品的价格、质量、包装等各方面的谈判协议条件感到满意，会表现出友好、礼貌、赞赏等的态度反应和行为举止；相反，如果不满意，则会表现出冷漠、粗暴、怀疑甚至挑衅的态度反应和行为举止。

由此可知，掌握这其中的规律性，谈判者就能洞悉对方的心理状态，从而在商务谈判中占据主动。

（2）相对稳定性。人的某种商务谈判心理一旦产生，在一段时间或一定时期内具有相对的稳定性。因此，谈判人员可以了解谈判对手过去种种表现，进一步去认识、分析、研究谈判对手，使商务谈判得以顺利开展。

（3）个体差异性。谈判人员个体情况不同，个体之间的心理状态存在着一定的差异。因此，在研究商务谈判心理时，既要探索商务谈判心理的共同特点和规律，又要寻求个体心理的独特之处，以便更有效地为商务谈判服务。

码5－3－1
出售房屋

3. 学习商务谈判心理的意义

商务谈判是一个复杂的过程，整个过程涉及谈判者的心理。因此，商务谈判心理对谈判行为有着强烈的影响。学习和掌握谈判心理有着十分重要的意义。

（1）有助于培养谈判人员良好的心理素质。谈判人员良好的心理素质是谈判取得成功的重要前提条件。谈判人员只有学习和研究商务谈判心理，才能正确地认识商务谈判心理，从而有意识地摒弃一些不良的心理行为习惯，努力培养和提高自身的坚定信心、对待谈判的诚意、谈判中的耐心等优良的心理素质，将自己造就成优秀的商务谈判人才。

（2）有助于揣摩谈判对手心理，实施心理诱导。谈判人员通过学习、研究谈判心理，了解其对行为的影响。在谈判过程中，谈判人员通过仔细倾听对方的发言，观察其神态表情，留心其细微的动作，借此分析谈判对手的心理，了解其背后的实际意图及真实想法。

人的行为与心理密切相关，心理引导行为。心理是可诱导的，通过对谈判对手的心理诱导，可引导谈判对手的行为。谈判人员通过观察对方在谈判中的言行，分析了解其需要所在，并根据其需要进行心理的诱导，促成商务谈判的成功。

（3）有助于恰当地表达和掩饰己方心理。了解商务谈判心理，有助于表达己方心理。如果对方不清楚己方的心理要求或态度，必要时己方可以通过各种合适的途径和方式向对方表达，以有效地促使对方了解并重视己方的心理要求或态度；反之，如果己方某些真实的心理状态、意图不想让谈判对手明了，谈判人员可以运用谈判心理的知识，调控自己的言谈举止、信息传播方式、谈判策略等，适当掩饰自己的意图、情绪等。

（4）有助于营造谈判氛围。在谈判过程中，谈判人员的情绪、态度会受谈判氛围的影响，进而影响谈判的推进。商务谈判心理知识能帮助谈判人员恰当地处理与对方的交际与谈判，形成适当的谈判氛围。但适当的谈判氛围，并不一味都是一团和气、温馨和谐的场景。出于利益和情境的需要，为了迫使对方做出让步，必要时可以有意制造紧张、不和谐的气氛，给对方施加压力，对抗对方的胁迫。

◆ **案例分析**

汽车代理商的难题

某著名汽车公司在异国准备与一家当地公司谈判汽车代理时，谈判代表因为堵车迟到了，当地公司谈判代表抓住这件事紧紧不放，想以此为手段获取更多的优惠条件，汽车公司代表发现无路可退，于是站起来说："我们十分抱歉耽误了您的时间，但是这绝非我们的本意，我们对贵国的交通状况了解不足，导致了这个不愉快的结果，我希望我们不要再因为这个无所谓的问题耽误宝贵的时间了，如果因为这件事怀疑我们合作的诚意，那么我们只好结束这次谈判，我认为，我们所提出的优惠条件是不会在贵国找到合作伙伴的。"

问题讨论：

1. 分析汽车公司谈判代表的心理状况。
2. 如果你是当地公司谈判代表，应该如何扳回劣势？

任务实训

认 识 自 己

1. 背景资料

认识自己其实是一个困难的过程，最关键的是，我们能够认识到自己的长处，并发挥长处，同时也能认识到自己的短处，并不断修正或善加利用。

2. 实训目标

通过活动，帮助学生认识自我，了解自己的心理。

3. 实训步骤

（1）全班学生每人分发一张白纸。
（2）每位同学用 10 个形容词来描绘自我，并一一解释，为什么要用这个词来描绘自己。
（3）请学生自愿上台公布自我描绘的内容。

4. 实训成果

自我评价报告。

5. 实训评价

教师统一评价并展示优秀作品。

任务 4 洞悉谈判中的需要心理

学习目标

知晓商务谈判的需要心理类型，掌握需要心理的使用技能，以在谈判中满足谈判对手的不同心理需要，完成谈判任务。

任务描述

商务谈判需要是商务谈判人员谈判客观需求在其头脑中的反映。在谈判过程中，谈判人员具有生理、安全、社交、尊重及自我实现需要。分析谈判对手需要需考虑其当前的主导需要、需要的迫切程度、需要满足的可替代性。

任务学习

人的一切行为都是从需要开始的，需要是商务谈判的基础和动力。因此，促使谈判成功的关键是满足彼此的需要。

1. 商务谈判需要的定义

商务谈判需要是商务谈判人员的谈判客观需求在其头脑中的反映。需要是谈判的心理基础，没有需要，就没有谈判。

2. 谈判中的需要类型

人的需要是多种多样的。根据美国心理学家马斯洛需要层次论的观点，人有生理需要、安全需要、社交需要、尊重需要、自我实现的需要这五个层次的需要。马斯洛认为，这五种需要是有高低之分的，并按从低到高的次序逐级发展，每一时期都有一种需要占主导地位。

在商务谈判这种特殊的场合，谈判人员存在着一定的需要，且是一种较为独特的需要，对商务谈判具有决定性的影响力。谈判人员的需要主要有：

（1）谈判中的生理需要。在谈判过程中，谈判人员的生理需要具体体现为对衣、食、住、行等方面的需要。在谈判活动中，就餐、住宿、休息、娱乐等事宜安排得越好、越周到，谈判活动的效率就越高，成效就越显著。相反，当谈判人员这方面需要不能得到很好满足时，会直接影响谈判效果。

码 5－4－1
马斯洛需求层次论

小贴士

"需要"决定了谈判的发生、进展和结局。

——尼尔伦伯格

（2）谈判中的安全需要。谈判中的安全需要是指谈判人员的人身安全和地位安全需要。谈判一方如果处于客场，由于对环境的不了解，行动上就会缺乏安全感，处处感觉不便。此时，作为东道主的一方应安排好工作人员尽力全程陪同。地位安全则是指谈判结果对谈判人员的职位有一定的影响作用。

（3）谈判中的社交需要。通过谈判协调行为的活动就是典型的社交活动。社交需要有两方面的含义：

①爱的需要。谈判人员希望与谈判对方建立融洽、友好的关系，能够在友好合作的气氛中进行协商，达到圆满的谈判结果。而谈判本质就是进行利益划分，因此，在谈判过程中难免出现紧张甚至是对立的局面，谈判人员应抱有友好合作的心态，尽力与对方发展友情，促进谈判的顺利进行。

②归属的需要。人们常常希望自己能归属于某个群体，得到这个群体的重视与关爱，同时把自己的感情与关爱倾注给这个群体。谈判人员希望在自己的团队内部成员之间团结合作。谈判小组本身就是一个目标明确的群体，它的任务和性质决定了所有成员应高度团结，相互谅解、包容、友爱，这样才能满足成员对这个群体的归属感。

（4）谈判中的尊重需要。尊重的需要包括受人尊重和自尊两方面。具体表现为希望自己有能力、有成就，能胜任工作，渴望得到别人的赏识和高度评价，得到名誉和荣耀。

这种心理需要在谈判活动中表现得最典型的就是有的人喜欢显示自己的身份、地位、权威；有的人特别要面子；有的人喜欢听别人的恭维话。有着强烈尊重需要的人，当自尊心受到伤害而感觉到没面子时，会出现攻击性的敌意行为，或者是不愿意继续合作，这会给谈判带来很大的障碍。谈判人员得不到应有的尊重是许多谈判破裂的原因。因此，谈判人员应避免使用侮辱性的语言，诋毁对方的人格；在接待时，应讲究职务级别对等。

（5）谈判中的自我实现需要。谈判中的自我实现需要表现为人们希望谈判取得圆满成功。谈判人员在谈判中所取得的利益越大，其自我实现的需求的满足程度越高。在实际谈判活动中，谈判人员经常运用的最低报价策略就是利用这一心理。诸如"这是我们最优惠的价格""这是特别优待价"等，都是利用另一方追求自我实现的心理。

需注意的是，谈判人员是代表组织参加谈判，其在追寻个人需要满足的同时，还应寻求群体或组织需要的满足。作为一个组织的谈判代表，组织需要的满足应摆在优先的地位。通过自己的努力，尽力实现群体、组织需要的满足。

码5－4－2
指示方向的地毯

3. 商务谈判需要的使用技巧

谈判人员在商务谈判中应注重研究对手的需要心理，把握其行为的规律性，以掌握谈判的主动权。分析谈判对手需要需考虑对手当前的主导需要、需要的迫切程度、需要满足的可替代性等，根据其具体情况采取相应的谈判对策。

（1）抓住主导需要，促进谈判顺利进行。任何人或组织，在某一时期一般都会有某一种或几种需要是占主导地位的需要。了解对手的主导需要，采取有效的方式满足对方主导需要，能使对方始终保持谈判的热情和积极性，有效地减少或排除谈判障碍，使谈判适时地推进。

码5－4－3
历史最低价格

（2）需要的迫切程度直接影响谈判活动的结果。了解对手的需要，应进一步了解其需要的迫切程度。当需要越迫切，就越想达成谈判协议。例如，谈判对方在短期内迫切需要原材料或设备来组织生产经营，那么其优先考虑的是能不能确保尽快获得这些物资，非常关注供货状况、交货期，而不是供货价格，即使略高的价格也可接受。

（3）需要满足的可替代性会影响谈判活动。如果谈判一方只能选取唯一的谈判对手，无可替代者，需要满足的可替代性弱，那么，成交的可能性就大。反之，如果有多家谈判对象，可以“货比三家”，需要满足的可替代性强，那么，与某一方达成谈判协议的确定性就差。

◆ 案例分析

满足谈判需要是谈判的“利器”

美国一家跨国公司的年轻主管科文，去日本进行一场重要的谈判。在入境处，迎接他的两位日本人对他彬彬有礼，表现出极大的尊重，令他内心产生说不出的高兴。一路上，科文一个人舒舒服服地坐在豪华轿车后座上，日本人还关切地问他是不是按预定的时间离开日本并主动提出安排汽车送科文到机场。科文感激地从口袋里掏出十四天后的返程机票交给日本人，好让他们根据机票的日期和班次，准备汽车送他。

安顿完毕，日本人便领着科文到处游览。期间，每当科文向日本人提出开始谈判时，日本人总是说不急。第十二天，谈判终于开始，但为了去打高尔夫球，谈判很早就中止了。第十三天，因为要为科文举行欢送盛宴谈判又早早中止了。最后一天，正当大家认认真真地开始讨价还价时，送他去机场的轿车又到了。于是，随着汽车的飞驰，他们也只好将遗留下来的重要的、关键的问题匆匆解决掉，直到汽车到达机场，谈判才告结束，日方取得了巨大胜利。

（资料来源：雅瑟．三十六计大全．北京：新世界出版社，2010.）

问题讨论：

1. 日方为什么能取得谈判的胜利？
2. 美国代表科文的失误在哪儿？

任务实训

女人到底需要什么

1. 背景资料

年轻的亚瑟国王被邻国的伏兵抓获。邻国的君主被亚瑟的年轻和乐观所打动，没有杀他，并承诺只要亚瑟可以回答一个问题，他就可以给亚瑟自由。这个问题是：女人真正想要的是什么？亚瑟可以有一年的时间来思考。如果一年的时间还不能给他答案，亚瑟就会被处死。

亚瑟回到自己的国家，开始向每个人征求答案：公主、牧师、智者、宫廷小丑。他问了所有的人，但没有人可以给他一个满意的回答。

聪明的你能帮助亚瑟吗？

2. 实训目标

通过实训活动，使学生理解人的需要。

3. 实训步骤

（1）将全班学生划分为若干个小组。
（2）每个小组讨论 5 分钟。
（3）每个小组派代表上台发言，阐述本组结论，并说明原因。

4. 实训成果

研讨报告。

5. 实训评价

教师统一评价并展示优秀作品。

任务 5
洞悉谈判中的谋略心理

学习目标

了解六种谈判谋略，并应用于谈判实践。

任务描述

有效的谈判谋略是合意性与合理性的统一。谈判谋略可分为谈判者顺从对方的需要、谈判者使对方服从自身的需要、谈判者同时服从对方和自己的需要、谈判者违背自己的需要、谈判者不顾对方的需要、谈判者不顾对方和自己的需要六种。

任务学习

谈判谋略由合意性和合理性两个心理因素构成。合意性是指要合乎谈判人员的需要与动机，合理性则是要合乎谈判对手的整体需要与动机。有效的谈判谋略是合意性与合理性的统一。

将谈判者的需要和动机原理应用于谈判实践，从而表现为一定的谈判谋略和方法。按照对谈判成功的控制力量的大小排列，可以划分为六种基本的谈判谋略或方法：

1. 谈判者顺从对方的需要

在谈判过程中，谈判者站在对方的立场上，设身处地替对方着想，最终较容易促使谈判的成功。谈判对手需要的层次越高，谈判成功的难度就越大，谈判人员对谈判能否成功的控制力也就越小。如果谈判者只需满足其基本需要便可交易，一旦对方满足了其基本需要，必然对谈判欣然许诺，一拍即合。换言之，如果谈判者在满足其高层次需要的基础上才能交易，肯定会使对方谈判成功的难度加大。

2. 谈判者使对方服从自身的需要

这是一种商店营业员普遍对顾客使用的谋略。例如，营业员自己先穿上服装样品，让顾客在购物过程中欣赏评判，这种做法很有效果。营业员与顾客进行买卖谈判，多数情况下就是靠营业员使顾客服从其自身需要而达成购买协议。

小贴士

谈判的目标应该是双方达成协议，而不是一方独得。

——尼尔伦伯格

3. 谈判者同时服从对方和自己的需要

谈判双方从彼此共同利益出发，为满足双方每一方面的共同需要进行谈判，进而采取符合双方利益的谈判谋略。例如，谈判双方有时会在谈判地点设在何处产生分歧，但是只要采用双方轮流设谈判地点的办法就能解决问题。这样的谋略与做法满足了双方心理平衡的需要。

4. 谈判者违背自己的需要

这是一种谈判者高瞻远瞩，为了获取长远利益，放弃某些眼前或无关紧要的利益与需要的一种谈判谋略。例如，某些商场常常用大酬宾、大减价、大优惠的方法招徕广大顾客，有意违背自身收入增长的需要。但从长远看，虽然商家在每件商品上少赚一点，但总的利润反而会增加。所以，谈判者为达到某种目的而不惜暂时牺牲自己的需要，并不是一种非理性行为，反而是经过深思熟虑的、实现预期目标的一种有效谈判手段。

码 5－5－1
开不开窗？

5. 谈判者不顾对方的需要

谈判者不顾谈判对方的需要和利益，只顾自己利益。这是一种不是你死，就是我活的谈判谋略。在谈判过程中，采用这种策略的往往是处于强势的一方。但这种谋略极易导致谈判破裂。

6. 谈判者不顾对方和自己的需要

谈判者为了达到某种特定的目的，完全不顾双方的需要与利益，其实这也是一种双方“自杀”的谈判办法。例如，在商品贸易洽谈中，为了获得较高的市场占有率，或将对手挤出市场，竞争双方展开价格战，竞相压低价格，期望挤垮竞争对手。这类谈判谋略可能导致害人又害己的结局。

以上六种谋略，谈判的控制力量是依次逐渐减弱，而谈判危机却在依次逐渐加重。

◆ 案例分析

关心对方的利益

卡耐基每个季度有 10 天租用一家饭店的大厅举办系列讲座。在某个季度开始时，他接到饭店要将租金提高 2 倍的信。当时讲座的票都发出去了。几天后，他去见饭店经理说：“收到通知，我有些震惊。但我一点也不埋怨你们。作为饭店经理，你的责任是为饭店谋取更多利益。让我们分析提高租金将给你带来的利弊。”他说：“大厅空置，可以出租供舞会或会议用，这些活动带来的利润远比办系列讲座多。弊是，你不能从我这里获得更多的收入，实际上你是取消这笔收入，因为我付不起你的价，只能改在其他的地方办。其次，这个讲座吸引很多有知识、有文化的人来你的饭店。这对你来说是个很好的广告，你即使花 5 000 美元在报上登广告也吸引不了比我讲座更多的人来饭店。我希望你仔细考虑一下。”第二天，卡耐基获得通知租金只提高原来的 1.5 倍，而不是 2 倍。

（资料来源：卡耐基．卡耐基高效推销的技术．北京：中国纺织出版社，2012.）

问题讨论：

1. 卡耐基为什么能将租金降低？
2. 他应用了什么谈判策略？

任务实训

权衡利弊

1. 背景资料

任何事物都有积极和消极的两面。因此，我们在做出最终的决策时，应综合考虑各方面的影响因素。

2. 实训目标

通过活动，培养学生全面思考问题、权衡利弊的能力。

3. 实训步骤

（1）教师首先选出5名同学做裁判，其他同学分成两组，一组同学称为“阻力”组，任务是专门妨碍问题的改善，可提出任何不利因素；另一组同学称为“支持”组，任务是支持建议的实施，提出各种有利因素。

（2）任选授课班级出现的某个问题作为话题，让两组同学讨论。

（3）裁判将大家提出的因素写在黑板上。

（4）每个小组陈述每一个因素的理由，裁判给每一个理由打分，0～5分不定，记录每一组的累计分数，总分高的一方获胜。

4. 实训成果

讨论结果。

5. 实训评价

教师统一评价。

任务6
洞悉谈判中的成功心理

学习目标

了解成功心理的具体内容、各种成功心理的作用，掌握各种成功心理在谈判中的具体行为表现，培养良好的成功心理。

任务描述

谈判人员相信谈判成功的坚定信心、对谈判的诚心、在谈判中的耐心等被称之为良好心理素质的“三剑客”，为谈判成功披荆斩棘，开路护航。

任务学习

谈判人员良好的心理素质是谈判取得成功的重要条件之一。良好的心理素质能帮助谈判人员抵御谈判心理挫折，克服谈判中的重重困难。谈判人员相信谈判成功的坚定信心，对谈判的诚心，在谈判中的耐心等被称之为良好心理素质的“三剑客”，为谈判成功披荆斩棘，开路护航。

小贴士

自信是成功的第一秘诀。

——爱默生

码 5－6－1
皮格马利翁效应

1. 相信谈判成功的坚定信心

在商务谈判活动中，不论何方，都有自己追求的目标，双方都力图调整需求的心理强度，巧妙地利用谈判心理和应变策略，来实现事先拟定的目标。这是一个艰辛曲折的过程。没有自信，就难以面对谈判的巨大压力和不断袭来的挫折感，而缺乏自信往往是许多谈判遭受失败的主要原因。

谈判中的信心就是相信自己的能力和实力，有必胜的信念。自信是一切胜利的源泉，是谈判人员巨大的财富。只有具备了信心，谈判人员才能充分激发和释放自身的潜能，充分展示自己的才能。必胜的信念是谈判人员在艰难条件下通过坚持不懈的努力走向胜利的桥梁和基石。

码 5－6－2
今天，你自信了吗?

2. 对谈判的诚心

谈判是一项建设性的活动，是满足双方需求的合作过程。而合作能否成功，还取决于双方合作的诚意。具有诚意，不仅是商务谈判的出发点，同时也是谈判人员必备的心理素质。

诚意是合作的基础，也是打动对手的“利器”。谈判双方都具备诚意，双方的沟通才会顺畅，保证谈判气氛融洽稳定；才能使双方互相理解、互相信任，提高谈判效率，加快谈判进程；才能在求大同存小异的前提下，取得和解与让步，促成合作。应明确的是，谈判的诚意绝不是单方的，只有谈判双方都有诚意，诚意才能转化为谈判的动力。

谈判的诚意具体表现为：及时答复对方提出的问题；适时、恰当地指出对方的不当行为；勇于承认并纠正我方存在的问题与失误；不轻易承诺对方，如承诺必执行等。

3. 在谈判中的耐心

在一场旷日持久的谈判中，常常是状况百出，有时又异常艰难曲折，这就要求谈判人员必须具备抵御挫折的能力和打持久战的心理准备。耐心则是抵御压力、争取机遇的必备心理素质。

耐心是谈判人员心理成熟的标志，是谈判中的一种战术与策略。拥有它，谈判人员就能获得谈判胜利的主动权。谈判人员的耐心表现在能控制自我情绪、避免意气用事、融洽气氛、缓和僵局、把握谈判方向；认真倾听对方的陈述，细致观察对方的行为举止以获取更多的“隐形”信息；能周密分析、科学思考，合理地预测谈判中可能出现的问题并周密安排应对策略；能充分阐述我方的观点与要求，获得对方的理解与配合；能不急于求得谈判结果，表现出超强的韧性与毅力。

码 5－6－3
美越谈判

◆ 案例分析

幽默的女谈判高手

1923 年 5 月，柯伦泰是当时的苏联驻挪威的全权贸易代表。苏联国内急需大量食品，而挪威商人又想乘机捞一把，索价十分高，柯伦泰成功地完成了向挪威商人购买鲱鱼的生意。

由于双方距离较大，谈判进行得非常艰难，谈判陷入僵局。为了打破僵局，柯伦泰再次与挪威商人会晤时，表现出与以往不同的和解姿态，主动做出让步：“我同意你们提出的价格。如果我的政府不批准这个价格，我愿意用自己的薪金来分期支付差额。不过，由于我的工资有限，这笔差额可能要支付一辈子。”这使挪威商人非常惊讶。柯伦泰的忠诚和才干感动了挪威商人们，他们终于同意以合理的价格签署了协议。

（资料来源：华阅．领导讲话艺术全集．北京：中国致公出版社，2006.）

问题讨论：

1. 挪威商人为什么最终会以合理的价格签署协议？
2. 柯伦泰在此案例中表现出何种心理素质？

任务实训

皮格马利翁效应

1. 背景资料

心理学上的“皮格马利翁效应”，是指热切的期望与赞美能够产生奇迹。期望者通过一种强烈的心理暗示，使被期望者的行为达到他的预期要求。

人类对自我形象的评判，常常综合了个人和外界环境的看法。外界的信息对自我评价起着至关重要的作用。赞美和期待具有一种超常的能量，一个人得到别人的信任与赞美后，他会变得更加自信和自尊，从而获得了一种积极向上的原动力。

2. 实训目标

通过运用心理学上的“皮格马利翁效应”，培养学生的自信。

3. 实训步骤

（1）全班学生每人准备一张白纸。
（2）每位同学在纸上写出自己熟悉的本班若干同学的优点。
（3）小组组长将本组成员的优点进行汇总。
（4）教师宣读每位同学的优点，并打印张贴在教室中。

4. 实训成果

活动体会报告。

5. 实训评价

教师统一评价。

任务 7
洞悉谈判中的群体心理

学习目标

了解谈判群体的特点，了解影响谈判群体效能的因素，掌握谈判群体效能的优化措施，让所学群体心理的知识更好地为谈判服务。

任务描述

谈判组织属于正式组织，组织成员间具有互动性。谈判群体效能取决于谈判群体成员的素质、谈判群体成员的结构、谈判群体的规范、谈判群体的决策方式及谈判群体内的人际关系等因素。谈判群体效能优化措施包括合理配备群体成员、优化谈判群体结构、灵活选择决策方式、建立严明的纪律和有效的激励机制及理顺群体内部信息交流的渠道。

任务学习

商务谈判不是简单的个人间的活动，它通常需要一定的组织形式做保证，通过组织成员间的分工协作共同完成谈判任务，利用谈判组织的整体优势争取有利的谈判结果。谈判有时是一对一的个体谈判，更多的则是多人参加的小组谈判。心理学研究分析，个体谈判中的个体与小组谈判中的个体有着不同的心理特点。因此，在研究分析谈判心理时，不仅需要分析谈判中的个体心理，还需分析谈判中的群体心理。

1. 谈判群体的特点

（1）群体成员数量超过两人。谈判组织应配备的人员数量主要取决于谈判的规模、复杂程度、谈判人员自身素质及谈判时间和效率的要求等因素。谈判组织应配备多少成员，并没有统一的模式，需根据谈判项目的具体情况确定，但一般情况下多于两人。

（2）谈判组织属于正式组织。谈判组织是依据正式的文件或命令建立的，组织层次分明，成员分工明确、团结协作，共同配合完成谈判目标。谈判组织具体成员的人选、数量、主谈人、负责人等都是指定的，而非自然形成的。因此，谈判组织属于正式组织。

资料卡

正式组织是指人们按照一定的规则，为完成某一共同的目标，正式组织起来的人群集合体。

（3）组织成员间具有互动性。谈判组织成员虽然是由于某个共同工作目标而短时期内集结在一起，彼此之间以工作交往为主，但势必存在着个人的交往、接触及感情上的交流。一个谈判小组既需要发挥个人的应变力和创造力，也需要集体力量的完美结合。谈判成员之间应相互尊重信任、默契配合，这样才能发挥整体优势，争取有利的谈判结果。

2. 影响谈判群体效能的因素

小贴士

能用众力，则无敌于天下矣；能用众智，则无畏于圣人矣。

——孙权

谈判群体效能是指谈判小组的工作效率和工作成果。谈判群体效能的高低主要取决于以下五个方面的因素：

（1）谈判群体成员的素质。商务谈判组织由人构成，谈判者的个人素质对谈判群体效能有着直接的影响。谈判者的素质是个人知识、能力、经验、性格、品质等的综合体现。毫无疑问，综合素质高的谈判人员工作能力强，对谈判群体效能的贡献大。

（2）谈判群体成员的结构。谈判群体成员的结构是指谈判人员个人素质之间的构成与配合。群体成员结构合理、配合默契，则产生的群体效能就高；反之，则低。

（3）谈判群体的规范。谈判群体的规范主要体现为群体内的纪律性，即谈判人员遵守谈判队伍的组织纪律，做好相应的保密工作，所有成员在行动上能保持步调一致，在组织上纪律严明。显然，谈判群体的规范性会制约谈判群体效能的高低。

（4）谈判群体的决策方式。谈判群体的决策方式是指在谈判中遇到问题需决策时，做出决策的方式。在实际谈判中，决策方式分为个人决策和集体决策。个人决策是指在谈判中谈判群体领导不征求或极少征求其他成员的意见而独自做出决策；集体决策则是指谈判群体领导在经过全体成员充分讨论，广泛征求大家意见的基础上综合做出决策。两种决策方式各有利弊。

（5）谈判群体内的人际关系。谈判群体内的人际关系是和谐或是冲突，这对谈判群体效能影响极大。谈判群体内的人际关系和谐，成员相互间彼此认同、彼此包容，群体归属感强，则群体效能就高。反之，则可能对手尚未“出招”，就已被“自己”打败，毫无群体效能可言。

码5-7-1
谈判人员安排带来的“利润”

3. 谈判群体效能的优化措施

群体效能不等于个体效能的简单累加，如果能有效调动群体内部各成员的积极性，使之密切配合，那么群体效能就会大于群体内各个体效能的累加。具体措施有：

（1）合理配备群体成员。在组建谈判小组时，要根据谈判内容、时间、地点和对方成员的状况以及我方成员的素质等灵活确定群体成员，保证谈判成员的素质最优化和各成员的潜能发挥最大化。

（2）优化谈判群体结构。选择配备群体成员时，做到谈判人员知识、能力相互补充，性格互补协调，充分发挥每个人的才能，形成整体优势。

（3）灵活选择决策方式。在谈判的过程中，如果情况紧急必须马上做出决策，否则可能造成重大乃至不可弥补的损失，决策者应果断地采用个人决策的方式；当磋商的问题复杂且不必马上做出决策时，应该采用群体决策的方式进行决策，以提高决策的正确性。

（4）建立严明的纪律和有效的激励机制。严明的纪律是谈判群体得以有效、有序工作的保证，而有效的激励机制则是谈判群体成员个人才能发挥最大化的有力保证。

（5）理顺群体内部信息交流的渠道。在群体内部建立多形式、多层次的信息交流渠道，扩大信息的共享范围，提高群体内部人与人之间的沟通效率，以促进群体工作效率的提高。

◆ **案例分析**

派往法国的谈判小组

某县一酒厂欲购买法国葡萄酒的生产设备与技术。派往法国的谈判小组由以下四名核心人员构成：该厂厂长、该县主管工业的副县长、县经贸委主任及县财政办主任。

问题讨论：

1. 你对此谈判小组构成有何看法？
2. 以上人员的安排理论上会导致怎样的后果？
3. 应如何调整？调整的依据是什么？

任务实训

生存岛

1. 背景资料

盲人岛被湍急的水流环绕，如果有人一触及水流，便会被冲回岛屿，在稍远的水流中悬挂着一个塑料桶。哑人岛和健康岛同样被湍急的水流环绕，如果有人或物一触及水流，便会被冲至盲人岛。健康岛压力过大，岛屿会垮塌。

2. 实训目标

培养学生团队协作意识。

3. 实训步骤

（1）将全班学生划分为三个小组，分别为盲人组、哑人组及健康组。

（2）将盲人组成员领至盲人岛，每人眼睛绑上一个布条，在整个活动中不允许摘下布条，但可以说话交流，将盲人岛任务书、五个乒乓球交给其中两人。

（3）将哑人组成员领至哑人岛，在整个活动中绝不允许说话，将哑人岛任务书、两块长木板交给其中一人。

（4）将健康组成员领至健康岛，将健康岛任务书发给他们。

（5）教师宣布游戏开始。

（6）游戏结束后组织大家讨论。

注意事项：

（1）事先准备好道具，包括：布条、做成岛屿的报纸、长度可以连接三个岛屿的两块长木板、五个乒乓球、一个塑料桶、一套任务书。

（2）健康岛应远离其他两个岛屿。

（3）盲人岛任务书：任务是将一个乒乓球投入桶中且将所有人集中到一个地方，规则是任何人不得踏入水中，不能摘除布条。

（4）哑人岛任务书：任务是帮助盲人且将所有人集中到一个地方，规则是不能代替盲人完成将乒乓球投入桶中的任务，哑人是唯一能用木板的人，在盲人完成将乒乓球投入桶中之前不能使用木板。

（5）健康岛任务书：任务是将所有人集中到一个地方，规则是岛屿不能移动。

4. 实训成果

活动体会感想。

5. 实训评价

教师统一评价。

思考与练习

1. 单项选择题

（1）马斯洛需求层次论中，最高需求是（　　）。

A. 生理需求　　　　B. 安全需求

C. 自我实现需求　　D. 尊重需求

（2）以下（　　）不是谈判心理的特点。

A. 内隐性　　B. 相对稳定性

C. 个体差异性　　D. 变化性

（3）谈判人员经常运用的最低报价策略就是利用（　　）心理。

A. 社交需求　　B. 安全需求

C. 自我实现需求　　D. 尊重需求

（4）谈判组织属于（　　）。

A. 正式组织　　B. 非正式组织

C. 民间组合　　D. 社会团体

（5）（　　），表明对方是个自信、豁达的人。

A. 分腿而坐　　B. 架腿而坐

C. 抖腿　　D. 翘“二郎腿”

2. 多项选择题

（1）影响商务谈判中群体效能的主要因素有（　　）。

A. 群体成员的结构　　B. 群体规范与决策方式

C. 群体成员的素质　　D. 群体内的人际关系

（2）在谈判中应当遵循的谋略有（　　）。

A. 谈判者顺从对方的需求　　B. 谈判者使对方服从自身的需要

C. 谈判者同时服从多方和自己的需要　　D. 谈判者违背自己的需要

（3）谈判人员的精神力量包括（　　）。

A. 信心　　B. 诚心

C. 意志力　　D. 耐心

（4）为了保证商务谈判取得预期的效果，组织谈判小组的原则包括（　　）。

A. 依据项目的大小和难易来确定谈判小组的阵容

B. 依据项目的重要程度组织谈判小组

C. 依据对手的特点配备谈判人员

D. 依据企业空闲人员情况组织谈判人员

（5）进行商务沟通表达观点、陈述问题时，应做到（　　）。

A. 层次清晰　　B. 态度诚恳

C. 简洁流畅　　D. 语言生动

3. 判断题

（1）群体效能等于个体效能的简单累加。（　　）

（2）谈判对手的心理只可揣摩，不能诱导。（　　）

（3）谈判的诚意不是单方的，只有谈判双方都有诚意，诚意才能转化为谈判的动力。（　　）

（4）行为是心理的外在表现，因此，人的心理能从其外在行为中加以推测。（　　）

（5）社交需要包括爱的需要和归属的需要。（　　）

4. 案例分析题

案例 1

牛　舞

明朝戴大宾13岁时就中乡试成了举人。一天，一位客人来拜访他的父亲，见戴大宾在院子里玩耍，就出了一个对子要他对：

"凤鸣。"

"牛舞！"戴大宾应声而对。

"牛怎么会起舞呢？"

"古书上说，'百兽率舞'，牛难道不是兽吗？"

这位宾客大加赞赏，一问才知这个小孩原来就是戴大宾。

问题讨论：

(1) 戴大宾采用了何种思维方式？

(2) 举例说明这种思维方式的特点。

案例 2

做得比兄弟好

荷伯·科恩曾代表一家大公司去购买一座煤矿。矿主是个强硬的谈判者，要价2 600万美元，荷伯还价1 500万美元。矿主坚持原价不变。在以后的几个月里，买方出价逐渐提高到2 150万美元，但卖主毫不动心，谈判形成僵局。卖主为什么固执己见，不接受这个公平的价格呢？某天，矿主终于搭腔说："我兄弟的煤矿卖了2 550万美元，还有一些附加利益。"荷伯明白原来他忽略了矿主有别的需求。荷伯立刻跟公司有关人员联系："我们应先弄清楚矿主的兄弟究竟卖了多少钱，再商量我们的对策。显然我们应处理好个人的重要需要，这跟价格无关。"

荷伯按这个思路工作不久，谈判就达成了协议。最后的价格并没有超出公司的预算，但付款方式和附加条件却使矿主感到自己比兄弟做得好。

（资料来源：关兰馨．第一流的商务谈判．北京：中国发展出版社，1998.）

问题讨论：

(1) 荷伯为什么开始会失败，后来又能成功？

(2) 荷伯在这次谈判中采用了何种策略？

6 项目六 认知商务谈判开局

案例导入

“不公平”的谈判

越南一家公司到美国去采购设备。越南谈判小组的成员因上街购物耽误了时间，当他们到达谈判地点时，比预定时间晚了30分钟。美方代表对此极为不满，花了很长时间来指责越南代表不遵守时间，没有信用，浪费美方的宝贵时间，浪费时间就是浪费资源、浪费金钱。对此越南代表感到理亏，只好不停地向美方代表道歉。谈判开始以后，美方代表似乎还对越南代表来迟一事耿耿于怀，一时间弄得越南代表手足无措，说话处处被动，无心与美方代表讨价还价，对美方提出的诸多要求也没有静下心来认真考虑，匆匆忙忙就签订了合同。等到合同签订以后，越南代表平静下来，头脑不再发热时才发现自己吃了大亏，上了美方的当，但已经晚了。

（资料来源：余尚祥．商务谈判之开局案例分享．中华讲师网808管理咨询大讲堂．2013.）

问题思考：

1. 试分析此次谈判中越南代表失利的原因是什么？
2. 美方代表获得此次谈判的胜利是基于哪些优势？

任务1 把握开局

学习目标

掌握商务谈判开局的含义，了解布置谈判现场环境、设计自我形象，营造开局气氛，并能够将所学知识应用于今后的工作中。

任务描述

商务谈判开局是双方彼此熟悉和就会谈的目标、计划、进度和参加人员等问题进行讨论，并尽量取得一致意见，以及在此基础上就当次谈判的内容双方分别发表陈述的阶段。谈判现场环境的布置、谈判人员形象的塑造以及谈判开局气氛的营造对整个谈判过程均起着相当重要的影响。

任务学习

谈判开局是谈判双方的第一次亮相，是整个商务谈判的起点，它往往关系到双方谈判的诚意和积极性，很大程度上决定着整个谈判的走向和发展趋势。

1. 商务谈判开局的概念

商务谈判开局是指双方彼此熟悉和就会谈的目标、计划、进度和参加人员等问题进行讨论，并尽量取得一致意见，以及在此基础上就当次谈判的内容双方分别发表陈述的阶段。它为后续的磋商奠定基础，也称非实质性谈判阶段，或前期事物性磋商阶段。

2. 布置谈判现场环境

商务谈判环境的布置很重要。选择谈判环境时，一般看自己是否感到有压力，如果有，说明环境是不利的。不利的谈判场合包括：嘈杂的环境、极不舒适的座位、谈判房间的温度过高或过低、不时的有外人搅扰、环境陌生而引起的心力交瘁感、没有与同事私下交谈的机会等等。这些环境因素会影响谈判者的注意力，从而导致谈判的失误。

一般合作式谈判应安排布置好谈判环境，使之有利于双方谈判的顺利进行。

（1）光线。可利用自然光源，也可使用人造光源。利用自然光源即阳光时，应备有窗纱，以防强光刺目；而用人造光源时，要合理配置灯具，使光线尽量柔和一点。

（2）声响。室内应保持安静，使谈判能顺利进行。房间不临街、不临马路，不在施工场地附近，门窗能隔音，周围没有电话铃声、脚步声、人声等噪音干扰。

（3）温度。室内最好能使用空调机和加湿器，以使空气的温度与湿度保持在适宜的水平上。一般情况下，至少要保证空气的清新和流通。

（4）色彩。室内的家具、门窗、墙壁的色彩要力求和谐一致，陈设应实用美观，留有较大的空间，以利于人的活动。

（5）装饰。用于谈判活动的场所应力显洁净、典雅、庄重、大方。宽大整洁的桌子、简单舒适的座椅，墙上可挂几幅风格协调的书画，室内也可装饰适当工艺品、花卉、标志物，但不宜过多过杂，以求简洁实用。

码 6－1－1
表情在谈判中的重要性

3. 精心设计自我形象

商务谈判人员的形象塑造是商务谈判活动中体现相互尊重的行为准则，是对谈判人员的仪容仪表和言谈举止的普遍要求。商务谈判人员的形象设计很重要，因为谈判人员的个人形象代表的是企业形象、产品形象、服务形象，在跨文化交往中还代表着民族形象、地方形象和国家形象。

一般而论，个人形象设计要把握好仪表、表情、举止、服饰、谈吐、待人接物六要素。

码6－1－2
语言交流的注意事项

4. 努力营造开局气氛

谈判开局气氛对整个谈判过程起着相当重要的影响和制约作用，其发展变化直接影响整个谈判的前途。可以说，哪一方如果控制了谈判开局气氛，那么，在某种程度上就等于控制住了谈判对手。

码6－1－3
尼克松访华

（1）营造高调气氛。高调气氛是指谈判气氛比较热烈，谈判双方情绪积极、态度主动，愉快因素成为谈判情势主导因素的谈判开局气氛。通常在下述情况下，谈判一方应努力营造高调的谈判开局气氛：己方占有较大优势，价格等主要条款对自己极为有利，己方希望尽早达成协议与对方签订合同。在高调气氛中，谈判对手往往只注意到他自己的有利方面，而且对谈判前景的看法也倾向于乐观。因此，高调气氛可以促进协议的达成。

营造高调气氛通常有以下几种方法：

①感情攻击法。感情攻击法是通过某一特殊事件来引发普遍存在于人们心中的感情因素，并使这种感情迸发出来，从而达到营造气氛的目的的方法。

案例链接

丘吉尔的“坦诚相见”

第二次世界大战期间，武器紧张，丘吉尔来到华盛顿会晤罗斯福，请求军需物资方面的接济。会谈在第二天进行。次日凌晨，丘吉尔正躺在浴盆里，抽着大号雪茄，作沉思状。没想到罗斯福突然推门进来，丘吉尔赤身裸体，大腹便便，大肚子还露出了水面。两人相视不禁一愣，丘吉尔却微微一笑说：“总统先生，大英帝国的首相在你面前可真是没有半点隐瞒啊！”说罢，两人都不约而同地笑了起来。这轻松的瞬间，让人忘却了战争，忘却了艰难，开始真诚地合作。

②称赞法。称赞法是通过称赞对方来削弱对方的心理防线，从而焕发出对方的谈判热情，调动对方的情绪，营造高调气氛的方法。

③幽默法。幽默法是用幽默的方式来消除谈判对手的戒备心理，使其积极参与到谈判中来，从而营造高调谈判气氛的方法。

④问题挑逗法。问题挑逗法是指提出一些尖锐问题而诱使对方与自己争议，通过争议使对方逐渐进入谈判角色的方法。这种方法通常是在对方谈判热情不高时采用，有些类似于“激将法”。但是，这种方法很难把握好火候，在使用时应慎重一些，要选择好退路。

（2）营造低调气氛。低调气氛是指谈判气氛十分严肃、低落，谈判的一方情绪消极、态度冷淡，不愉快因素构成谈判情势主导因素的谈判开局气氛。通常在下面这种情况下，谈判一方应该努力营造低调的谈判开局气氛：己方有讨价还价的砝码，但是并不占有绝对优势，合同中某些条款并未达到己方的要求，如果己方施加压力，对方会在某些问题上做出让步。低调气氛会给谈判双方都造成较大的心理压力，在这种情况下，哪一方心理承受力弱，哪一方往往会妥协让步。因此，在营造低调气氛时，己方一定要做好充分的心理准备并要有较强的心理承受力。

营造低调气氛通常有以下几种方法：

①感情攻击法。这里的感情攻击法与营造高调气氛的感情攻击法性质相同，即都是以情感诱发作为营造气氛的手段，但两者的作用方向相反。在营造低调气氛时，是要诱发对方产生消极的情感，致使一种低沉、严肃的气氛笼罩在谈判开始阶段。

②沉默法。沉默法是以沉默的方式来使谈判气氛降温，从而达到向对方施加心理压力的目的。这里所讲的沉默并非是一言不发，而是指己方尽量避免对谈判的实质问题发表议论的方法。

③疲劳战术。疲劳战术是使对方对某一个问题或某几个问题反复进行陈述，从生理和心理上使对手疲劳，降低对手的热情，从而达到控制对手并迫使其让步的目的的方法。

④指责法。指责法是对对手的某项错误或礼仪失误严加指责，使其感到内疚，从而达到营造低调气氛，迫使谈判对手让步的目的的方法。

（3）营造自然气氛。自然气氛是指谈判双方情绪平稳，谈判气氛既不热烈，也不消沉。自然气氛无须刻意地去营造，许多谈判都是在这种气氛中开始的。这种谈判开局气氛便于向对手进行摸底，因为，谈判双方在自然气氛中传达的信息往往要比在高调气氛和低调气氛中传送的信息更准确、更真实。当谈判一方对谈判对手的情况了解甚少，对手的谈判态度不甚明朗时，谋求在平缓的气氛中开始对话是比较有利的。

谈判气氛并非是一成不变的。谈判开局气氛是由参与谈判的所有谈判者的情绪、态度与行为共同制造的，任何谈判个体的情绪、态度与行为都可以影响或改变谈判开局气氛；与此同时，任何谈判个体的情绪、思维都要受到谈判开局气氛的影响，呈现出不同的状态。因此，努力营造一种有利的谈判开局气氛，从而控制谈判开局，影响谈判对手，对于谈判者来说就显得非常重要。

码 6－1－4
如何营造自然气氛

码 6－1－5
开局的气氛与效果

想一想

你如何看待谈判气氛对谈判进程的影响？

◆ **案例分析**

快 乐 分 享

中国某汽车生产企业准备从日本引进一条生产线，于是与日本一家公司进行了接触，双方分别派出了谈判小组就此问题进行谈判。在谈判当天双方代表刚刚就座，中方的首席代表就站了起来对大家说：“在谈判开始之前，我有一个好消息要与大家分享，我太太昨夜为我生了个大胖儿子!”此话一出，中方职员纷纷站起来向他道贺。日方代表于是也纷纷站起来向他道贺。整个谈判会场的气氛顿时高涨起来，谈判进行得非常顺利。中方企业以合理的价格顺利地引进了一条生产线。

（资料来源：自考网校．现代谈判学试题．河南自考网试题中心，2011.）

问题讨论：

1. 中方首席代表为什么要提自己太太生孩子的事？
2. 中方代表在此次谈判中营造了哪种谈判开局气氛？

任务实训

谈判现场布置讲解

1. 背景资料

课外收集的布置谈判现场资料和本任务中所学到的相关布置谈判现场知识。

2. 实训目标

通过实训使学生了解如何布置谈判现场。

3. 实训步骤

（1）将全班学生分为若干个小组，每小组4~6人，并推荐一名组长。

（2）各小组通过各种渠道查找资料，选定本组拟讲解内容。

（3）各小组分别研讨，并设计出谈判现场布置图样。

（4）各小组组长展示并讲解谈判现场布置图样，并将图样上交老师。

4. 实训成果

谈判现场布置图样一份。

5. 实训评价

教师根据各小组的具体表现做出评价。

任务2 研习开场陈述

学习目标

了解开场陈述的含义、开场陈述的内容及陈述时的技巧，并在商务谈判中能够熟练地应用这些内容。

任务描述

开场陈述是在商务谈判开始阶段双方就当次谈判的内容，陈述各自的观点、立场及其建议。陈述的目的是使双方理解己方的意愿，所以开场陈述要简明扼要，适当使用一些开场陈述技巧。

任务学习

在报价之前，为了摸清对方的原则和态度，可作开场陈述。开场陈述的目的是要使双方理解彼此的意愿，重点在于双方的利益，内容应是横向铺开而不是深谈某一个问题，往往是原则性地、简明扼要地把几个问题的看法提出来。

1. 开场陈述的含义

开场陈述是指在开始阶段双方就当次谈判的内容，陈述各自的观点、立场及其建议。它的任务是让双方能把当次谈判所要涉及的内容陈述出来，同时使双方彼此了解对方对当次谈判内容所持有的立场与观点，并在此基础上，就一些分歧分别发表建设性意见或倡议。

码6－2－1
开场陈述的方式

2. 开场陈述的内容

在开场陈述中，每一方都要独立地把自己的观点做一个全面的陈述，并且要给对方一个充分明白己方意图的机会，然后听取对方的全面陈述，弄清对方的意图。任何一次开场陈述都包含以下内容：

（1）陈述方对议题的理解，即己方认为这次会议应涉及的问题。陈述方可以将当次商谈涉及的具体问题进行一一罗列，并对主要问题加以重点说明和阐述，陈述方有义务也有必要在开场陈述时，让对方清楚地了解己方对谈判内容所持有的立场与观点。

（2）陈述方追求的目标，即己方希望通过谈判所取得的利益。陈述方需要阐明己方的首要利益，换言之，也就是需要说明哪些方面对己方是至关重要的。

（3）陈述方可接受的目标，即在谈判中己方可向对方做出的让步范围及商谈事项，己方可以采取何种方式为双方获取共同利益做出贡献等。

（4）陈述方谈判的原则，包括双方以往合作的经验和结果；己方在对方心中的信誉度；今后双方在合作中可能会出现的良好机会或障碍等。

（5）谈判的进度和计划，以及谈判人员的情况。包括洽谈事项的先后顺序，系列谈判的各个轮次的划分，己方谈判团队的人员构成以及己方谈判人员在每一轮次中的大致分工等。

3. 开场陈述的技巧

商务谈判的开场陈述是需要技巧的，以下的技巧是长期从事商务谈判的经验总结：

（1）开场的陈述要双方分别进行，并且在此阶段各方只阐述自己的立场、观点，而不必阐述双方的共同利益。己方谈判人员可以首先保持沉默，不说明自己的交易意图，即使心中有明确的交易意图，也不妨先听听对方对交易的看法、立场及利益所在。这样，有利于争取谈判的主动权，使己方的阐述有针对性、灵活性和余地。

（2）双方的注意力应放在自己的利益上，不要试图猜测对方的立场。在听取对方陈述，搞清对方意图的基础上，独立地陈述自己的观点和立场，不要为对方的观点和立场所左右，也要给对方充分理解己方意图的机会。

（3）开场陈述是原则性的而不是具体的。一般来说，开始阶段的谈判任务是向着横向而不是纵向发展，即只洽谈当次谈判中的原则性问题和陈述己方的基本立场、观点和建议，而不是就某一个具体问题做深入谈判。

（4）开场陈述应简明扼要、通俗易懂。这样既可避免对方误会，又可使双方有兴趣交谈下去，还可避免被冗长烦琐的发言搅昏头脑而影响谈判气氛。

（5）对方陈述时不要插言，待其陈述完毕后，再进行提问，只有等到问清对方的意图后，方才陈述己方的建议和立场。

（6）陈述应以诚挚和轻松的方式表达，以协调洽谈气氛。阐述时，要注意采用礼貌用语、弹性用语、转折用语等。要尽可能地避免言之无物用语、以我为中心用语、过分专业化和特殊化的“行话”、概念上具有差异的同一用语以及极端用语等。比如，“咱们先确定一下今天的议题，如何?”“先商量一下今天的大致安排，怎么样?”这些话从表面上看好像无足轻重，分量不大，但这些要求往往最容易引起对方肯定的答复，因为比较容易创造一种“一致”的感觉，有了这种“一致的气氛”，双方就能比较容易地达成互利互惠的协议。

码 6－2－2
开场陈述禁忌

想一想

开场陈述时，有哪些话是利于谈判双方达成“一致气氛”的?

◆ 案例分析

我们的立场

“先生们，大家已经一致同意由我这个用户首先说明我们的立场。这块地皮对我们很有吸引力。我们打算把土地上原有的建筑物拆除后盖新的商店。我们已经同城市规划部门打过交道，相信他们会同意的。现在关键的问题是时间——我们要以最快的速度在这个问题上达成协议。为此，我们准备简化正常的法律和调查程序。以前我们从未打过交道，不过据朋友说，你们一向是很好的合作对象，这就是我们的立场。我说的是否够清楚呢?”

（资料来源：田玉来．商务谈判．北京：人民邮电出版社，2011.）

问题讨论：

以上这段开场陈述的内容符合谈判开场陈述的内容吗？为什么？

任务实训

模拟 A、B 公司谈判代表分别做一个“突出己方利益”的开场陈述

1. 背景资料

A 公司是一家实力雄厚的房地产公司，在投资过程中相中了 B 公司一块极具升值潜力的地皮，想尽快拿到手进行商业投资。

而 B 公司也想通过出售这块地皮获得资金，发展国外市场，B 公司目前在这块地皮上还有现存租户的租约，对 A 公司提出的价格也不太满意。双方针对土地转让问题进行磋商，双方以前并未打过交道。

2. 实训目标

通过实训使学生了解商务谈判开场陈述中应包含的内容。

3. 实训步骤

（1）将全班学生分为两个大组，分别代表 A 公司和 B 公司，每组推举一位组长做谈判代表。

（2）由组长划分若干小组，安排撰写开场陈述初稿的具体工作。

（3）初稿形成后，由组长和组员们讨论、修改并确定己方的开场陈述内容。

（4）各小组组长模拟谈判代表做开场陈述，并回答“对方代表”提出的问题。

（5）各小组形成书面研讨报告上交老师。

4. 实训成果

书面研讨报告一份。

5. 实训评价

教师根据每组的具体表现做出评价。

任务 3
巧用开局策略

学习目标

通过了解不同种类的商务谈判开局策略，以便在今后的实际运用中能更好地选择恰当的

开局策略，成功地完成谈判。

任务描述

谈判开局策略是谈判者谋求谈判开局有利形势和实现对谈判开局的控制而采取的行动方式或手段。开局的具体策略很多，主要有开局陈述的策略、控制开局过程的策略以及留有余地的策略。

任务学习

商务谈判策略是指谈判人员在商务谈判过程中，为实现特定的谈判目标而采取的各种方式、措施、技巧、战术、手段及其反向与组合运用的总称。

商务谈判全过程，无时无刻不体现着策略的运用。实际上，在双方最初的接触，彼此寒暄的表情和言谈话语当中，就已展开了策略的较量。由于谈判开局关系到整个谈判的方向和进程，因此，谈判开局的策略在商务谈判中显得尤为重要。

谈判开局策略是谈判者谋求谈判开局有利形势和实现对谈判开局的控制而采取的行动方式或手段。

在商务谈判策略体系中，涉及谈判开局的具体策略很多，但都因时、因事、因地而有所不同，下面介绍几种典型的、基本的谈判开局策略。

1. 开局陈述的策略

（1）协商式开局策略。协商式开局策略也称一致式开局策略，是指在谈判开始时，为使对方对自己产生好感，以“协商”“肯定”的方式，创造或建立起对谈判的“一致性”的感觉，从而使谈判双方在愉快、友好的气氛中不断将谈判引向深入的一种开局策略。

协商式开局策略比较适用于实力比较接近，且过去没有过任何商务往来的谈判双方。其运用还有一种重要途径，就是在谈判开始时以问询方式诱使谈判对手走入己方的既定安排，从而在双方间达成一种一致和共识。

（2）坦诚式开局策略。坦诚式开局策略是指以开诚布公的方式向谈判对手陈述自己的观点或想法，从而为谈判打开局面。

坦诚式开局策略比较适合谈判双方在过去是有过商务往来的，而且关系很好，互相了解较深，进而可以将这种友好关系作为谈判的基础。这种策略有时也可用于谈判实力较弱的一方。当己方的谈判实力明显不如谈判对方，并为双方所共知时，坦率地表明己方的弱点，让对方加以考虑，更表明己方对谈判的真诚，同时也表明己方对谈判的信心和能力。

码6－3－1
周恩来与
基辛格的谈判

2. 控制开局过程的策略

（1）进攻式开局策略。进攻式开局策略是指通过语言或行为来表达己方强硬的姿态，从而获得谈判对手必要的尊重，并借以制造心理优势，使谈判顺利地进行下去。

采用进攻式开局策略一定要谨慎，因为在谈判开局阶段就设法显示自己的实力，使谈判开局处于剑拔弩张的气氛中，对谈判进一步发展极为不利。通常只在这种情况下使用：发现谈判对手在刻意制造低调气氛，这种气氛对己方的讨价还价十分不利，如果不把这种气氛扭转过来，将损害己方的切实利益。

（2）挑剔式开局策略。挑剔式开局策略是指在开局时对于对方的某项错误或礼仪失误严加指责，使其感到内疚，从而达到营造低调气氛，迫使对手让步的目的。

挑剔式开局策略应该慎用，当对方有明显的过错，己方又想通过对方的过错迫使其让步，实现自己的利益时，可以使用这一策略。但要注意使用时应该掌握好尺度，不能过分。应就事论事，而不能进行人身攻击，也不能做出伤害民族利益、民族感情的事。

挑剔式开局与进攻式开局既有相同之处，又有差异部分。两者都是从心理上给对手施以压力，己方在谈判中都表现出一种强势。但挑剔式开局是因为对方明显有过错在先，被己方抓住了，对方自然在心理上就处于下风；而进攻式开局因为对方并无过错，而己方只是为了显示自己的实力，而咄咄逼人。

码 6－3－2
充满艺术性的开场白

码 6－3－3
商务谈判开局范文

3. 留有余地的策略

留有余地的策略，也称保留式开局策略，是指在谈判开局时，对谈判对手提出的关键性问题不作彻底、确切的回答，而是有所保留，从而给对手造成神秘感，以吸引对手步入谈判。

采用这种开局策略时不要违反商务谈判的道德原则，即以诚信为本，向对方传递的信息可以是模糊信息，但不能是虚假信息。否则，会将自己陷入非常难堪的局面之中。

◆ 案例分析

成功的开局

英国 A 公司与福建省 B 茶叶公司进行了接触，双方互派代表就投资问题进行谈判。谈判一开始，A 公司代表就问道：“贵公司的实力到底如何我们还不十分了解，能否请您向我们介绍一下，以增加我方进行合作的信心”。B 公司代表回答道：“不知贵方所指的实力包括哪几方面，但有一点我可以明确地告诉您，我们的制茶技术是世界第一流的。福建有着丰富的茶叶资源，我们公司是‘近水楼台’。贵公司如果与我们合作的话，肯定会比与其他公司合作更满意。”

问题讨论：

1. 案例中，B 公司谈判代表采取了怎样的开局策略？
2. 采用此策略的优势在哪？实施该策略需要秉承怎样的原则？

任务实训

经典案例讲解

1. 背景资料

本项任务中所学习的相关知识。

2. 实训目标

通过实训使学生熟悉各种商务谈判开局策略的含义与应用。

3. 实训步骤

（1）将全班学生分为5个小组，每组推举一位组长。
（2）利用课余时间，通过各种渠道搜集不同开局策略的相关案例。
（3）各小组分别研讨，制成PPT案例，由组长展示并讲解案例中涉及的开局策略。
（4）各小组组长回答其他组员提问，并将PPT上交老师。

4. 实训成果

每组上交PPT案例一份。

5. 实训评价

教师根据案例制作的效果及组长的讲解情况给予评价。

思考与练习

1. 单项选择题

（1）商务谈判人员的形象设计很重要，因为谈判人员的个人形象不仅代表的是企业形象、产品形象、服务形象，还代表着民族形象、地方形象和（　　）。

A. 国家形象　　B. 国际形象
C. 社交形象　　D. 涉外形象

（2）正确地制定与实现谈判目标，对于整个谈判具有（　　）的意义。

A. 引导性　　B. 决定性
C. 基础性　　D. 方向性

（3）（　　）是指通过语言或行为来表达己方强硬的姿态，从而获得谈判对手必要的尊重，并借以制造心理优势，使谈判顺利地进行下去。

A. 进攻式开局策略　　B. 挑剔式开局策略

C. 协商式开局策略　　D. 坦诚式开局策略

(4) 开场陈述不应包含的内容是（　　）。

A. 己方的立场　　B. 己方的利益

C. 双方的共同利益　　D. 己方对议题的理解

2. 多项选择题

(1) 根据谈判气氛的高低，可以把商务谈判的开局气氛分为（　　）。

A. 高调气氛　　B. 低调气氛

C. 不自然气氛　　D. 自然气氛

(2) 营造高调开局气氛的方法通常有（　　）。

A. 感情攻击法　　B. 问题挑逗法

C. 称赞法　　D. 幽默法

(3) 布置好商务谈判现场环境很重要，下列（　　）会对谈判造成影响。

A. 光线　　B. 声响

C. 温度　　D. 色彩

(4) 开场陈述的目的是使双方理解己方的意愿，这种意愿要体现（　　）的结合。

A. 原则性　　B. 合作性

C. 灵活性　　D. 客观性

3. 判断题

(1) 商务谈判人员的形象塑造是商务谈判活动中体现相互尊重的行为准则，是对谈判人员的仪容仪表和言谈举止的普遍要求。（　　）

(2) 谈判开局气氛对整个谈判过程起着相当重要的影响和制约作用，其发展变化间接影响整个谈判的结果。（　　）

(3) 谈判开局策略是谈判者谋求谈判开局有利形势和实现对谈判开局的控制而采取的行动方式或手段。（　　）

(4) 开场的陈述要双方分别进行，在此阶段各方既要阐述自己的立场、观点，又要阐明双方的共同利益。（　　）

(5) 挑剔式开局策略是在开局时针对对方的某项错误或礼仪失误严加指责，使其感到内疚，从而营造低调气氛，达到迫使对手让步的目的。（　　）

4. 案例分析题

案例 1

喝　茶

东南亚某个国家的华人企业想要为日本一著名电子公司在当地做代理商。双方几次磋商均未达成协议。在最后的一次谈判中，华人企业的谈判代表发现日方代表喝茶及取放茶杯的姿势十分特别，于是他说道："从 × ×君（日方的谈判代表）喝茶的姿势来看，您十分精通茶道，能否为我们介绍一下?"这句话正好点中了日方代表的兴趣所在，于是他滔滔不绝地讲述起来。结果，后面的谈判进行得异常顺利，那个华人企业终于拿到了他所希望的地区代理权。

问题讨论：

（1）华人企业代表营造的是哪种谈判开局气氛?

（2）华人企业代表是运用何种方法营造了这种开局气氛？好处是什么?

案例 2

诚恳的态度

一个经济实力较弱的小厂与一个经济实力强的大厂在谈判时，小厂的主谈人为了消除对方的疑虑，向对方表示道："我们摊子小，实力不够强，但人实在，信誉好，产品质量符合贵方的要求，而且成本较其他厂家低。我们愿意真诚平等地与贵方合作。我们谈得成也好，谈不成也好，我们这个'小弟弟'起码可以与你们这个'大兄长'交个朋友，向贵方学习生产、经营及谈判的经验。"

问题讨论：

（1）小厂主谈人采用了哪种谈判开局策略?

（2）采用该策略的作用是什么?

项目七
7 认知商务谈判报价

案例导入

错在哪里

有位性急的手表批发商，经常到农村推销产品。一次，他心想都是老顾客了，懒得再去费口舌讨价还价，就和上次差不多的价格出手算了。他开车来到市郊一家店，进门就对店主说："这次的货比上次的质量好，这回我俩少费点时间，干脆按我上次的要价来吧，怎么样？"店主没出声。他以为店主同意了就说："那好，我的要价绝对不掺水分，你就说进多少吧，趁今天天气好，咱哥俩用省下的时间喝酒去。"他的报价确实很低，心想店主肯定会高兴，就问："你打算进多少货？"可没想到店主说："一只不进！"这可把他搞晕了，忙问："一只不进？你在开玩笑吧，这个价可比城里低太多了啊！说实话，你要多少？"店主说："你们这些城里来的骗子，嘴上说价格优惠，实际比你心里的底数不知要高出多少呢！告诉你，今天任你说出天来，我也一只不进。"整个下午，两人都在讨价还价，直到天黑了才成交。成交价比他原来报的价低了很多，这单生意他反赔了油钱。

（资料来源：付强，施海霞．商务谈判．上海：上海财经大学出版社，2012.）

问题思考：

批发商没能赚到钱的原因何在？他今后应该怎么做？

任务1
认 识 报 价

学习目标

掌握报价的含义、了解报价前的准备工作以及报价的主要原则，并能够将所学知识应用于今后的谈判中。

任务描述

商务谈判报价是指谈判双方各自向对方提出的有关整个交易的各项交易条件。市场行情、产品制作的复杂程度、交易的性质、产品或企业的声誉、竞争者的价格等是报价前需要周密而审慎考虑的。找出报价者所得利益与该报价被接受的成功率之间的最佳结合点是报价最基本的原则。

任务学习

报价是商务谈判的一个重要阶段，是谈判者利益要求的“亮相”，交易条件的确立是以报价为前提的。

1. 报价的含义

商务谈判报价是指谈判双方各自向对方提出的有关整个交易的各项交易条件，包括标的物的质量、数量、价格、包装、运输、保险、支付、商检、索赔、仲裁等，其中价格条款是核心部分。

2. 报价前的准备

报价前的准备工作非常重要，不仅对产品要做好准备，对谈判对手、对整个行业乃至竞争对手同样需要准备。

拓展阅读

影响价格的主要因素包括：市场行情；利益需求；交货期要求；产品的复杂程度；产品的新旧程度；附带条件和服务；产品和企业声誉；交易性质；销售时机；支付方式。

从商务谈判的角度看，以下这些影响价格的因素是我们在报价前需要周密而审慎考虑的。

（1）市场行情。市场行情包括产品需求的急切程度和销售的时机两大方面。

①产品需求的急切程度。当“等米下锅”时，人们就不太计较价格。所以，如果对方迫切需要某种原材料、产品、技术或工程项目，那么，他在谈判中首先考虑的可能是交货期、供货数量，以及能否尽快签约，而不是价格高低的问题。

②销售的时机。旺季畅销，淡季滞销。畅销时可以卖个好价钱，滞销时往往不得不削价贱卖，以免造成产品积压，影响资金周转。

（2）产品的复杂程度。产品越复杂、越高级，价格问题就越不突出。因为产品结构、性能越复杂，档次越高，其制作技术就越复杂，生产工艺就越精细，核算成本和估算价值就越困难。

（3）交易的性质。大宗交易或一揽子交易要比小笔的生意或单一买卖更能减少价格水平在谈判中的阻力。几万元的金额在大宗交易中可能只是一个零头，而在小本生意中却举足轻重。

（4）产品或企业的声誉。企业、产品的声誉以及谈判者的名声、信誉都会对产品价格产生影响。一般来说，人们都愿意花钱买好货，或与重合同、守信誉的企业打交道，对优质名牌产品的价格或者声誉良好的企业的报价有信任感。

（5）竞争者的价格。从卖方角度看，如果竞争者的价格较低，买方就会拿这个价格作为参照和讨价还价的条件，逼迫卖方降价；反之，如果买方竞争者出价较高，则会使卖方在价格谈判中处于有利地位。

码 1－2－1
调查了解
对方的需要

3. 报价的主要原则

报价要通过反复比较和权衡，设法找出报价者所得利益与该报价被接受的成功率之间的最佳结合点，这就是报价最基本的原则。因此，报价并非简单地提出己方的交易条件，这一过程实际上是非常复杂的，稍有不慎就有可能陷自己于不利的境地。谈判的实践证明，在报价时我们还要遵循以下几项原则，如图 7－1 所示。

（1）卖方的开盘价必须是“最高价”。

（2）买方的开盘价必须是“最低价”。

（3）开盘价必须有理有据，合乎情理。

（4）报价的表达要果断、明确、清楚、完整。

（5）不对报价做主动的解释、说明。

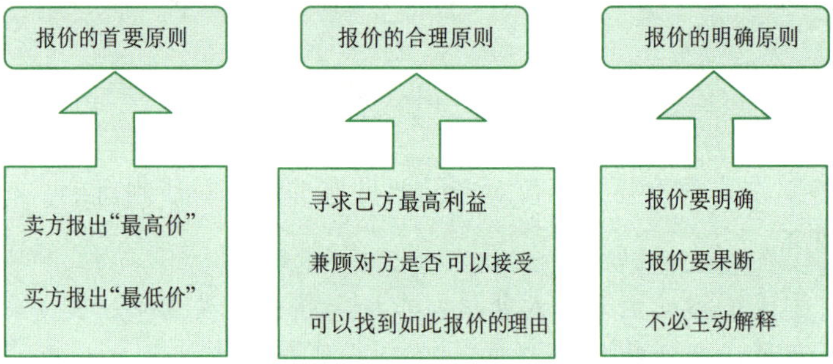

图 7－1　报价的原则

◆ **案例分析**

打开中国市场

北欧深海渔产公司（以下简称深海公司）的冻鱼产品深受各国消费者的喜爱，但还未进入到我国市场。该公司希望能在中国开展销售业务。该公司派代表来我国与北方某罐头制品厂进行经销谈判。开始阶段，会谈气氛十分融洽，但谈到价格问题时双方出现了较大分歧。我方谈判代表表示，中国消费者接受不了深海公司提出的过高报价。深海公司一方则表示，他们的报价已经比国际市场上的报价降低了 4%，无法继续降低价格，谈判进入僵局。休会期间，罐头厂公关部组织深海公司代表参观了谈判所在城市的几个大型超市，使深海公司的代表对我国人民的消费习惯和消费水平有了进一步的了解：中国人口众多，人民消费水平稳步提高，市场潜力很大；尤其超市中拥挤的人流是世界各国中所少见的，这让深海公司的代表看到了一个极有发展前途的新市场。深海公司反复协商之后，为了在开始阶段打开中国市场，决定将冻鱼制品的报价降低 10%，并向我国的经销商提供部分广告和促销费用。

问题讨论：

结合案例，谈谈报价前应该做好哪些准备工作？

任务实训

报价前的市场调查

码 7－1－2
乔布斯的生财之道

1. 背景资料

由老师指定一个具体的待报价产品。

2. 实训目标

通过实训使学生掌握报价前的准备工作及报价原则。

3. 实训步骤

（1）将全班学生分为若干个小组，每小组 4～6 人，推举一名组长。

（2）各小组分别通过市场问卷调查或网络论坛答题等形式，对老师指定的产品进行报价前的调查与分析。

（3）各小组通过对调查结果的讨论，给出自己心目中的报价。

（4）组长汇报本组的调查结论（产品报价），并回答其他同学的提问，形成一份书面调查报告，上交老师。

4. 实训成果

书面调查报告。

5. 实训评价

教师根据各小组的调查报告及产品报价做出综合评价。

任务 2
细分报价方式

学习目标

了解报价的主要方式，为今后的进一步学习奠定基础。

任务描述

报价方式，是指报价的方法，包括交易条件的构成、提出条件的程序及核心内容的处理等。报价的主要方式包括：高报价和低报价法；价格分割法；差别报价法；“假出价”法。

任务学习

在商务谈判中，谈判者必须考虑怎样提出他们的条件，选择适当的报价方式。

报价方式，是指报价的方法，包括交易条件的构成、提出条件的程序及核心内容的处理等。简单地说，报价方式解决的是如何报价的问题。在具体的商务谈判时，必须结合当时的实际情况，尤其是特定的谈判环境以及谈判双方的相互关系，灵活地确定报价方式。

1. 高价报价和低价报价

如果双方的关系良好，又有过长时间的合作关系，报价就不宜过高；如果双方处于冲突程度极高的场合，那么，报价不高就不足以维护己方的合理利益；如果己方有多个竞争对手，那就必须把报价压低到至少能受到邀请参与谈判的程度。

（1）高价报价方式。这种方式的一般做法是，卖方首先提出留有较大余地的价格，然后根据谈判双方的实力对比该项交易的外部竞争状况，通过给予各种优惠，如数量折扣、价格折扣、佣金和支付条件方面的优惠等，逐步接近买方的条件，建立与其共同的立场，最终达到成交的目标。这种方式与前面提到的有关报价原则是一致的，只要能稳住买方，使其能就各项条件与卖方进行磋商，最后的结果往往对卖方是比较有利的。

拓展阅读

在国际商务谈判中，高价报价和低价报价是两种最为典型的报价方式，也常被称为西欧式报价和日本式报价。

（2）低价报价方式。此方式一般是以对买方最有利的结算条件为前提的，并且这种低价格交易条件的各个方面很难全部满足买方的需求。如果买方要求改变有关条件，则卖方就会相应地提高价格。因此，买卖双方最后成交的价格，往往高于价格预期。

在面临严峻的外部竞争时，低价报价是一种有效的报价方式。首先，它可以排除竞争对手的威胁，从而使己方与买方的谈判能够现实地发生；其次，其他卖主退出竞争后，买方原有的优势地位就不复存在，他将不能以竞争作为向卖方施加压力的筹码，这样，双方都不占优势，卖方就可以根据买方在有关条件下所提出的要求，逐步提高要价。

高报价方式和低报价方式关系如图 7－2 所示。

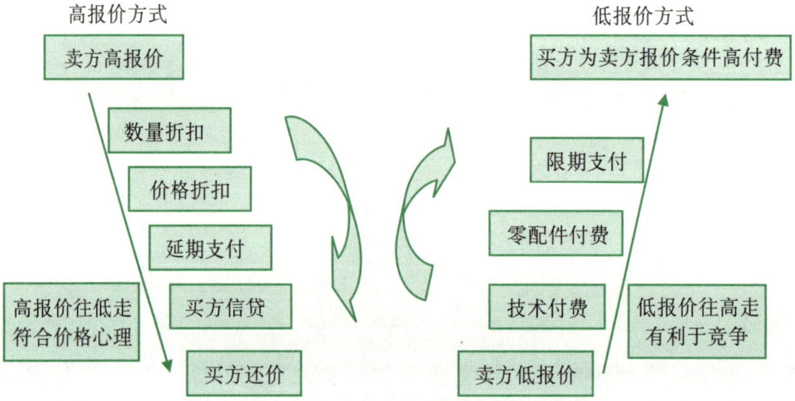

图 7－2 高报价方式与低报价方式的对比

2. 价格分割法

这种报价方式主要是为了迎合买方的求廉心理，使之感到便宜，将商品的计量单位细分，然后按照最小的计量单位报价，或是对产品的各个组成部分进行报价。例如，1 000 克西洋参 8 000 多元，但推销人员在报价时，则说每克 0.80 元。又如，我国北方地区每年五六月份，大红樱桃刚刚上市要 100 元/斤，卖家在叫卖时通常说："大樱桃 10 元啦！"实际上是 10 元一两。这种细分后的小单位价，可使人有一种价廉的感觉，即使不能保证成交，但买家绝不会立刻掉头就走。

码 7－2－1
一般报价的业务流程图

3. 差别报价法

这种报价方式主要是根据商品的流向、卖方需求的急缓程度、购买次数、数量、付款方式等内容的不同而给出不同的报价。对老客户或大批量需求的客户，为巩固良好的客户关系或建立起稳定的交易联系，可以适当地实行价格折扣；对新客户，有时为开拓新市场，亦可给予适当的减价；对某些需求弹性较小的商品，可适当实行高价策略；对于对方急需的产品，价格则不宜下降；在支付方式上，一次性付款较分期付款或延期付款应给予适当价格优惠等。总之，谈判中由于各种条件不一样，差别报价就要根据具体的情况报不同的价，目的是使对方感觉得到了优惠，进而促成谈判的顺利进行。

4. "假出价"法

"假出价"又称为故意出假价，是指在谈判时为了使自己今后可以控制谈判进程和结局，而承诺接受对方的出价，而一旦卖主或买主要与他完成交易手续时，他便开始削价或抬价的一种报价方式。"报高价"通常是为了卖个好价钱，"报低价"则是为了占领市场，而"假出价"则是一种欺骗行为。生意人要做到"害人之心不可有，防人之心不可无"。在生意场上，"假出价"是会经常遇到的，必须十分小心。

码 7－2－2
"斯米诺"的
价格战

拓展阅读

防止"假出价"的技巧

（1）价格一旦谈定应签订具有法律约束力的文书，即使简单几条也可以，其中要明确罚则。

（2）要求买主预付大笔的订金，使其不敢轻易反悔。要求卖主提供自我限制的方法，使其随后不会抬价。

（3）一开始就找一个中间人在场，中间人要保证立场中立。

（4）对轻易得来的承诺，要三思而行，不要轻信。

（5）在交易正式完成之前，不要丢掉其他客户。在交易活动中"普遍撒网，重点培养"和脚踩几只船都会对自己有利。

◆ 案例分析

两次不同的报价

有一次，美国谈判专家麦克代表一家公司交涉一项购买协议，对方开始的报价是50万美元。他和公司的成本分析人员深信，只要用44万美元就可以完成这笔交易。一个月后，他开始和对方谈判，但对方又声明原先的报价有误，现在开价60万美元，这反倒使麦克先生怀疑自己原先的估计是否正确。直到最后，当他以50万美元的价格与对方成交时，竟然感到非常满意。

问题讨论：

1. 谈判专家麦克先生在此次谈判中获得了真正的胜利吗？为什么？
2. 对方公司的第二次报价采用了怎样的报价方式？它的优势是什么？

任务实训

利用价格分割法制作推销广告

1. 背景资料

例1：巴黎地铁公司的广告："每天只需××欧元，就有200万游客能看到你的广告。"

例2：××减肥产品广告："每天少抽一支烟，60天还您好身材＋好身体！"

例3：绿色油漆广告："每平方米5便士，换您家人永健康！"

2. 实训目标

通过实训使学生了解商务谈判中，价格分割法的优势与运用。

3. 实训步骤

（1）安排每名学生利用报价方式中的价格分割法，为某个商品书写一则推销广告，如例，商品自选。

（2）全班联评，选出一、二、三等奖。

（3）为获奖同学颁发奖品或证书，所有作品上交老师，留作资料备用。

4. 实训成果

一则推销广告（书面）。

5. 实训评价

教师根据每个人的作品给予评价。

任务 3
掌控报价时机与技巧

学习目标

了解报价的时机与技巧，并能在今后的商务谈判中熟练地运用。

任务描述

价格谈判中，报价的先后对实现各方既定的谈判利益具有举足轻重的意义。实践证明，先报价、后报价各有利弊。

任务学习

在价格谈判中，报价时机的选择非常关键，提出报价的最佳时机一般是在对方对自己的产品产生了兴趣并开始询问价格时，因为这说明对方已经对产品有了交易的欲望，此时报价往往会水到渠成。有时，卖方的报价比较合理，但并没有使买方产生交易欲望，原因可能是，此时买方正在关注产品的使用价值。所以，在价格谈判中，应当首先让对方充分了解产品的使用价值和能够为对方带来的实际利益，待对方产生了兴趣后，再来谈价格的问题。

报价的先后对实现各方既定的谈判利益具有举足轻重的意义。比如，当买方准备以某种比较高的价格买进对方的产品时，如果卖方的报价比较低，那么买方就会欣然接受，或者乘机迅速以卖方所报的低价为起点争取进一步压价，这样做的最终结果将会使卖方吃亏；又如，假使买方先报了价，并以较高的价格准备买进卖方的某种产品时，当卖方得知报价比自己既定的卖价还要高时，也会欣然接受，或者乘机以买方所报的高价为起点争取进一步抬价，这样做的结果会使买方吃亏。究竟是先报价有利，还是后报价有利？

1. 先、后报价的利弊及注意事项

码 7－3－1
商务谈判
报价惯例

（1）先报价的好处。

①先报价实际上为谈判规定了一个框框，最终的协议将在这一界限内形成，而且先报的价格在整个谈判过程中都会持续起到作用。一般而言，先报价较之后报价更为有利。

②先报价会在一定程度上影响对方的期望水平，进而影响到对方在随后各个谈判阶段的行为。尤其在报价出乎对方预料的情况下，往往会迫使对方调整原来的计划，甚至丧失追求自身合理利益的信念和决心。

（2）先报价的弊端。

①先报价容易为对方提供调整行为的机会，可能会使己方丧失一部分原本可以获得的利益。在己方先行报价之后，由于对方对己方的利益界限有了相应的了解，他们就可以及时修

改原来的报价，获得本来得不到的好处。

小贴士

兵马悉他家物，一先下手，大事便去。

——《隋书·元胄传》

②先报价还会使对方集中力量对报价发起进攻，迫使报价方一步步降价，而对方究竟打算出多高的价却分文未露。在己方报价后，有些谈判对手会对己方的报价提出各种质疑，不断向己方施加压力，而不谈他们自己的报价水平。在这种情况下，先报价的一方应坚持让对方提出他们的交易条件，以免使己方在随后的磋商中陷入被动。

从某种意义上讲，先报价的上述不足之处，也正是后报价的优点所在。

（3）后报价的好处。后报价使对方在明处，自己在暗处，可以根据对方的报价及时调整己方的谈判策略，以争取最大的利益。

（4）后报价的弊端。后报价被对方占据了主动，而且必须在对方划定的框框内进行商务谈判，易于被对方牵着鼻子走。

（5）关于先、后报价孰优孰劣，要视具体情况而言。一般地说，应注意以下几点：

①在高度竞争或高度冲突的场合，先报价有利。

②在友好合作的商务谈判背景下，先、后报价无实质性区别。

③如果对方不是“行家”，先报价为好。

④如果对方是“行家”，自己不是，后报价为好。

⑤双方都是“行家”，先、后报价无实质区别。

2. 后应价的技巧

在对方报价时，要想在后面的谈判中对己方更为有利，就应该在应价时把握如下技巧：

（1）在对方报价过程中，不干扰对方的报价，认真听取，完整、准确、清楚地把握对方的报价内容。

（2）在对方报价结束后，对不清楚的地方可以要求对方予以解答。

（3）在对方报价结束后，应将己方对对方报价的理解进行归纳总结，并加以复述，以确认自己的理解准确无误。

（4）不急于还价，要求对方对其价格的构成、报价依据、计算的基础以及方式、方法等做出详细的解释，以此来了解对方报价的实质意图及诚意，从中寻找破绽。

（5）在对方完成价格解释之后，根据己方所掌握的有效信息，要求对方降价，在实在得不到答复的情况下再提出自己的报价。

想一想

报价顺序的先后，会对谈判的对方产生什么样的影响？

◆ 案例分析

精通谈判之道的厂长

我国某铝厂为进口先进技术设备，派代表前往意大利与某公司进行谈判。对方派出了公司总裁、副总裁和两名高级工程师组成的谈判团与我方进行谈判。

起初，对方企图先发制人，一开始就抛出一个高于国际市场行情的报价。我方主谈是铝厂既精通技术、又精通谈判的厂长，待对方介绍完毕后，他很有礼貌地向对方说："我们中国人是最讲究实际的，请你们把图纸拿出来看看吧！"等到对方把图纸摊开来，我方主谈对着图纸中肯而又内行地分析出哪些地方不够合理，哪些地方又不如某某国家的先进……对方的谈判代表深深地被折服，对方主谈由衷地说："了不起，了不起！……你们需要什么，我们就提供什么，一切从优考虑！"

（资料来源：田玉来．商务谈判．北京：人民邮电大学出版社，2011.）

问题思考：

1. 意方代表采用的是哪种报价方式？用意何在？
2. 中方代表采用了怎样的应价技巧？它的好处是什么？

任务实训

材料分析与讨论

1. 背景资料

材料 1：服装市场标价往往高出进价的 3 ~ 10 倍，一套衣服进价 300 元，标价则为 900 元。购买者还价时会还到多少呢？600 元算是很有勇气了，400 元不敢。而卖主只要在 400 元价位以上就愿意成交。所以说，一天只要有一个买家愿意在 900 元的基础上讨价还价，卖主就大赚了。

材料 2：机械厂老板准备出售三台更新下来的数控机床，有一家公司来洽谈。老板准备开价 360 万元。当谈判进入实质性阶段时，老板正要报价，却突然停住，想先听听对方的想法。结果，对方在对三台机床的磨损与故障做了一系列分析与评价后说："我公司最多只能以每台 140 万元买下，多一分钱也不行。"老板大喜，讨价还价一番，最后自然顺利成交。

2. 实训目标

通过实训使学生了解商务谈判中，报价时机的把握与报价技巧的恰当运用。

3. 实训步骤

（1）将全班学生分为两个大组，每组推举一位组长。
（2）两组分别对材料 1 和材料 2 进行分析和讨论，说明报价方式与技巧。
（3）各小组组长汇报研讨结果，并回答提出的问题。

（4）各小组形成书面研讨报告上交老师。

4. 实训成果

书面研讨报告一份。

5. 实训评价

教师根据每组的具体表现做出评价。

任务 4
熟知价格解评

学习目标

掌握价格解释、价格评论的含义，了解价格解释、价格评论时应当遵循的原则，在今后的实际生活中能够恰当地运用所学知识。

任务描述

价格解释是指卖方就其商品特点及其报价的价值基础、行情依据、计算方式等所做的介绍、说明或解答；价格评论是指买方对卖方所报价格及其解释的评析和论述。价格解释和价格评论都要遵循一般的价格解评原则。

任务学习

价格解评分为价格解释和价格评论两个方面。

1. 价格解释

价格解释是指卖方就其商品特点及其报价的价值基础、行情依据、计算方式等所做的介绍、说明或解答。

价格解释的内容应根据具体交易项目确定，内容应层次清楚，最好按照报价内容的次序逐一进行解释。

价格解释对于卖方和买方都有重要作用。从卖方来看，可以利用价格解释，充分表明所报价格的真实性、合理性，增强其说服力，弱化买方的要求，以迫使买方接受报价或缩小买方讨价的期望值；从买方来看，可以通过价格解释，了解卖方报价的实质和可信程度，掌握卖方的薄弱之处，估量讨价还价的余地，进而确定价格评论应针对的要害。

价格解释时应当遵循如下原则：

（1）不问不答。不问不答是指对方不主动提及的问题不要回答，不能因怕对方不理解而做过多的解释和说明，以免言多语失、“此地无银”，让对方看轻自己，削弱自己在价格谈判中的地位。

小贴士

言多必有数短之处。

——《鬼谷子·本经符》

（2）有问必答。报价后，对对方提出的疑点和问题，须有问必答，并且要迅速、流畅、坦诚、肯定，不可躲躲闪闪、吞吞吐吐。否则，会给人以不实之感，并容易引起对方的疑虑，甚至会提醒对方注意，从而穷追不舍。为此，己方应在报价前，充分掌握各种相关资料、信息，并对对方可能提出的问题进行周密的分析、研究和准备，以通过价格解释表明报价的真实、可信。

（3）避虚就实。避虚就实是指对己方报价中比较实质的部分多讲一些，应多强调己方货物、技术、服务等的特点，多谈一些好沟通的问题，对含有较大水分的部分应该少讲或不讲。若买方提出某些不好沟通的问题，应尽量避其要害或转移视线，有的问题也可采取“拖”的办法，先诚恳记下买方的问题，承诺过几天给予答复，过几天不再询问就罢，若再询问也可以变通解答。

（4）能言不书。能言不书是指能用口头表达和解释的就不要采用书面的方式，以免表述有误时留下证据。实在要写的，写在黑板上；非要落到纸上的，宜粗不宜细。这样，会有再解释、修改、否定的退路。否则，白纸黑字，具体详尽，想再解释、更改就很难，就很被动。

码7－4－1
价格解释的
八项坚持

2. 价格评论

价格评论是指买方对卖方所报价格及其解释的评析和论述。

价格评论对买方和卖方同样有重要作用。从买方来看，在于可针对卖方价格解释中的不实之处，指出其报价的不合理之处，从而在讨价还价之前先压一压“虚头”、挤一挤“水分”，为之后的谈判创造有利条件；从卖方来看，是对报价及其解释的反馈，便于了解买方的需求、交易欲望等关切的问题，利于进一步的价格解释和对讨价有所准备。

价格评论应遵循下述原则：

（1）切中要害。价格评论时要切中要害、猛烈攻击、着力渲染，卖方不承诺降价，买方就不松口。评论时要一个问题接着一个问题地发问、评论，把卖方一步一步地逼向被动，使其不降价就下不了台。

（2）以理服人。买方若要卖方俯首称臣，必须充分说理、以理服人。买方手中的价格分析材料、卖方解释中的漏洞等都是价格评论依据。评论中虽攻击猛烈，但态度、语气切忌粗暴，应心平气和。

（3）严密组织。买方参加谈判的人员要事先精心谋划、“分配台词”，在主谈人的暗示下，其他人员适时、适度发言。这样，表面看似大家自由发言，实则严密组织。

（4）评论中再侦察，侦察后再评论。买方进行价格评论时，卖方以进一步的解释予以辩解，对此不仅应当允许并注意倾听，而且还应善于引发，以便侦察对方的反应。买方通过卖方的辩解，可以了解更多的情况，便于调整进一步评论的方向和策略。

◆ 案例分析

狡猾的外商

中国云山果业公司与外商洽谈合作生产果汁生意，对外商提出的某一技术报价产生疑问时，要求外商对此项技术报价给予解释。外商并未正面回答问题，而是马上从皮箱中拉出一大堆技术资料让中方分析计算。中方主谈人被这一大堆资料弄得头昏脑胀，无暇思考回击对方的战略战术，翻了几页说："我们相信你们的报价是与技术相匹配的。"然后草草签了协议书。之后，中方技术人员经过反复分析计算，才发现自己在这项技术上的出价高出了行业上均价的5%。

问题讨论：

案例中，外商对待中方质疑时，运用了价格解释中的哪项原则？这样做的目的是什么？

任务实训

模拟报价现场

码 7-4-2
价格解评的作用

1. 背景资料

【案例分析】中"狡猾的外商"的案例。

2. 实训目标

通过实训，使学生能够将报价解释的原则与之前所学有关报价的各项知识综合运用。

3. 实训步骤

（1）将全班学生分为两大组，分别代表中方谈判人员和外商谈判人员，每组推荐一位组长做主谈判员。

（2）外商谈判组模拟案例中的价格解释原则，尽可能猜测中方谈判组的应对方式及提问，并做出恰当的回答。

（3）中方谈判组通过研讨，找出应对外商谈判组避虚就实报价解释的策略。

（4）双方准备就绪，两组谈判代表团模拟谈判。

（5）谈判后，各组组长整理本组的研讨报告及实训心得，上交老师。

4. 实训成果

研讨报告、实训心得各一份。

5. 实训评价

教师根据模拟表演、研讨报告及实训心得综合给予评价。

思考与练习

1. 单项选择题

(1) 商务谈判报价是指谈判双方各自向对方提出的有关整个交易的各项交易条件，其核心部分是（ ）。

A. 产品质量 B. 支付方式

C. 价格条款 D. 索赔与仲裁

(2) 在面临严峻的外部竞争时，（ ）是一种有效的报价方式。

A. 低价报价 B. 高价报价

C. 价格分割 D. 差别报价

(3) 报价不仅表明了谈判者对有关交易条件的具体要求，也集中反映了谈判者的（ ）。

A. 目标与方法 B. 需要与利益

C. 手段与技巧 D. 意图与实力

(4) 在价格谈判中，报价时机选择非常关键，提出报价的最佳时机一般是（ ）。

A. 谈判的最初 B. 对方开始报价时

C. 谈判的最后 D. 对方开始询价时

2. 多项选择题

(1) 报价时我们应遵循哪几项原则（ ）。

A. 卖方的开盘价必须是“最高价” B. 买方的开盘价必须是“最低价”

C. 报价要有理有据，合乎情理 D. 报价果断、明确，不做主动解释

(2) 价格解释时应当遵循的原则是（ ）。

A. 不问不答 B. 有问必答

C. 避虚就实 D. 能言不书

(3) 从商务谈判的角度看，影响价格的因素包括（ ）。

A. 市场行情 B. 产品的复杂程度

C. 实际需求目标 D. 企业的声誉

(4) 下列哪些内容属于先报价的好处（ ）。

A. 及时调整己方的想法 B. 在整个谈判中起持续作用

C. 影响对方的期望水平 D. 较晚暴露自己的意图

3. 判断题

（1）报价阶段是指双方各自提出自己的交易条件。（　）

（2）如果双方处于冲突程度极高的场合，那么，报价就不宜过高，以避免出现谈判僵局，使谈判无法顺利进行。（　）

（3）“假出价”只是一种报价方式，并非欺骗行为。（　）

（4）价格分割法是将商品的计量单位细分，然后按照最小的计量单位报价，或是对产品的各个组成部分进行报价。（　）

（5）报价方式解决的就是如何报价的问题。（　）

4. 案例分析题

案例 1

爱迪生的发明资金

爱迪生在西方联合公司经理利弗茨的办公室给一些工程师展示一种新发明的印刷机，这种印刷机简易而实用。利弗茨向他表示愿意购买这项专利权，并问他要多少钱。当时，爱迪生想只要能卖到 5 000 美元就很不错了，但他没有说出来，只是督促经理说：“您一定知道我的这项发明专利权对公司的价值了，所以价钱还是您自己说一说吧！”经理报价道：“4 万美元，怎么样？”还能怎么样？谈判当然是没费周折就顺利结束了。

（资料来源：田玉来．商务谈判．北京：人民邮电大学出版社，2011.）

问题讨论：

爱迪生采用了怎样的报价方式？好处在哪里？

案例 2

戴维斯的计谋

我国某进出口公司在和英国商人戴维斯洽谈生意时，一位工作人员无意中透露了我国当年黄狼皮生产情况很好的信息。过了两天，戴维斯就向我国进出口公司发函表示愿意与中方进行购买黄狼皮的谈判意愿。在戴维斯的来函中，不仅表示购买的数量很大，而且报价比一般市场价高出 3%。当时，中方业务人员做出了错误的判断：戴维斯是想用“喊高价”来挤掉其他上家，以达到自己垄断国外市场的目的。因此此后便回绝了其他几家外商的求购要求。

时隔不久从伦敦传来消息：某商家在国际市场上以平价抛售黄狼皮。这时，我国进出口公司的工作人员才明白，戴维斯用“喊高价”先稳住我国进出口公司，然后在国际市场上抛售自己库存的黄狼皮。此时，中方价位比国际市场高出 3%，由于他的价格比中方黄狼皮的价位低，而中方由于有了戴维斯的订单不肯降低价格，戴维斯顺利地抛售了自己全部黄狼皮的库存，而我国进出口公司的货则全部砸在自己手中。

问题讨论：

戴维斯对中国进出口公司采用了怎样的报价方式？应该如何防范？

项目八

8 认知商务谈判价格磋商

案例导入

精明的杰克

杰克一行人应邀从美国来东京，他们将就本公司生产的靛蓝粉，同日商洽谈销售协议。谈判开始了，日商见杰克不到30岁，颇为轻视。几个回合下来，日商发现年轻的杰克竟是一个谈判高手，他守住每吨12 000美元的报价，半点也不肯让步，无论日商怎样说服，杰克换一个提法，换一个角度，还是原来的价格。日商决定中止谈判，采用拖延战术。归期快到了，杰克如果毫无结果，回去肯定不好交差，他虽然心中着急，但看上去却若无其事。杰克认定，日商必定会签订协议，因为这批货是日商急需的原料。在最后一天的谈判中，日商还是不肯让步，杰克最后说："在日本的生意不做了，明天我们将飞往中国香港，那里靛蓝粉抢手得很。先生们，明天机场见！"说完，杰克就回到了下榻的旅馆。晚饭后，日商终于沉不住气了，打电话来要求再谈一次。杰克这时才亮出底牌："我们公司愿意与贵公司合作，这样吧，每吨10 800美元！"日商无话可说，当即签订了近40万美元的订货合同。第二天，临起飞前半小时，另一家公司又与其签订了76万美元的合同。杰克满载而归。

（资料来源：于洋．谈判圣经：绝对成交的谈判技巧．北京：中华工商联出版社，2011.）

问题思考：

1. 试分析此次谈判中日方采用了什么样的谈判策略？
2. 杰克是运用怎样的方式破解日方策略的？

任务1
认识讨价还价

学习目标

掌握讨价、还价的含义，了解讨价的态度及讨价的方式与方法、还价前的准备及还价方式，为进一步学习价格磋商阶段的策略奠定基础。

任务描述

讨价还价是指在商务谈判过程中，双方轮流出价，就价格进行反复多次的意见往来，寻求双方都能接受的均衡价格的行为。讨价的方式分为全面讨价、针对性讨价和总体讨价三个阶段。讨价的方法有：举证法、挑剔法、假设法、重复法。还价前应进行充分的准备，根据实际，采用合适的还价方式进行还价。

任务学习

价格磋商是商务谈判过程中的中心环节，也是整个谈判过程中占时间比重最大的阶段。如何在这一阶段掌握谈判的主动权，讨价还价、进退有度，为己方争取更多的利益，是谈判人员思考的首要问题。

码8－1－1
网店里的
讨价还价

1. 认知讨价

（1）讨价的含义。讨价，是指在买方对卖方的价格解释予以评论后，提出让对方重新报价或改善报价的要求，也可称为“再询盘”。

拓展阅读

常见的讨价还价用语：
“你们的价格太贵啦。”
“你们的报价比别人高出5%。”
“我知道你们可以再降7%。”
“希望你们再降一点。”
“你们至少要提供2年的免费服务。”
“你们的付款条件太离谱。”

（2）讨价的态度。讨价应本着尊重对方、以理服人的态度进行。这是由于讨价是伴随着价格评论进行的，并不是买方的还价，而是提示、诱导卖方降价，为下一步还价做好准备与铺垫。因此，在讨价的过程中应充分说理，保持平和诚信的气氛，以求最大的利益收获。在此过程中，卖方经常会找些借口进行辩解，也会对价格做出调整，但调价的幅度并不会很大。作为买方，这时要注意看卖方改善后的价格与自己设想达到目标的差距有多大，是否可以进行还价。

（3）讨价方式。在价格谈判中，买方应根据卖方的解释和态度制定讨价策略，要讲究一定的方法与步骤，大致做法可分为如下三个阶段：

①全面讨价。根据卖方的价格解释和态度，买方认为价格不太合理，且价格离己方预算太远，则可以要求卖方从整体上改善价格。即使买方不是持基本否定的看法，在买方的“首次还价”前亦可要求卖方全面衡量后再报价。

②针对性讨价。对于总体的重新报价，买方应要求对方有详细的报价，要将调价反映在具体项目上，不能采取总的降价百分之多少或降价多少元的方式。如果买方对报价基本肯定时，那么可以要求卖方先就某些明显不合理的部分再报价，也就是对水分最大的部分先要求对方降价。

③总体讨价。上述阶段的讨价做法中，通常首次讨价是全面着手，不限一次，根据情况也可在两三次后转入针对性讨价。而针对性讨价可以是针对某一项，也可以是针对某几项；既可要求同时进行，也可逐项讨价，这要依据谈判者总体谈判策略而定。在此之后进行的总体讨价，往往并不是一次能决定的，会有反复多次的可能性。

（4）讨价方法。

①举证法。举证法又称引经据典法。为了增加讨价的力度，谈判者应以事实为依据，要求对方改善报价。引用的事实可以是当时市场的行情、竞争者提供的价格、对方的成本、过去的交易惯例、产品的质量与性能、研究成果、公认结论等。总之，引用的事实必须是有说服力的证据，是对方难以反驳或难以查证的。

案例链接

甘新的讨价

供应商甘新被要求向零售商单剑提出樱桃供货报价，但甘新按价格目录报价遇到单剑的拒绝。甘新问单剑：“你为什么非要我按目录价格再打折扣？”单剑回答：“你去年向我的竞争对手供货时就打过九折。”甘新说：“那是因为双方是第一次打交道，我为了拉下回生意才打折的，只可一次。”单剑说：“那好，我们也有下回交易要做，就请也按第一次打交道的规矩打个折吧。”

②挑剔法。挑剔法的讨价往往是针对对方报价条款的缺漏、差错、失误而展开的。有经验的谈判者，都会以严格的标准要求对方，对其报价的条款加以挑剔以寻找对方的缺陷，并引经据典、列举旁证来降低对方的期望值，要求对方重新报价或改善报价。

③假设法。假设法是以假设更优惠的条件来向对方进行讨价。比如，以更大数量的购买、更宽松的付款条件、更长期的合作等优惠条件来向对方再次讨价，这种方法往往可以摸清对方可以承受的大致底价。此外，所列举的优惠条件因其是假设的，并不一定要真正履行。

④重复法。讨价一般是针对对方策略性虚拟价格的水分、虚头进行的，它是买方要求卖方降价，卖方向买方要求加价的一种表示。不论是加价还是降价，一般都不可能一步到位，而需要多次的重复或者分步的实施。只要每一次讨价的结果都会使交易条件得到改善，即使

对方的理由并不都合乎逻辑，只要对己方有利都应表示欢迎。

2. 认知还价

（1）还价的含义。还价，即在卖方听了买方的评论后，修改了报价或未修改报价后，向买方提出“请告知你希望成交的价格”，如买方以数字或文字描述回答了卖方的要求，则视为“还价”或“还盘”。

还价要想达到后发制人的目的，必须针对卖方的报价，并结合讨价过程，对己方准备做出的还价进行周密的筹划。

（2）还价前的准备。还价的目的绝不是仅仅形成与对方报价的差异，而应该力求给对方造成较大的压力和影响或改变对方的期望，同时，又应该使对方有接受的可能。因此，还价前应进行充分的准备，使还价具有后发制人的威力。首先，应根据卖方的报价和对讨价做出的反应，运用自己所掌握的各种信息，对报价内容进行全面的分析，从中找出报价中的薄弱环节和突破口，以作为己方还价的筹码。其次，在此基础上认真估算卖方的保留价格和对己方的期望值，制定出己方还价方案的起点、理想价格和底价等重要的目标。最后，根据己方的谈判目标，从还价方式、还价技法等各方面设计出几种不同的备选方案，以保证己方在谈判中的主动性和灵活性。

资料卡

还价技法四要点：
杀人者的胆量——敢压价；
钓鱼者的耐心——敢磨蹭；
外交家的嘴巴——说你不好就不好；
政治家的脸皮——脸皮厚点才可靠。

（3）还价方式。

①按照还价的依据不同划分。

a. 按可比价还价。按可比价还价是指在己方无法准确掌握所谈商品本身的价值时，只能以相近的同类商品的价格作为参照进行还价。这种还价方式的关键是所选择的参照商品的可比性及其价格的合理性，只有参照的商品价格合理，还价才能使对方信服。

b. 按成本还价。按成本还价是指在己方能计算出所谈商品的成本时，以此为基础再加上一定比率的利润作为依据进行还价。这种还价方式的关键是所计算成本的准确性，成本计算得比较准确，还价的说服力就比较强。

②按照还价的项目不同划分。

a. 总体还价。总体还价即一揽子还价，是指不分报价中各部分所含水分的差异，均按同一个百分比还价。

b. 分组还价。分组还价是指把交易内容划分成若干项目，并按照每个项目报价中所含水分的多少分成几个档次，然后逐一还价。对价格高的在还价时可以多压一点，对价格低的在还价时可以少压一点，对不同档次的商品或项目采用区别对待、分类处理的办法。

c. 单项还价。单项还价是指按所报价格的最小单位还价，或者对某个别项目进行还价。单项还价一般是有针对性的还价方式，如对技术费、培训费、工程设计费、包装费、运输费等的逐项还价，或是对成套设备按主机、辅机、备件等不同的项目还价。

从价格谈判的过程来看，一般第一阶段采用总体还价方式，因为正面交锋刚刚拉开，买方总喜欢从宏观的角度先来笼统地压价；第二阶段使用分组还价方式，此阶段还价进入具体内容，这时的还价是在对方改善报价的基础上，找出明显不合理、虚头、含水分大的项目，按照价格水平的大小分别还价；第三阶段进行针对性的单项还价，此阶段在总体还价和分组还价的基础上，针对价格仍明显不合理和水分较大的个别部分进一步还价。

◆ **案例分析**

任黎的讨价还价

任黎在一次旅游途中，经过水晶店时为妈妈挑选了一款水晶饰品，标价为980元。她开始讨价："我要送给妈妈保健康的，您便宜点吧？"老板老练地说，"小姑娘，我是个老实的生意人，标价已经是成本价了，不过看在你的孝心上，就再给你个九折吧！"任黎并没有急于还价，而是客气的跟老板套起关系来，"听您的口音我们是同乡，这可是难得的缘分，家乡人出门在外您是长辈应该多多关照啊！再说水晶我还是懂一些的，您的水晶在成色上比不上××地方的好啊，而且这是旅游区要价自然是高出很多，这款水晶饰品成本也就在400元左右吧？"任黎接着不慌不忙地说，"不过做生意哪能不挣钱啊，这样好吧，我给您加100元的利润，回到团里我再为您多宣传，给您带更多的客人来！"老板听后知道任黎是个懂行的人，而且也希望她真能为自己带来更多的生意，于是同意了以500元成交。

问题讨论：

任黎在同水晶店老板讨价和还价时采用哪些方式、方法？

任务实训

模拟讨价还价

码1－2－1
讨价还价的
黄金准则

1. 背景资料

由教师任选三件商品，作为讨价还价的内容备用。

2. 实训目标

通过实训使学生掌握讨价还价的含义、态度及不同的讨价还价方式、方法的运用。

3. 实训步骤

（1）将全班学生分为六个小组，每组推举一位组长做主谈代表。

（2）由两个小组分别代表谈判双方，并选择一件商品作为谈判内容。

（3）各小组的组长和组员们通过讨论、协商，确定商品的卖价与买价，然后双方进行讨价还价。

（4）各小组组长汇总组员讨价还价的心得，上交老师。

4. 实训成果

撰写心得报告一份，形式不限。

5. 实训评价

教师根据每组的具体表现做出评价。

任务2
揭秘磋商二十计

学习目标

掌握20种基本的商务谈判磋商策略，以便在今后的实际工作中能更好地选择和运用这些策略，成功地完成谈判。

任务描述

商务谈判磋商的策略有：故布疑阵、投石问路、化整为零、步步为营、疲劳轰炸、最后通牒、吊筑高台、抛放低球、红脸白脸、趁隙击虚、走马换将、浑水摸鱼、以退为进、以软化硬、声东击西、欲擒故纵、反客为主、折中调和、旁敲侧击、大智若愚等基本策略。在谈判中应恰当地运用这些策略，以促成谈判的顺利进行与完成。

任务学习

商务谈判磋商过程中，可使用的策略很多，常见的有如下20种：

码8－2－1
商务谈判策略

1. 故布疑阵策略

故布疑阵策略是指谈判一方利用向对方泄露己方虚假信息的手段，诱使对方步入迷阵，从中谋利的一种方法。它主要是利用对方想获取有关己方谈判秘密信息的心理，不露痕迹地向对方泄露所谓的秘密材料，使对方陷于假象之中。

有经验的谈判者在谈判中常常采取故布疑阵的策略，有意向对方传递导致其判断错误的信息，释放一些烟雾来干扰对方，但最重要的一点就是要做得一切都合乎情理，否则，被对方识破真相，就会落个聪明反被聪明误的结果。

拓展阅读

故意在谈判室或走廊上遗失备忘录、便条或文件夹，或者把它们放到对方容易找到的纸篓里，有时还让第三者打来让谈判对手相信的虚假电话等都是故布疑阵策略的具体应用。

2. 投石问路策略

投石问路策略是指买主在谈判中通过不断地询问来直接了解从卖方那里不容易获得的诸如成本、价格等方面的尽可能多的资料，以此来摸清对方的虚实，掌握对方的心理，以便在谈判中做出正确的决策。

投石问路的关键在于选择合适的“石”，提出的假设应该是己方所关心的问题，而且是对方无法拒绝回答的。很多时候，如果提出的问题正好是对方所关心的，那么也容易将己方的信息透露给对方，反而为对方创造了机会。所以，在使用投石问路策略的时候，也应该谨慎，提问要恰当，要有针对性，并且注意不要过度，尽量避免暴露提问的真实意图，不要与对方争辩，也不必陈述己方的观点。

拓展阅读

价格谈判中，己方经常运用投石问路的技巧，通常都能问出很有价值的资料。知道的资料越多，就越能做出有利的选择。一般来说，可提出这样一些问题：

如果我们订货的数量加倍呢？

如果我们自己运输呢？

如果我们淡季订货呢？

如果我们提供原材料呢？

……

3. 化整为零策略

化整为零策略是指在谈判中，将预计一次谈判不完而又志在必得的项目分成几部分，分别作为不同的谈判内容，以求各个突破，最终实现整体谈判目标的做法。

该策略主要是利用了谈判心理。当事物为一个整体时，进与退难度较大，而将其按结构分解后，每个构件的难度就相对减小。因此，在谈判中，谈判者从策略或组织角度都可以采用“化整为零”的做法，以减轻谈判难度，加快谈判进程。该策略的益处在于可进可退，不受谈判者地位和谈判阶段的限制，对打破僵局更有奇效，是常用的谈判策略之一。

4. 步步为营策略

步步为营策略是指谈判者在谈判过程中步步设防，试探着前进，不断巩固阵地，不动声色地推行自己的方案，让人难以察觉，自己的每一微小让步都要让对方付出相当的代价。

此策略一般是在谈判时间充裕，谈判议题较少，或是各项议题的谈判均比较艰难的情形下使用。使用该策略应小心谨慎，力戒急躁和冒进。使用该策略要做到言行一致，有理有据。还价要狠，退让要轻而缓。

5. 疲劳轰炸策略

疲劳轰炸策略是指通过拉锯战使对方疲惫、生厌，以扭转己方在谈判中的不利地位，到了对手精疲力竭时，己方反守为攻，促使对方接受己方条件的一种策略。

在商务谈判中，实力较强一方的谈判者常常咄咄逼人、锋芒毕露，表现出居高临下、先声夺人的气势。对于这种谈判者，疲劳轰炸策略是一个十分有效的应对技巧，其目的在于通过许多回合的疲惫战，使趾高气扬的谈判者的锐气逐步消磨，同时使己方的谈判地位从不利和被动的局面中扭转过来，到了对方精疲力竭、头脑昏沉之时，己方则可乘此良机，反守为攻，抱着以理服人的态度，摆出自己的观点，力促对方做出让步。

拓展阅读

运用疲劳轰炸策略的忌讳

一忌强迫。要超强度安排谈判日程时，必须首先征得对方的同意，以确保谈判结果的合法性、有效性；二忌粗心。采用疲劳轰炸策略时双方都很疲惫，运用者必须自己清醒，必须仔细核对每一项交易内容，而让对方疏忽、遗漏、出差错。否则，就成了“搬起石头砸了自己的脚”。

6. 最后通牒策略

最后通牒策略是指当谈判双方因某些问题纠缠不休时，其中处于有利地位的一方向对方提出最后交易条件，要么对方接受己方交易条件，要么己方退出谈判，以此迫使对方让步的谈判策略。

最后通牒策略是极有效的策略，它在打破对方对未来的奢望、击败犹豫中的对手方面起着决定性的作用。但是，使用最后通牒策略必须慎重，因为它实际上是把对方逼到了毫无选择余地的境地，容易引起对方的敌意，导致谈判破裂。

7. 吊筑高台策略

吊筑高台策略是指卖方提出一个高于己方实际要求的谈判起点，来与对手讨价还价，最后再做出让步，最终达成协议的谈判策略。

吊筑高台策略的运用，不仅能使自己处于有利的地位，有时甚至会收到意想不到的效果。但切记，运用这种策略时，喊价要狠，让步要慢。凭借这种方法，谈判者一开始便可削弱对方的信心，同时还能趁机考验对方的实力并确定对方的立场。

资料卡

一位美国商业谈判专家曾在 2 000 名主管中做过许多试验，结果发现这样的规律：如果卖主出价较低，则往往能以较低的价格成交；如果卖主喊价较高，则往往也能以较高的价格成交；如果卖方喊价出人意料地高，只要能坚持到底，则在谈判不致破裂的情况下，往往会有很好的收获。

8. 抛放低球策略

抛放低球策略是指先提出一个低于己方实际要求的谈判起点，以让利来吸引对方，首先试图去击败参与竞争的同类对手，然后再与被引诱上钩的卖方进行真正的谈判，迫使其让步，达到自己的目的。

这种抛放低球策略，是一种在多角谈判中竞争的策略，常常被运用在各类商务谈判中。我们知道，商业竞争从某种意义上可分为三大类：即买方之间的竞争、卖方之间的竞争以及买方与卖方之间的竞争。在买方与卖方之间的竞争中，一方如果能首先击败同类竞争对手，就会占据主动地位。当对方觉得别无他求时，就会委曲求全。

9. 红脸白脸策略

红脸白脸策略也称为软硬兼施策略，是指在商务谈判过程中原则性问题毫不退让，细节性问题适当让步的策略。谈判时，面对咄咄逼人的对手，可在坚持原则的条件下做一些顺水推舟的工作，等到对方锐气减退时，己方再发动反攻，力争反败为胜。使用该策略时应注意：

（1）扮“白脸”的人，既要“凶”，又要出言在理，保持良好的形象。态度强硬，寸步不让，但又处处讲理，决不“蛮横”，也不必老是板着脸，反倒可以有笑容，只是“立场”要硬，条件要狠。

（2）扮“红脸”的人，应为主谈人或负责人，要求善于把握尺度，让“白脸”好下台，及时请对方表态。

（3）若是一个人同时扮演“红、白脸”，要机动灵活。如发动强攻时，声色俱厉的时间不宜过长，同时说出的话要给自己留有余地，否则会把自己给绊住。

案例链接

休斯与代理人的“红、白脸”

休斯为购买大批飞机一事与飞机制造商谈判。他事先列出34项要求，其中10项是必须满足的。谈判时，由于休斯脾气暴躁、态度强硬，使对方很气愤，谈判充满了对抗性，一轮下来谈判就陷入僵局。休斯意识到自己不适合再出现在谈判中，便选派了一位性格较温和又不乏机智的代理人继续谈判。出乎意料的是，代理人经过一轮谈判就争取到了休斯所列34项要求中的30项，其中包括那10项必不可少的要求。代理人告诉休斯赢得谈判的“武器”是：“很简单，每到相持不下时，我就问对方‘是希望与我谈，还是留待休斯跟你们解决？’结果对方无法不接受我的要求。”

（资料来源：帕累托．二八法则：人生和商场杠杆原理．广东：华文出版社，2004.）

10. 趁隙击虚策略

趁隙击虚策略是指捕捉和创造有利的时机，趁对手之隙，攻击其短处或漏洞，变对方的疏忽为我方的利益，从而在谈判中处于有利地位。作为谈判人员就应当善于捕捉对手的点滴失误和遗漏，抢先行动，攻其不备。

小贴士

墙坏于其隙，木毁于其节。

——《鬼谷子·谋篇》

11. 走马换将策略

走马换将策略也称车轮战术策略，是指在谈判桌上的一方遇到关键问题或与对方有无法解决的分歧时，借口自己不能决定或其他理由，转由他人再进行谈判。这里的“他人”或者是上级、领导，或者是同伴、合伙人、委托人。不断更换自己的谈判代表，有意延长谈判时间，消耗对方的精力，促使其做出大的让步。运用该策略的三大优势如下：

（1）通过更换谈判主体，侦察对手的虚实，耗费对手的精力，削弱对手的议价能力，为自己留有回旋余地，进退有序，从而掌握谈判的主动权。

（2）可使对方处在不利的地位，因为其要复述过去争论的话题，要了解新的对手，会消耗许多精力，在正式的谈判中会精力不足，从而丧失信心，降低要求。

（3）这种策略能够补救己方的失误。前面的主谈人可能会有一些遗漏和失误，或谈判效果不如人意，则可由更换的主谈人来补救，并且顺势抓住对方的漏洞发起进攻，最终获得更好的谈判效果。

12. 浑水摸鱼策略

浑水摸鱼策略是指谈判者故意把水搅混，从中取利，也称“搅和”战略。对手在摸底阶段很可能采取“搅和”战略。其做法是：先把众多的议题没有逻辑的搅和在一起，扰乱对方思路，让对方精疲力竭，使一个简单的洽谈变得十分复杂，然后借对方精神不佳之际，抛出关键问题达到自己的目的。

防御浑水摸鱼策略的要诀是：在尚未充分了解之前，不要与搅和者讨论任何问题。耐心和勇气会帮助对付那些善于搅和的人，把事情一件一件地弄清楚，不要让他有浑水摸鱼的机会。

13. 以退为进策略

以退为进策略是指以退让的姿态作为进取的阶梯，退是一种表面现象，由于在形式上采取了退让，使对方能从己方的退让中得到心理满足，不仅思想上会放松戒备，而且作为回报，对方也会满足己方的某些要求，而这些要求正是己方的真实目的。商务谈判中的以退为进策略表现为先让一步，顺从对方，然后争取主动，反守为攻。该策略如果运用得法，常常是很有效的。

使用以退为进策略时，需注意下面几点：

（1）不要让步太快。因为轻而易举获得己方的让步，不仅不会使对方在心理上得到满足，反而会怀疑己方的让步有诈。而慢慢让步则会使对方心理上得到满足，对方等待越久，也就越会珍惜。

（2）让对方先开口说话，充分表明对方观点，隐藏己方要求。这样，对方由于暴露过多，回旋余地就小，己方就有胜算的机会。

（3）不要做无谓的让步。让步应该以己方的每次让步换取对方的让步，或强调己方的困难处境，以争取对方的谅解和适当的让步。

14. 以软化硬策略

以软化硬策略也称以柔克刚策略，是指针对对手咄咄逼人的语言、苛刻的条件，采用平和、柔缓的语言和态度应对，使对方犹如重拳击海绵，没有效果。而己方则可以以静制动、以逸待劳，挫其锐气，待对方烦躁、疲惫之时再发起反攻，从而达到反弱为强的谈判策略。

运用该策略时，必须注意如下问题：

（1）不被对方的气势所吓倒。

（2）要有充分的耐心、坚定的信念，准备打持久战。

（3）采取的行动要有理、有利、有节，使对手无可奈何。

（4）坚持自己的原则。

15. 声东击西策略

声东击西策略是指一方为达到某种目的和需要，故作声势地将洽谈的议题引导到某些并非重要的问题上去，以使对方造成错觉。

案例链接

捐赠的回报

二战后，联合国打算在纽约建立总部，但买地对当时的联合国来说是个难题，因为建造总部的资金捉襟见肘。得知消息后，洛克菲勒家族商议：出资870万美金，买下一块地皮无条件送给联合国，同时将毗邻联合国总部的大面积地皮全部买下。洛克菲勒家族这一举动遭到了许多美国财团的嘲讽。出乎这些财团意料的是：联合国大楼刚刚完工，它四周的地价立刻飙升，价值相当于捐赠款近百倍的财富涌进洛克菲勒家族财团。

（资料来源：张虹．长远投资．中国商人，2003.）

使用此策略的目的往往是掩盖真实的企图。比如“围魏”的真正目的是为了“救赵”，“指桑”的真正用意是为了“骂槐”，而“项庄舞剑”则“意在沛公”。之所以要掩盖真实的动机，无非是怕动机一旦暴露，就很难实现真正的目的。只有在对手毫无准备的情况下，才容易实现目标，声东击西的策略就是要达到乘虚而入的目的。

码 8－2－2 声东击西的历史典故

16. 欲擒故纵策略

欲擒故纵策略是指对于志在必得的交易谈判，故意通过各种措施，让对方感到自己是满不在乎的态度，从而压制对手开价的胃口，确保己方在预想的条件下成交的做法。使用欲擒故纵策略最关键的就是务必把假信息或假象做得足以让对方相信。人们通常有一种心理：越是偷偷得来的信息，其真实性越不容置疑。所以，最好是通过非官方、非正式渠道传播，或借第三方之口发布。

在欲擒故纵策略的做法上，务必使自己的态度保持半冷半热、不紧不慢的状态。例如，日程安排上不显急切；在对方激烈强硬时，让其充分表现。

17. 反客为主策略

反客为主策略是指谈判中处于劣势的一方，运用让对方为谈判付出更大代价的方法，从而变被动为主动，达到转劣势为优势的目的。

反客为主策略，要摸准对方的心理。首先，反客为主，实际上就是将心比心，因此先要求知心，然后才可比心。其次，反客为主可表现为站在对方的立场上说话，但须注意，不要忘了是为自己的目的服务，角色互换不是说话目的的改变，而是说服对方，达到劝说的目的。

18. 折中调和策略

折中调和策略是指当谈判经过长时间的拉锯，双方都很疲惫，而立场尚存在一定分歧和差距时，由双方共同分担这些分歧，彼此都在条件和要求上退一步，并向对方靠拢来缩小谈判的最后差距。

此策略体现了平等互利原则，也是商务谈判中经常使用的策略。常用于双方实力相当，对分歧相持不下，无法在其他方面向对方做出让步，又没有其他选择，无论如何也不能放弃谈判，处于胶着状态时的一种谈判策略。这是一种双方攻守平衡的策略，比较有利于达成友好的谈判结局。该策略一般是在一定的谈判成果基础之上才开始运用的，通常是在谈判接近尾声，双方均已经到了彼此最后底线时才能运用，否则主动一方容易陷于被动。

案例链接

双赢的折中调和

俱乐部经理杰克想新建一个规模较大的舞场，他找到一个想进入建筑业的承包商。承包商承诺以低价建造一个优质的舞场，条件是舞场建成后允许别的客户参观，并为他宣传工程质量。舞场建成后，杰克又进一步要求承包商负担装饰工程。针对承包商的不乐意，杰克说服承包商答应他的要求：舞场的美观有助于宣传工程质量。

结果杰克以优惠的价钱得到了一个满意的舞场；而承包商借此扬了名，又接了几笔生意。

（资料来源：于博远．商务谈判理论与实务，黑龙江：哈尔滨工业大学出版社，2009.）

19. 旁敲侧击策略

旁敲侧击策略是指在谈判过程中的场外交涉时，以间接的方法和对方互通信息，与对方进行心理与情感的交流，使分歧得到解决，从而达成协议。

旁敲引导和暗示是旁敲侧击策略最常见的运用，是指在谈判中使用“先言他物以引起所咏之词”的战术。对于敏感的谈判对手来说，使用暗示引导的方法是很容易奏效的，暗示是旁敲侧击的具体手段。但是，使用这种策略一定要隐蔽，要使对手在毫不觉察的情况下接受己方的建议，才能达到预期的效果。

20. 大智若愚策略

大智若愚策略是指谈判的一方故意装出糊里糊涂、惊慌失措、犹豫不决、反应迟钝的样子，以此来松懈对方的意志，达到后发制人的目的。

应用这一策略时要做到：少说话，多倾听，即静；讷于言而缓于行，要缓；面对不公不气愤，不宣泄，会忍；大是大非不能退让，但小事情尽量听对方的意见，懂得让。大智若愚，关键是心中要有对付谈判对手的策略，用“糊涂”来迷惑对方耳目，宁可有为而示无为，万不可无为示有为，否则会弄巧成拙。

◆ 案例分析

失误在哪里

我国某稀有特产，底价每千克30美元。外商前来购买，A是我方代表。

第一天上午，双方初步洽谈了意向。下午谈判开始，A即提出每千克38美元的要价，外商要求降低售价。双方各自陈述理由，谈了半天，价格只降了1美元，外商不满意，双方就这样僵持着。晚餐时传来消息，A需要去参加一个紧急会议，委派B接任谈判。

第二天上午，B与外商一起坐到谈判桌旁。外商询问价格，B笑着说：“听说昨天你们已经谈妥，价格是37美元。”外商一听，连说：“还没有达成协议呢！”接着，开始了两次价格拉锯战。到中午时，B说：“这样吧，我们再让0.5美元如何？我原以为你们已经谈妥，我是受命前来商谈其他细节的，价格方面我没有足够的权力，明天A会回来。现在要么你同意这个价格，要么你与A再谈。”谈判休会，等有决定权的A回来。

第三天上午，A与外商再次谈判，提出的起价点是37美元，外商一听又急又火：“怎么昨天谈的不算呢？”“可以，就以36.5美元成交！”“不，不，你们怎么能指望我出35美元以上来买你们的产品呢？”情急之中，外商说漏了嘴，A立刻抓住：“这么说，你愿意按每千克35美元的价格成交了？”外商只好同意。

（资料来源：田玉来．商务谈判．北京：人民邮电出版社，2011.）

问题讨论：

案例中，中方利用了哪些磋商策略达到谈判目标的？请分别阐述。

任务实训

如何正确运用磋商策略

1. 背景资料

通过各种渠道搜集到的运用磋商策略的成功案例及本项任务中所学习的相关磋商知识。

2. 实训目标

通过实训使学生熟悉各种商务谈判磋商策略的含义与应用。

3. 实训步骤

（1）将全班学生分成若干小组，每组三人，每组推举一位组长。

（2）利用课余时间，通过各种渠道搜集运用磋商策略的成功案例。

（3）各小组分别研讨，制成案例解析 PPT，由组长展示并讲解案例中涉及的磋商策略，以及利用该策略的成功之处，并请全班同学共同讨论策略的适用环境等。

（4）各小组组长回答其他同学的提问，并将 PPT 上交老师。

4. 实训成果

每组上交 PPT 案例一份。

5. 实训评价

教师根据案例制作的效果及组长的讲解情况给予评价。

任务 3 认识让步

学习目标

掌握让步的含义、了解让步的基本原则及实施步骤，并能够将所学知识应用于谈判中。

任务描述

让步是指谈判双方向对方妥协，退让己方的理想目标，降低己方的利益要求，向双方期望目标靠拢的谈判过程。让步应遵循以维护整体利益为目标，选择恰当的时机，把握适当的幅度等六项基本原则。让步的实施步骤包括：确定谈判的整体利益；确定让步的方式；选择让步的时机；衡量让步的结果。

任务学习

谈判是妥协的艺术，没有让步就不会成功。无论买方还是卖方，让步都是其达成有效协议所必须采取的策略。因此，从某种意义上说，让步是谈判双方为达成协议而必须承担的义务，也是谈判成功的保障。

1. 让步的含义

让步是指谈判双方向对方妥协，退让己方的理想目标，降低己方的利益要求，向双方期望目标靠拢的谈判过程。

2. 让步的基本原则

成功让步的策略和技巧表现在谈判的各个阶段，但是，要准确、有价值地运用好让步策略，一般须把握好以下几个基本原则：

（1）不做无谓的让步。不要做无谓的让步，应体现出对己方有利的宗旨。谈判的实质是为了满足需要而进行的利益互换，所以，妥协与让步应该以利益互换为前提条件。每次让步或是以牺牲眼前利益换取长远利益，或是以己方让步换取对方更大的让步和优惠，总之，成功的让步必然要赢得同等或更大的利益。

（2）让步要恰到好处。让步时机要恰到好处，时机尚未成熟或不到需要让步的时候绝对不要做出让步的承诺。如果让步过早，会使对方以为是“顺带”得到的小让步，这将使其得寸进尺；如果让步过晚，除非让步的价值非常大，否则将失去应有的作用。一般而言，主要的让步应在成交期之前，而次要的、象征性的让步可以放在最后时刻，作为最后的“甜头”。

（3）不做交换式让步。让步并不需要双方互相配合，以大换小、以旧换新、以小问题换大问题的做法是不可取的。同样，一报还一报的互相让步也是不可取的。因为即使双方让步幅度相当，但对于双方而言，由此得到的利益却不一定相同，更谈不上等价利益交换。

（4）把握好让步幅度。让步的幅度要适当，一次让步的幅度不宜过大，让步的节奏也不宜过快。如果一次让步过大，会把对方的期望值迅速提高，对方会提出更高的让步要求，使己方在谈判中陷入被动局面。如果让步节奏过快，对方觉得轻而易举就可以得到需求的满足，因而认为我方让步无须负担压力和损失，也就不会引起对方对我方让步的足够重视。让步应做到步步为营。

（5）要及早收回欠周密的让步。做出让步时要三思而行，谨慎从事，不要过于随便，给对方以无所谓的印象。如果做出的让步欠周密，要及早收回，不要犹豫，也不要不好意思收回已做出的让步，最后的握手成交才是谈判的最佳结果。

（6）让对方相信你的每一次让步都是艰难的。在准备让步时，尽量让对方开口提出条件，表明其要求，先隐藏自己的观点和想法。在没有得到某个交换条件时，永远不要轻易让步，也不要免费让步，或是未经重大讨论就让步。必须让对方懂得，己方每次做出的都是重大的让步。即使做出的让步对己方损失不大，也要使对方觉得让步来得不易，从而珍惜得到的让步。

在商务谈判中，为了达成协议，让步是必要的。但是，让步不是轻率的行为，必须慎重处理。成功的让步策略可以起到以局部小利益的牺牲来换取整体大利益的作用，甚至在有些时候可以达到“四两拨千斤”的效果。

码 8-3-1
“四两拨千斤”

案例链接

美国PPC集团的让步

20纪80年代，蛇口招商局负责人袁庚，同美国PPC集团签订合资生产浮法玻璃的协议。谈判时，在对蛇口方面每年所付给美方的知识产权费用所占销售总额的比例上，双方产生了较大的分歧。美方要价6%，蛇口方还价4%。经过一番讨价还价，美方降价为5%，蛇口方还价为4.5%。到此，双方都不肯再让步了。休会期间，袁庚出席美方的午餐会，在应邀发表演讲时，他念念不忘台下的谈判对手，故意将话题转向谈论中国文化上："早在千年以前，我们民族的祖先就将四大发明无条件地贡献给了全人类，而他们的后代子孙却从未埋怨过不要专利权是愚蠢的，恰恰相反，他们盛赞祖先具有伟大的人格和远见。"接下来，袁庚转入正题："我们招商局在同PPC集团的合作中，并不是要求你们也无条件地让出专利，不，我们只要求你们要价合理——只要价格合理，我们一个钱也不会少给！"这番话，深深触动了谈判者。回到谈判桌以后，PPC集团很快做出了让步，同意以4.75%达成协议，为期10年。

（资料来源：瞿泽仁．促使对方谈判让步的策略．财会月刊，2000年17期。）

3. 让步的实施步骤

明智的让步是一种非常有力的谈判工具。让步的基本哲理是"以小换大"。谈判人员必须以局部利益换取整体利益作为让步的出发点，所以，把握好让步的实施步骤是必不可少的。

（1）确定谈判的整体利益。该步骤在准备阶段就应完成，谈判人员可从两方面确定整体利益：一是确定此次谈判对谈判各方的重要程度，可以说，谈判对哪一方的重要程度越高，那么，这一方在谈判中的实力就越弱。二是确定己方可接受的最低条件，也就是己方能做出的最大限度的让步。

（2）确定让步的方式。不同的让步方式可传递不同的信息，产生不同的效果。在商务谈判中，由于交易的性质不同，让步没有固定的模式，通常表现为多种让步方式的组合，并且这种组合还要在谈判过程中依具体情况进行不断调整。

（3）选择让步的时机。让步的时机与谈判的顺利进行有着密切的关系。根据具体需要，既可己方先于对方让步，也可己方后于对方让步，或者双方同时做出让步。让步时机选择的关键在于应使己方的小让步给对方造成大满足的感受。

（4）衡量让步的结果。它可以通过己方在让步后具体的利益得失、己方让步后所取得的谈判地位以及讨价还价力量的变化来衡量。

码8－3－2
最后让步
时间的选择

◆ 案例分析

不要轻易让步

魏斯夫妇新购置了一套餐厅设备，他们决定把旧的那套卖掉，便在报纸上登广告，开价3 800元。一周内未成交，于是魏斯又登了一次广告。不久一位女士打电话来询问了那套设备的颜色后，表示很喜欢，因为它和餐厅壁纸很相配，同时，对于3 800元的起价也表示满意。

星期日清晨，这位女士打电话说要来访。挂断电话，魏斯夫妇讨论该如何与她做交易，先生定下了3 500元的目标，太太则认为只要能有3 000元就可以，她实在很想把这套旧设备弄走。女士抵达后，不到10分钟，太太就如愿以偿地以3 500元的价格完成了交易。等买者离去后，先生问太太对方出价，太太十分懊恼："他们出价3 500元，我就立刻同意了。其实，我很有可能赚得更多。"

问题讨论：

案例中，魏斯太太懊恼的根源是什么？为什么？

任务实训

创作让步短剧

1. 背景资料

张倩在网上买了一件牛仔服，可当她收到货时却发现在衣服的领子上有个米粒大小的洞。张倩很气愤，但是转念想起朋友曾经在她生日时送过一个镶嵌着亮钻的别针，戴在小洞的位置正好可以遮挡，而且也给衣服增添不少色彩。

张倩把衣服破洞的照片发给网店店主，要求索赔。店主开始不以为然：这么一个小洞并不影响穿着。经过一番争论后，店主表示可以免费调换衣服，并承担往返运费。看到店主态度好转，张倩说："店家做生意不容易，往返运费也不便宜了。这样吧，我跟这件衣服也是缘分，你把我去服装店里修补的费用存到我的支付宝吧？"店主非常乐意，便按张倩的办法解决了问题。

2. 实训目标

通过实训使学生掌握让步的基本原则。

3. 实训步骤

（1）将全班学生分为若干个小组，每小组4 ~6 人。

（2）各小组结合案例，研讨张倩与网店店主各自遵循了怎样的让步原则，并根据让步原则创作一个小短剧。

（3）各小组成员在班级内表演本组创作的短剧，并回答同学的提问。

（4）各小组组长将研讨内容整理，形成一份研讨报告上交老师。

4. 实训成果

短剧演示和研讨报告。

5. 实训评价

教师根据研讨报告及小组表演做出统一评价。

任务 4 详解让步的基本策略

学习目标

掌握让步的基本策略，为进一步学习奠定基础。

任务描述

让步的基本策略有互利互惠的让步策略、丝毫无损的让步策略和予远利谋近惠的让步策略。

任务学习

谈判中的让步要求谈判者必须准确把握时机，掌握和灵活运用让步方法，在谈判中要做到缜密思考、通盘衡量、步步为营、恰到好处。既要保护自己的利益不会受到太大的影响，又要考虑到对方的根本利益，这样才能更好地促成谈判成功。在谈判双方利益冲突不能采取其他方式解决时，客观有节的让步策略将会在商务谈判中起到非常重要的作用。

小贴士

人们满意时，就会付出高价。

——莎士比亚

1. 互利互惠的让步策略

以己方的让步换取对方在另一问题上让步的策略，称为互利互惠的让步策略。谈判不会是仅仅有利于某一方的洽谈，一方做出了让步，必然期望对方对此有所补偿，获得更大的让步。争取互惠式让步，需要谈判者具有开阔的思路和视野，除了某些己方必须得到的利益必须坚持以外，不要太固执于某个问题的让步，而应统观全局，分清利害关系，避重就轻，灵活地使己方的利益在某方面能够得到补偿。

为了能顺利地争取对方互惠互利的让步，商务谈判人员可采取的技巧是：

（1）当己方谈判人员做出让步时，应向对方表明：做出这个让步是与公司政策或公司主管的指示相悖的。因此，己方只同意这样一个让步，同时希望贵方在某个问题上也能有所让步，这样我方谈判人员才能有所交代。

（2）把己方的让步与对方的让步直接联系起来，表明己方可以做出这次让步，只要在己方要求对方让步的问题上能达成一致，一切问题就都不存在了。

比较而言，前一种言之有理，言中有情，易获得成功；后一种则直来直去，比较生硬。

码 8－4－1
互利互惠的让步

2. 丝毫无损的让步策略

谈判一方以不做任何让步为条件而获得对方的让步，称为丝毫无损的让步策略。丝毫无损的让步策略是指在谈判过程中，当谈判的对方就某个交易条件要求己方做出让步，其要求的确有理有据时，可以采取这样一种处理的办法，即首先认真地倾听对方的诉说，并向对方表示：“我方充分地理解您的要求，也认为您的要求是有一定合理性的，但就我方目前的条件而言，因受种种因素的限制，实在难以接受您的要求。我们保证在这个问题上我方给予其他客户的条件绝对不比给您的好。希望您能够谅解。”如果不是原则性的问题，对方听了上述陈述以后，往往会自己放弃要求。

谈判是具有一定艺术性的。人们对自己争取某个事物的行为的评价并不完全取决于最终的行为结果，还取决于人们在争取过程中的感受，有时感受比结果更重要。在这里，己方认真倾听对方的意见，肯定其要求的合理性，满足了对方受人尊敬的要求；保证其待遇不低于其他客户，迎合了人们普遍存在互相攀比、横向比较的心理，这也恰恰是促成丝毫无损的让步策略成功的原因之一。

码 8－4－2
倾听也是让步

拓展阅读

如何提高对方满意程度

（1）注意倾听对方所说的话。

（2）尽量给他最圆满的解释，使他满意。

（3）如果你说了某些话，就证明给他看。

（4）即使是相同的理由，也要一再地说给他听。

（5）对待他温和而有礼貌。

（6）向他保证其他顾客的待遇都没有他好。

（7）尽量重复指出这次交易将会提供给他完美的售后服务。

（8）向他说明其他有能力及受尊敬的人也做了相同的选择。

（9）让他了解商品的优点及市场的情况。

（10）如果可能，向他保证未来交易的优待。

3. 予远利谋近惠的让步策略

以未来利益上的让步换取对方近期利益上的让步，称为予远利谋近惠的让步策略。在商务谈判中，参加谈判的各方均持有不同的愿望和需要，有的对未来很乐观，有的则很悲观；有的希望马上达成交易，有的却希望能够等上一段时间。因此，谈判者自然也就表现为对谈判的两种满足形式，即对现实谈判交易的满足和对未来交易的满足，而对未来的满足程度完全凭借谈判人员自己的感觉。

对于有些谈判人员来说，可以通过给予其期待的满足或对未来的满足而避免给予其现实的满足，即为了避免现实的让步而给予对方以远利。比如：当对方在谈判中要求己方在某一问题上做出让步时，己方可以强调保持与己方的业务关系将能给对方带来长期的利益，而本次交易对是否能够成功地建立和发展双方之间的这种长期业务关系是至关重要的，以此向对方说明远利和近利之间的利害关系，如果对方是精明的商人，是会取远利而弃近惠的。

◆ 案例分析

未来要靠自己把握

1952 年，松下电器公司为引进荷兰的先进技术，同飞利浦公司进行谈判。当时谈判双方的实力很悬殊，飞利浦公司凭借其雄厚的财力与技术优势，在谈判中态度强硬，气势逼人。虽然松下幸之助经过很大的努力，把技术援助费压低了 2%，但飞利浦公司却将专利转让费定为 55 万美元，并须一次付清。当时，松下电器公司的资本总额不过 5 亿日元，而 55 万美元的专利费几乎占到松下电器公司全部家底的一半。松下幸之助陷入了两难的选择。

经过深思熟虑，松下幸之助决定冒险。飞利浦公司的研究机构力量十分雄厚，拥有 3 000 名研究人员和先进的设备，一旦双方签订合同，松下电器公司就可以充分利用这一技术资源，而这是 55 万美元的代价所买不到的，一时的妥协与退让，可以换来自己长期的需要与利益。

（资料来源：松下幸之助．自来水哲学：松下幸之助自传．南海出版社，2008.）

问题讨论：

1. 在与飞利浦公司的谈判中，松下幸之助采用了哪种让步策略？
2. 试谈谈采用该让步策略的益处有哪些？

任务实训

模拟生活中的让步

1. 背景资料

寻找到的发生在身边的案例及本项任务中所学的让步策略知识。

2. 实训目标

通过实训使学生掌握让步的基本策略以及具体运用的方法。

3. 实训步骤

（1）将全班学生分为若干个小组，每小组 4 ~6 人，推举一位组长。

（2）各小组通过研讨，尽可能多地找寻并列举出发生在身边的让步案例，选择一个最具代表性、最有说服力的案例作为本组的模拟主题。

（3）各小组在班级上表演所选案例，并说明是如何采取让步的。

（4）各小组将研讨内容形成报告，上交老师。

4. 实训成果

书面研讨报告。

5. 实训评价

教师根据每组的具体表现做出评价。

任务 5
把握让步方式

学习目标

掌握八种商务谈判让步方式，以便在今后的实际工作中能更好地选择和运用这些策略，成功地完成谈判。

任务描述

让步方式通常可分为八种，即冒险型、愚蠢型、刺激型、诱发型、希望型、妥协型、危险型、虚伪型的让步方式。

任务学习

在谈判过程中，赢者总是比输者能控制自己的让步程度，特别是在谈判快形成僵局时更为显著。谈判里的输者，往往是无法控制让步的程度，而赢者则是不停地改变自己的让步方式，令人难以揣测。以下是八种常见的让步方式：

1. 冒险型让步方式

这是一种在让步的最后阶段一次性让出全部可让利益的让步方法，是一种较坚定的让步方式。它的特点是在谈判的前期阶段，无论对方作何表示，己方始终坚持初始报价，不愿做出丝毫的退让。到了谈判后期或迫不得已的时候，却做出大步的退让。当对方还想要求让步时，己方又拒不让步了。

冒险型让步方式的优缺点：

（1）谈判初始阶段寸利不让，足以向对方传递己方的坚定信念。

（2）坚持了几次“不”之后，一次让出己方的全部可让利益，对方会产生险胜感，因此会特别珍惜这种让步，很可能就会不失时机地握手言和。

（3）这种让步方式由于在初始阶段一再坚持寸步不让，往往让对方觉得己方缺乏诚意，容易使谈判形成僵局，甚至可能因此导致谈判的失败，具有较大的风险性。

冒险型让步比较适用于对谈判的投资少、依赖性差、具有承担失败风险能力，并在谈判中占有优势的一方。

案例链接

卖　房

张强想以59万出售一套校区老房，3月初他找到房屋中介销售顾问小李，标价60万。买家中一对夫妇因为孩子9月份上学才选择这套老房，希望能以58万元购买，可任凭小李说破了嘴张强就是分文不让，这种强硬的态度吓跑了其他买家，让小李伤透了脑筋。卖房的事一拖就是2个月，张强似乎一点也不担心。这天那对夫妇再次找到小李，要求最后跟张强谈一次。张强说：“我之所以不肯让步，是因为我弟弟有一套相同的房子刚刚以60万出售，但考虑你们是为了孩子上学，而且现在已经5月末，我就59万卖给你们好了。”小李听后忙劝那对夫妇：“你们真是好运气，多少人出这个价都买不到呢，这也是孩子的福气啊！”双方握手成交。

2. “愚蠢型”让步方式

这是一种从开始就舍出全部可让利益的让步方法，是一种比较“低劣”的让步方式。它的特点是在谈判一开始，就把己方所能做出的让步和盘托出，这不仅会大大提高对方的期望值，也常常会给对方留下态度诚恳、务实、坦率的印象。

“愚蠢型”让步方式的优缺点：

（1）由于谈判者一开始就向对方亮出底牌，让出自己的全部可让利益，比较容易打动对方而采取回报行为，促成和局。

（2）率先做出让步，易令对方产生合作感、信任感。

（3）此种率先的大幅度让步富有强大的诱惑力，会在谈判桌前给对方留下美好印象，有利于获取长远利益。

（4）谈判者的一步让利，坦诚相见，有利于提高谈判效率，速战速决，马到成功。

（5）由于这种让步操之过急，而没有给己方留出丝毫余地，接下来的完全拒绝让步显得缺乏灵活性，又容易使谈判陷入僵局。

（6）一次性的大步让利，很可能使己方失去了本来能够力争的利益。

愚蠢型让步比较适用于己方处于谈判的劣势或谈判双方关系友好的情况。

3. 刺激型让步方式

这是一种以相等或近似相等的幅度逐轮让步的方式，也称为“切香肠”让步方式。它的特点是在谈判的让步过程中，像挤牙膏一样，挤一挤，让一让。

刺激型让步方式的优缺点：

（1）由于这种让步比较平稳、持久，步步为营，不易让对方轻易占了便宜。

（2）这种让步方式有利于双方充分讨价还价，在利益均等的情况下达成协议。

（3）如果双方价格谈判轮数比较多、时间比较长，遇到性急或是无时间久谈的对手，往往会不攻自退。

（4）这种方式会让对方每次的要求和努力都得到满意结果，很可能会刺激对方无休止的欲望，而一旦让步停止就很难说服对方，可能会造成谈判的中止或破裂。

刺激型让步方式比较适用于缺乏谈判经验的人，或是进行一些较为陌生的谈判。

案例链接

陈郁的让步

刚搬新家的陈郁想花 3 000 元挑选一款带有民族风个性的沙发搭配她的装修风格。终于她发现了中意的沙发，但标价 5 600 元，老板说可打九折。陈郁还价，出 2 000 元，老板不接受，并劝陈郁去别家买。陈郁笑道：“老板，和气生财啊！要不我再加点，2 400 元怎样？”“那也不行，材料、人工都合不上，最低也要 4 000 元。”见老板有谈的心思，陈郁便又笑着说：“我再加点，您再让些，2 800 元成交怎么样？”老板说：“真是拿你没办法，什么 2 800 元，凑个整数 3 000 元，要行你就买，不行就算了。”最后，陈郁以预算价 3 000 元买到了钟爱的沙发。

4. 诱发型让步方式

这是一种让步幅度逐轮增大的方式。它的特点是在谈判过程中通过逐轮增大的让步手法吸引对手的关注，诱发对手促成谈判的决心。

诱发型让步方式的优缺点：

（1）让步的起点恰当、适中，能够传递给对方愿意促成合作并有利可图的信息。

（2）在实际的价格谈判中应尽力避免采取这种让步方式，因为这样做的结果会使对方的期望值越来越大，从而助长对方的谈判气势，诱发对方要求更大让步的欲望，使己方很有可能遭受重大损失。

诱发型让步比较适用于谈判老手在竞争性强的谈判中使用。

5. 希望型让步方式

这是一种让步幅度逐轮递减的方式。它的特点是合作为先，竞争为辅，诚中见虚，柔中有刚。

希望型让步方式的优缺点：

（1）由于谈判的让步起点较高，富有诱惑力，谈判的成功率较高。

（2）让步幅度越来越小，使对方感觉己方是在竭尽全力满足其要求，也显示出己方的立场越来越强硬，同时暗示对方虽然己方仍愿妥协，但让步已经到了极限，不会再轻易做出让步。

（3）让对方看来仍留有余地，使对方始终抱着把交易继续进行下去的希望。

（4）由于这种让步方式开始就让利很大，易于给强硬的对手造成软弱可欺的印象，因而加强了对手的进攻性。

希望型让步方式比较适用于以合作为主的谈判。谈判开始阶段做出较大的让步，不仅利于合作气氛的形成，而且利于建立友好的伙伴关系。

案例链接

让步促成双赢

沈阳医疗设备厂就销售药品冷藏柜与烟台医疗器械公司进行谈判。设备厂谈判前对医疗器械公司做过详细考察，了解到该公司是山东地区医疗器械的销售龙头，所以很想和它保持长期合作关系，因此在谈判初期便做出了非常大的让步，同意让利10%。医疗器械公司被设备厂的诚意感动，但就运输问题仍有异议。医疗器械公司谈判代表表示："陆路运输时间长、费用高，而海陆运输我方从未涉及过，短时间内未必能找到满意的合作伙伴，如此不如去北京引进设备。"设备厂谈判代表经过与领导层协商，最终同意负责海陆运输，前提是医疗器械公司每次引进的药品冷藏柜数量不能少于100台。谈判双方都取得了满意的结果。

6. 妥协型让步方式

这是一种由大到小、渐次下降的让步方式。它的特点是：自然、坦率，符合谈判活动中讨价还价的一般规律。

妥协型让步方式的优缺点：

（1）顺乎自然，无须格外用意且易为人所接受。

（2）由于让利先大后小，有利于促成谈判和局。

（3）由于采取了一次比一次更为审慎的让步，一般不会产生让步上的失误，也可以防止对方获取超额的利益。

（4）有利于谈判各方在等价交换、利益均等的条件下达成协议。

（5）这种由大到小的递减式让步给人以虎头蛇尾之感，导致谈判的结局情绪不高。

（6）这是谈判中惯用的让步方法，缺乏新鲜感。

妥协型让步比较适用于谈判的提议方。

码8－5－1
巧妙设计让步

7. 危险型让步方式

这是一种在谈判的开始就让出绝大部分可让利益，以表示己方诚意的让步方法，是一种巧妙而又危险的让步方式。它的特点是在开始做出巨大幅度的让步，但在接下来的谈判中则坚持己方的立场，态度由软转为硬，具有很强的迷惑性。

危险型让步方式的优缺点：

（1）以求和的精神为先，开始就让出多半利益，有换取对方回报的较大可能。

（2）第二轮做出了无利再让的反应，可以打消对方进一步讨利的期望。

（3）最后一轮又让出一定的利益，既显示了己方的诚意，又会使通达的谈判对手难以拒绝。

（4）由于开始时表现软弱，大步让利，在遇到贪婪的谈判对手时，会刺激他变本加厉、得寸进尺。

（5）这种方式把对方的巨大期望在短时间内化为泡影，可能会使对方难以适应，影响谈判的顺利进行。

（6）开始做出的巨大让步可能会使报价方丧失在高价位成交的机会。

危险型让步方式比较适用于己方处境不利、但又急于获得成功的谈判。

码 8-5-2
常见让步方式

8. “虚伪型”让步方式

这种方式代表一种更为奇特和巧妙的让步策略，因为它更加有力地、巧妙地操纵了对方的心理。它的特点是第一轮先做出一个很大的让步，第二轮让步已经到了极限，但在第三轮却安排小小的回升（对方一般情况下当然不会接受），然后在第四轮里再假装被迫做出让步，一升一降，实际让步总幅度未发生变化，却使对方得到一种心理上的满足。

“虚伪型”让步方式的优缺点：

（1）由于开始两轮就做出了全部可让利益，因此具有强大的吸引力，会使陷入僵局的谈判起死回生。

（2）一旦对方被所让利益吸引，并为谈判付出了代价，再借口某种“失误”，讨回失去的部分利益就容易些。

（3）由于开始两轮就让出了己方的全部可让利益，会导致对方的期望增大，在心理上强化了对方的议价能力。

（4）第三轮向对方讨利具有一定的风险性，处理不当会导致谈判的败局。

虚伪型让步比较适用于陷入僵局或危难性的谈判。

综上所述，现在假定买卖双方各准备让步 100 元，又都准备分为四个阶段进行让步，以上八种让步策略方式的具体实施情况如表 8-1 所示。

表 8-1 让步的八种策略

金额单位：元

让步阶段 让步方式	第一轮 让步金额	第二轮 让步金额	第三轮 让步金额	第四轮 让步金额
冒险型让步方式	0	0	0	100
“愚蠢型”让步方式	100	0	0	0
刺激型让步方式	25	25	25	25
诱发型让步方式	16	21	27	36
希望型让步方式	40	27	20	13
妥协型让步方式	50	30	15	5
危险型让步方式	60	30	0	10
“虚伪型”让步方式	90	10	-10	10

◆ 案例分析

红豆的故事

日本国内红豆歉收，某公司急需从中国进口。我国库存很多，但大部分是去年的存货。我国希望先出售旧货，而日方则希望全部进口新货，双方就此展开谈判。日方希望得到中方帮助："我们是肯定要订购的，请先介绍下货物的情况。"我方开诚布公地介绍："新货库存不足，陈货偏多，价格上新货要高一些，希望日方购买去年的存货。"但日方不同意。次日，日方拿出一份最新的官方报纸说："你们今年的红豆大丰收，根本不存在供应量的问题。""尽管红豆丰收，但国内需求量很大，而且政府对出口量是有限制的。"为避免出现僵局，中方建议道："这样吧，我们在供应旧货的同时，也供应一部分新货，你们看怎么样？"日方再三考虑，表示同意。日方最初的订货量计划是 2 000 吨，但却称 3 000 吨，并要求新货量为 2 000 吨。中方连连摇头："3 000 吨可以保证，但新货我们至多只能供应 800 吨。"日方认为太少，"如果你们不能增加新货量，那我们就将订货量降为 2 000 吨。"中方不同意，谈判陷入僵局。

两天后日方又来了，主动把订货量提高到 2 200 吨，要求 800 吨新货保持不变。中方的答复是："刚好有位客户订购了一批红豆，其中包括 200 吨新货（实际那位客户只买走 100 吨）。"这下，日方沉不住气了，抱怨中方不守信用，中方据理力争："之前我们并没有签订任何协议，你方也并未要求我们保留。"日方自知理亏，便再次请求中方体谅他们的难处。于是中方说："我们做生意都不容易，我再想办法帮你弄到 100 吨新货吧。"日方一听喜出望外，愉快地签了合同。

（资料来源：江苏财经职业技术学院经济贸易系电子商务教研室．商务谈判．江苏财经职业技术学院网站，2011.）

问题思考：

中日双方在谈判过程中分别采用了哪种类型的让步策略？并阐述其利与弊。

任务实训

成功案例解析

1. 背景资料

各种渠道搜集的利用具体让步方式谈判成功的案例，本项任务中所学的相关让步方式知识。

2. 实训目标

通过实训使学生熟悉各种商务谈判让步方式的利弊与应用。

3. 实训步骤

（1）将全班学生分成若干小组，3 人组，每组推举一位组长。

（2）利用课余时间，通过各种渠道搜集正确、恰当利用让步方式的成功案例。

（3）各小组分别研讨，制成案例解析 PPT，由组长展示并讲解案例中涉及的让步方式，并请全班同学共同讨论各让步方式的优缺点及适用场合等。

（4）各小组组长回答其他同学的提问，并将 PPT 上交老师。

4. 实训成果

每组上交 PPT 案例一份。

5. 实训评价

教师根据案例制作的效果及组长的讲解情况给予评价。

思考与练习

1. 单项选择题

（1）在买方对卖方的价格解释予以评论后，提出让对方重新报价或改善报价的要求，被称为“再询盘”的是（　　）。

A. 询价　　B. 还价

C. 议价　　D. 讨价

（2）谈判一方利用向对方泄露己方虚假信息的手段，陷对方于假象之中，从中谋利的一种方法是（　　）。

A. 投石问路策略　　B. 故布疑阵策略

C. 欲擒故纵策略　　D. 旁敲侧击策略

（3）（　　）让步方式，是一种以相等或近似相等的幅度逐轮让步的方式。

A. 诱发型　　B. 刺激型

C. 欺骗型　　D. 希望型

（4）在谈判一开始，就把己方所能做出的让步和盘托出，属于（　　）让步方式。

A. 愚蠢型　　B. 危险型

C. 妥协型　　D. 诱发型

2. 多项选择题

（1）讨价应本着（　　）的态度进行。

A. 尊重对方　　B. 以理服人

C. 气势高涨　　D. 恭敬谦让

(2) 按照还价的项目不同划分，还价的方式包括（　　）。

A. 成本还价　　B. 总体还价

C. 分组还价　　D. 单项还价

(3) 实施让步策略时，我们必须要遵循的基本原则：（　　）。

A. 不做无谓的让步　　B. 要恰到好处

C. 把握让步幅度　　D. 不做交换式让步

(4) 运用互利互惠让步策略时，必须要做到（　　）。

A. 统观全局　　B. 分清利害

C. 避重就轻　　D. 灵活变通

3. 判断题

(1) 讨价与还价需要多回合地重复，才能取得结果。（　　）

(2) 挑剔法的讨价往往是针对对方谈判人员在谈判过程中言行上的差错和失误而展开的。（　　）

(3) 疲劳轰炸策略是指通过拉锯战，待谈判双方疲惫生厌时，再进行反守为攻的一种策略。（　　）

(4) 让步本身就是一种谈判策略。（　　）

(5)“虚伪型”让步方式是一种由大到小、渐次下降的让步方式。（　　）

4. 案例分析题

案例 1

无奈的降价

程伟建从报纸上得到一则卖房信息：房主准备举家迁居国外，从而变卖房产。当时登门买房的人很多，报价多在 100 万元左右，程伟建经过琢磨后报出了一个最高价 110 万元。这个报价被房主选中，并回绝了其他所有买主。当房主要与程伟建办理正式买卖手续时，没想到程伟建开始挑毛病，该房在一层，夏天很潮，没有阳台，周围环境不太好，蚊虫较多；另外以前的设计不好，客厅、卫生间过小，要重新装修还要花一笔钱。程伟建表示出对此住房不很称心，不太愿意买了。其实他想只要多拖些时日，房主急于出国，到时想不与他合作再重新登广告寻找新买主已经来不及。卖主出国日期临近，已没有其他买主，最后不得不降价成交。

问题讨论：

程伟建是利用什么磋商策略迫使卖主就范，以较低的价格成交，从而获得了谈判的成功？

案例 2

聪明的买家

买方：您这种仪器要价 1 550 元一台，我们刚才看到同样的仪器标价为1 480元。

卖方：1 480 元可以成交，如果您诚心买的话。

买方：如果我一次买 30 台呢，您给我多少折扣？

卖方：每台给予 60 元的折扣，怎样？

买方：我们现在资金紧张，是不是可以先买 20 台，3 个月后再买 10 台？

（考虑到最近不太理想的销售状况，卖主犹豫一下后还是答应了。）

买方：那么您的意思是以 1 420 元的价格卖给我们 20 台仪器？

买方：干嘛要 1 420 元呢？凑个整儿，1 400 元一台，干脆利落，我们马上成交。

（“成交”二字对卖主颇有吸引力，迫使他点头答应。）

问题讨论：

（1）你如何评价案例中的迫使对方让步的策略？

（2）让步时应遵循的原则有哪些？

项目九
9 认知商务谈判僵局处理

案例导入

无法谈成的交易

地层测试仪是石油勘探开发领域的一项核心技术，掌控在国外少数几个石油巨头公司手中。

我国A公司欲从澳大利亚B公司引进“地层测试仪”，双方就该技术交易在2000—2002年期间举行了多次谈判。

B公司因缺乏后续研究和开发资金，曾在2000年之前主动带着他们独立开发的、处于国际领先水平的该设备来中国寻求合作者，并现场作业，效果很好。

A公司于2000年年初到B公司进行全面考察，并就技术引进事宜进行正式谈判。中方谈判的目标是出高价买断该技术。但B公司坚持只给中方技术使用权，允许中方制造该设备，技术专利仍掌控在自己手中。双方巨大的原则立场分歧使谈判在一开始就陷入僵局。

A公司了解B公司的处境后，果断结束了和B公司的谈判，回国静观其变。

迫于资金与时间压力，B公司急于与A公司修复已搁置的谈判，主动就交易条件找A公司磋商。A公司在谈判中有意拖延时间来削弱澳方的心理优势。

A公司在价格上主动让步，愿意出高价买断该技术，让B公司从这笔交易中得到较大实惠。但B公司既没随便答应A公司的要求，也没轻易放弃努力，在技术所有权问题上与中方进行了一场较量毅力的拔河比赛。

虽然双方都极尽努力去化解僵局，但因谈判目标上的巨大差异和利益冲突，双方的谈判无果而终，僵局演变为死局。

（资料来源：李月菊．透过三则实例看国际商务谈判僵局的成因与化解．对外经济实务，2010.）

问题思考：

1. A、B两公司谈判僵局的成因是什么？为什么会一开始就陷入僵局？
2. 在谈判过程中，为了化解僵局我方采用了哪些策略？
3. 为什么A、B的谈判僵局演变为死局？

任务 1
认识商务谈判僵局

学习目标

掌握商务谈判僵局的含义，了解商务谈判僵局的不同分类，为处理商务谈判僵局做好准备。

任务描述

商务谈判僵局是指在商务谈判过程中的不进不退的僵持局面，不同类别的谈判僵局表现的形式各不相同。

任务学习

大多数商务谈判人士都遇到过谈判陷入僵局的现象。当谈判双方都不愿意对分歧做出相应的妥协时，谈判进程就会出现停顿，谈判也就陷入了僵局。

1. 商务谈判僵局的含义

商务谈判僵局是指在商务谈判过程中，由于双方观点、立场差异较大，利益冲突难以协调，各方又都不肯做出让步，导致因暂时不可调和的矛盾而形成的对峙，而使谈判呈现出一种不进不退的僵持局面。

出现僵局不等于谈判破裂，但可能会严重影响谈判的进程，如不能很好地解决，可能导致谈判破裂，影响谈判协议的达成。在谈判中，出现僵局不可避免，仅从主观愿望上不愿出现僵局是不现实的。要突破僵局，必须对僵局的性质、产生原因等问题进行透彻的了解和分析，才能正确地加以判断，从而进一步采取相应的策略和技巧，选择有效的方案，重新回到谈判桌上来。

精明的谈判者敢于利用僵局，好的僵局的利用可以促进双方的理性合作，改变谈判僵局。

码 9－1－1
“我没有孩子，我只带来两个大人。”

2. 商务谈判僵局的分类

按照人们对商务谈判本身的理解角度不同，有不同类别的谈判僵局。

（1）从狭义谈判上的分类。很多人认为，谈判就是交换意见、达成一致看法、签订协议的过程，这是对谈判所做的狭义上的理解。从狭义的角度来理解谈判，谈判僵局的种类包括谈判初期僵局、谈判中期僵局、谈判后期僵局三种。

①谈判初期，主要是谈判方彼此熟悉、了解、建立融洽气氛的阶段，双方对谈判都充满了期待。但可能由于误解、准备不够充分等原因导致僵局的出现，以至于使谈判匆匆收场。

②谈判中期，是谈判的实质性阶段，双方需要就有关技术、价格、合同条款等交易内容

进行详尽的讨论、协商。但可能由于谈判方各自利益上的差异导致僵局产生，而且僵局常常此消彼长、反反复复。中期是僵局纷繁多变，谈判破裂经常发生的时期。

③在谈判后期，是双方达成协议阶段。还有一些诸如验收程序、付款条件等执行细节需要进一步商议，特别是合同条款的措辞、语气容易引起争议，从而出现谈判僵局，因此不可疏忽大意。

码9－1－2
误解带来谈判的磕磕碰碰

（2）从广义谈判上的分类。谈判是伴随整个合作过程自始至终的全过程，所以，从广义上讲，谈判僵局伴随整个合作过程，随时随地都有可能出现。项目合作过程分为合同协议期和合同执行期，谈判僵局可分为协议期僵局和执行期僵局。协议期僵局是谈判方在磋商阶段意见产生分歧形成的僵局；执行期僵局是在执行项目合同过程中责任分担不明确的争议而形成的僵局。

（3）从谈判内容上的分类。谈判内容不同，谈判僵局的种类也不同。不同的标准，不同的技术要求，不同的合同条款，不同的项目合同价格、履约地点、验收标准、违约责任等，都可能引起不同内容上的谈判僵局。在所有可能导致谈判僵局的谈判主题中，价格是最为敏感的一种，是产生僵局频率最高的一个方面。

◆ **案例分析**

A添加剂的谈判

上海市富康公司从事A添加剂业务，在金融海啸导致许多工业原材料价格暴跌时，决定以低价大量购进A添加剂，并确定北京穹庐公司为谈判对象。

谈判中首先出现的争执是谈判地点的确定，双方都希望在自己所在的城市谈判，结果富康公司利用买方市场优势，使穹庐公司主动找上门来谈判。

初次面谈富有成效，确定了要购买产品的品种、数量、时间等，并在其他方面也达成了基本共识。但在接下来的价格谈判上出现了分歧。首先，双方初次合作缺乏信任，交易金额大，交货分批进行，合同履行时间长达两年。其次，合同的定价涉及未来两年A添加剂市场价格的波动与走势。双方都想采用对己有利的价格条款以规避风险。经多次反复面谈，最终以一个折中但对富康公司更优惠的价格达成协议。

问题讨论：

1. A添加剂的谈判出现了哪几类谈判僵局？
2. 为什么A添加剂的谈判一波三折，最后能达成协议？

任务实训

王老五烧烤店的遭遇

1. 背景资料

元旦傍晚，我走进王老五烧烤店，一进门就目睹了一场争吵：有位先生带来了五位客人，但他预订的席位却未能及时腾出。这位先生要求老板马上腾出来，他疾言厉色地指责老板接受了订座又不及时做出准备，两人越说越僵，他怒气冲冲地从我身边挤过，嘴里还在喊：“下辈子我也不会来这个烧烤店了！”

盛怒中的老板转脸看见我也带着客人在等座位，连忙向我解释：“实在对不起！先来的客人还没有用完，大概还得等上一刻来钟。”

我说：“我明白，不过没关系，我和客人可以先去酒吧喝点饮料。”老板一听乐了，连声说道：“太好了！没问题，老六，请给陈老板和他的客人上饮料，全都免费！”结果饮料还没有喝完，餐桌就安排出来了，这比请我们白喝酒还叫我高兴。

整整一个晚上，老板和老六都在围着我们的餐桌转，表达他们心中的感谢。

2. 实训目标

通过实训使学生理解什么是谈判僵局；僵局可以事前避免；渡过僵局的真正办法是达成协议。

3. 实训步骤

（1）将全班学生分为若干个小组，每小组 4 ~ 6 人，推举一位组长。

（2）各小组分别研讨，背景资料中第一组客人与老板谈判僵局的形成，第二组客人与老板谈判僵局的避免；并列举类似的例子，找出解决僵局的办法、避免僵局的做法。

（3）各小组通过研讨后，形成一份研讨报告。

（4）各小组组长汇报工作成果，并将研讨报告上交老师。

4. 实训成果

研讨报告。

5. 实训评价

教师统一评价并展示优秀作品。

任务 2
透析僵局产生的原因

学习目标

了解商务谈判僵局产生的原因，便于有针对性地避开商务谈判僵局。

任务描述

商务谈判僵局产生主要有谈判一方故意制造谈判僵局、立场观点的争执、信息沟通的障碍、有意无意的强迫、人员素质的低下、成交底线的差距、偶发因素的干扰等原因。

任务学习

谈判陷入僵局往往是由于谈判双方感到在多方面期望相差甚远，并且在各个主题上这些差异相互交织在一起，难以出现缓解的迹象。僵局的产生是由其中一个或几个因素共同作用而形成的，归纳起来，主要有以下几个方面：

1. 谈判一方故意制造谈判僵局

这是一种带有高度冒险性和危险性的谈判战略。即谈判的一方为了试探出对方的决心和实力而有意给对方出难题，搅乱视听，甚至引起争吵，迫使对方放弃自己的谈判目标而向己方目标靠近，使谈判陷入僵局，其目的是使对方屈服，从而达成有利于己方的交易。

故意制造谈判僵局的原因可能是过去在商务谈判中上过当、吃过亏，现在要给对方报复；或者自己处在十分不利的地位，通过给对方制造麻烦可能改变自己的谈判地位，并认为即使自己改变了不利地位也不会有什么损失。这样就会导致商务谈判出现僵局。

通常情况下，谈判者往往不愿冒使谈判陷入僵局的风险，因为制造僵局往往会改变谈判者在谈判中的处境。如果运用得当会获得意外的成功；反之，若运用不当，其后果也是不堪设想的。因此，除非谈判人员有较大把握和能力来控制僵局，最好不要轻易制造僵局。

码9－2－1
“无赖”与“绅士”

2. 立场观点的争执

谈判双方各自坚持自己对某一问题的看法和主张，都不愿意做出让步，产生分歧争执不下，利益被立场所掩盖，而且双方都为了维护各自的面子而迫使对方让步，便会出现僵局。

立场性争执是谈判中最容易犯的错误，由此造成的僵局也是最常见的一种。

谈判双方在立场上关注越多，就越不能注意调和双方的利益，也就越不可能达成协议。而且由于相持不下，会直接损害双方的感情，谈判者要为此付出巨大代价。

3. 信息沟通的障碍

谈判各方在交流彼此情况、观点，洽商合作意向、交易条件等的过程中，可能遇到的由于主观与客观的原因所造成的种种障碍。

信息沟通的障碍主要表现为：文化背景差异造成的观念障碍、习俗障碍、语言障碍；知识结构、教育程度差异造成的问题理解差异；心理、性格差异造成的情感障碍；表达能力、表达方式差异造成的传播障碍等。这些障碍使谈判各方不能准确、真实、全面地进行信息、观念、情感的沟通，甚至会产生误解和对立情绪，使谈判不能顺利进行下去。

案例链接

二级企业与二流企业

某跨国公司总裁访问一家中国著名的制造企业，商讨合作发展事宜。中方总经理介绍公司时说“我公司是中国二级企业……”翻译人员直接译为“Second - Class Enterprise”，不料，该公司总裁听后，原本很高的兴致突然冷淡下来，敷衍了几句立即起身告辞。在归途中，他抱怨道：“我怎么能同一个中国的二流企业合作？”

（资料来源：周娟美. 影响国际商务谈判的文化因素. 华北工学院学报，2003.）

4. 有意无意的强迫

谈判中，人们常常有意或无意地采取强迫手段而使谈判陷入僵局。尤其当谈判各方的位势不对等时，处于强势的一方往往对弱势一方提出一些不平等的交易条件，而弱势一方不答应，就以取消合作威胁。这在小供应商与大零售商的进店谈判中常常出现。

某一方越是受到逼迫，就越是不会退让，谈判的僵局也就越容易出现。强迫意味着不平等、不合理，意味着恃强凌弱，意味着谈判的不平等。

5. 人员素质的低下

谈判人员素质的高低往往成为谈判进行顺利与否的决定性因素。无论是谈判人员工作作风方面的原因，还是谈判人员知识经验、策略技巧方面的不足或失误，都可能导致谈判陷入僵局。

谈判桌上，谈判人员的知识素质、心理素质、谈判技能素质、礼仪素质、身体素质等众多因素决定谈判成败。任何僵局都与谈判人员的素质有关。

6. 成交底线的差距

谈判各方谈判方案中所确定的成交底线差距太大，对各自利益的预期也有很大差距，而且这种差距很难弥合时，谈判就会陷入僵局。

许多商务谈判与此相仿，即使谈判各方都表现出十分友好、坦诚与积极的态度，但是如果双方对各自所期望的收益存在很大差距，那么谈判就会搁浅。

码 9-2-2
谈判双方要求
差距产生的僵局

7. 偶发因素的干扰

在商务谈判所经历的一段时间内，有可能出现一些偶然发生的情况，当这些情况涉及谈判某一方的利益得失时，谈判就会由于这些偶发因素的干扰而陷入僵局。

当谈判期间外部环境如价格、通货膨胀等因素发生突变，某一谈判方如果按原有条件谈判就会蒙受利益损失，于是他便推翻已做出的让步，从而引起对方的不满，使谈判陷入僵局。

谈判不可能处于真空地带，谈判者随时都要根据外部环境的变化而调整自己的谈判策略和交易条件，因此这种僵局的出现也就不可避免了。

◆ 案例分析

国美家电超市与格力空调的谈判

格力长期以来采取的是区域代理商经销的模式，并且代理商的网络遍布全国地级市，已经比较发达。格力为了扩大市场占有率，准备借助国美家电超市这一平台，因此，与国美进行谈判。但国美提出的要求是：如果格力要进店，只能采取一级经销不能再有代理商，否则，就不同意合作。国美家电超市这种态度直接导致第一轮谈判破裂。

后来，双方感觉彼此都有需要，必须强强合作，便又重新坐到谈判桌前，格力保持给国美的价格与代理商一样，2001 年，格力进驻国美家电超市。

问题讨论：

1. 导致格力和国美家电超市第一轮谈判破裂的原因是什么？
2. 为什么后来格力又能进驻国美家电超市？

任务实训

僵局产生的原因

1. 背景资料

发生在身边的商务谈判僵局产生的各种原因，本项任务中所学的僵局产生原因的知识。

2. 实训目标

通过实训使学生了解商务谈判僵局产生的原因。

3. 实训步骤

（1）将全班学生分为若干个小组，每小组 4 ~6 人，推举一位组长。

（2）各小组分别研讨，尽可能多地找寻发生在身边的商务谈判僵局产生的各种原因，并找出应对这些僵局的办法。

（3）通过研讨后，形成一份研讨报告。

（4）各小组组长汇报工作成果，并将研讨报告上交老师。

4. 实训成果

研讨报告。

5. 实训评价

教师统一评价并展示优秀作品。

任务 3
避免僵局发生

学习目标

了解避免商务谈判僵局形成的态度及避免商务谈判僵局的方法，最终在谈判中避免谈判僵局。

任务描述

商务谈判过程中，陷入谈判僵局有时是不可避免的，但我们可以持避免僵局形成的态度，用恰当避免僵局的方法来避免谈判僵局的发生。

任务学习

从分析僵局产生的原因来看，有一些僵局是由谈判者主观原因造成的、有一些僵局是不能很好地处理对方的意见所造成的、还有一些僵局是由一些客观原因造成的。这些僵局最好的解决办法是避免僵局。

码 9－3－1　南东仪表机械厂对谈判僵局的处理

1. 避免商务谈判僵局形成的态度

想要达成协议就要避免僵局。处理谈判僵局最有效的途径是将形成僵局的因素消灭在萌芽状态。所以，为避免僵局的形成，在谈判过程中谈判者应持如下态度：

（1）正确认识商务谈判僵局。商务谈判过程中，陷入谈判僵局有时是不可避免的。但有些谈判人员把僵局视为谈判失败，企图竭力避免它。在这种思想指导下，谈判人员不是采取积极的措施加以缓和，而是消极躲避。在谈判开始之前，就祈求能顺利地与对方达成协议完成交易，特别是当谈判者负有与对方签约的使命时，这种心情就更为迫切。如此一来，为避免出现僵局，就时时处处迁就对方，一旦陷入僵局，就会很快失去信心和耐心，甚至怀疑起自己的判断力，对预先制订的计划也产生了动摇。这种思想阻碍了谈判人员更好地运用谈判策略，结果可能被迫达成一个对己不利的协议。

应该看到，僵局出现对双方都不利。如果能正确认识，恰当处理，会变不利为有利。只要具备勇气和耐心，在保全对方面子的前提下，灵活运用各种策略和技巧，僵局是可以避免的。

（2）态度冷静，语言适中。在谈判中会出现形形色色的反对意见，其中包括不合理的反对意见。在这种情况下，谈判人员一定要谨慎从事，切忌以愤懑的口吻反驳对方的意见。谈判人员应注意研究对方的心理状态，变争吵为倾听，对立状况就有可能化解。然后，再用对方可以接受的语气委婉地说服，使谈判顺利进行。利用事实依据来证明谈判内容的正确性，可以解除对方的疑虑和转化对方的不同见解。

同时，谈判者与对方洽谈业务时既不要多讲，也不能太寡言。一方面，可以减轻双方的负担；另一方面，可以有更多的时间倾听对方的意见，以此探寻对方的谈话动机和目的，为制定对策提供基础。此外，谈判者不寡言还可以形成对等的谈判气氛。在谈判中，谈判者的声调运用要适当。谈判人员在谈判中忌盛气凌人、攻势过猛、以我为主，也忌含糊不清、枯燥呆板。

码 9－3－2
奶粉里的苍蝇

（3）保持平等互利的态度。尽管从规模和经济实力上看，谈判双方有大小、强弱之别，但从法律地位上讲，双方享有的权利与履行的义务应当一律平等。恃强凌弱，损人利己，不会建立起良好的公共关系；而在强大的谈判对手面前诚惶诚恐，不敢维护自己合理的利益，一味让步，只能使对手认为软弱可欺，而提出更加苛刻的条件。在谈判中，谈判者应保持一种平和而又真挚的心态，在平等互利的基础上达成协议。

（4）探寻对方的“价值”。人被承认其价值时，即使很小，也总是喜出望外。因此，在谈判中经常认定对方的价值，就成为使对方产生好感、增强合作意识的重要因素。

需要指出的是，积极探索、认定对方价值的同时，还要设法使对方充分感觉到这个价值的认定实在值得珍惜，从而促使对手对自己向来被忽视的价值给予充分的认可，从中创造出对认定他人价值的一方有利的谈判环境。

拓展阅读

出现僵局时的禁忌：不采取措施，而是一味地相互攻击、激烈地争吵；为了打破僵局，在对方的压力下，轻易改变自己原来的立场，做出原则性让步；玩弄花招，企图强硬地征服对方。

2. 避免商务谈判僵局的方法

（1）把人与问题分开。我们可以从看法、情绪、误解这三个方面着手，把人与问题分开处理。当对方的看法不正确时，应寻求机会让他纠正；当对方情绪太激动时，应给予一定的理解；当发生误解时，应设法加强双方的沟通。把谈判对手当作“人”来对待，把谈判中遇到的“问题”当作“事”来解决。同时还要注意自身的“人的问题”，以谈判的大局、利益为重，不感情用事。要透过人的表面现象，探寻其真正的需要，把问题按照价值来处理，把感觉和现实分开。

（2）处理好利益关系。谈判者的谈判动机是达成满足自己实质利益的协议，谈判者与对方之间还有关系利益。他们既希望在买卖上谋利，又想把对方变为一个长期客户。如果能满足双方利益，谈判者至少希望保持一种能接受协议的工作关系。如果能持这种态度，一般能避开谈判僵局。

（3）提出互利选择。

①寻求共同利益。当谈判各方在同一问题上发生尖锐对立，并且各自理由充足，均既无法说服对方，又不能接受对方的条件，从而可能使谈判陷入僵局时，应认真分析双方的利益所在。让双方从各自的目前利益和长远利益两个方面来看问题，使双方的目前利益、长远利益做出调整，寻找双方都能接受的平衡点，最终达成谈判协议。因为如果双方都追求目前利益，可能失去长远利益，这对双方都是不利的。只有双方都做出让步，以协调双方的关系，

才能保证双方的利益都得到实现。

②协调分歧利益。假如两姐妹为分橘子而争吵，每人都想要橘子，于是就把橘子分成相等的两半，却没想到一个只是想吃果实，而另一个只想要果皮来烤面包。有时，这种情形与谈判者所遇到的情形一样，只要知晓相互的需求，是可以达成双方满意的协议的，因为两人需要不同的东西。分歧虽然会产生问题，但在一定条件下是可以化解的，协议总是以分歧为基础。

（4）不要在立场问题上讨价还价。在谈判实践中有些谈判者会脱离客观实际，盲目地坚持自己的主观立场，甚至忘记了自己的出发点是什么。由此而引发的矛盾，当激化到一定程度的时候即形成了僵局。只有冷静思考，才能理清头绪，正确分析问题。这时，应设法建立一项客观的准则，即让双方都认为是公平的、又易于实行的办事原则、程序或衡量事物的标准，充分考虑到双方潜在的利益到底是什么，从而理智地克服一味地希望通过坚持自己的立场来“赢”得谈判的做法。这样才能有效地解决问题，避开谈判僵局。

◆ 案例分析

殷鹏与陈佳南的谈判

开发商殷鹏与建筑商陈佳南签订了一个一年付给陈 1 亿元的房地产建设合同。12 个月后，陈佳南说：“我想要合同上规定的钱。”殷鹏声明：他现在没现金，但有许多不动产。陈佳南不听他的辩解，坚持只要自己的钱。结果原先两人亲密的合作关系变成了互相敌对的对立关系，双方都通过律师进行交涉。一段时间后，两人都意识到这样争下去没有益处。殷鹏对陈佳南说：“我们能不能在相互信任的气氛下分享信息和需要呢？”于是，他们以合作者出现，纠纷得到了创造性地解决：合同改为殷鹏每年付给陈佳南 5 000 万元，2 年付清。结果殷鹏解决了资金周转的困难，陈佳南获得和殷鹏长期合作的机会。

问题讨论：

1. 殷鹏与陈佳南的谈判为什么陷入僵局？
2. 最终他们使用什么方法避开僵局的？

任务实训

1. 背景资料

广东顺风有限公司到哈尔滨与巨龙有限公司谈判工程设备的交易。巨龙公司根据顺风公司报价提出了意见，建议对方考虑市场的竞争性和该公司第一次进入黑龙江市场，认真考虑改善价格。顺风公司做了一番解释后仍不降价，并说自己的价格是如何合理。巨龙公司对其条件又做了分析，顺风公司又做解释，一上午下来，谈判毫无结果。巨龙公司认为顺风公司过于傲慢固执，顺风公司认为巨龙公司毫无购买诚意且没有理解力，谈判不欢而散。

2. 实训目标

通过实训使学生了解如何避免商务谈判僵局。

3. 实训步骤

（1）将全班学生分为八个谈判代表团，每两个代表团结对，一个代表团扮顺风公司谈判代表，另一个代表团扮巨龙公司谈判代表，每个代表团推举一位首席代表。

（2）根据背景资料，各代表团分别站在各自角度研讨分析双方谈判不欢而散的原因，自我检讨，看看有没有避免僵局的办法？并一对一演习避开僵局的谈判。

（3）各代表团就演习谈判结果形成一份研讨报告，详细说明两公司陷入僵局的原因，各代表团是如何避开谈判僵局的。

（4）各首席代表汇报工作成果，并将研讨报告上交老师。

4. 实训成果

研讨报告。

5. 实训评价

教师统一评价并展示优秀作品。

任务 4 化解僵局十计

学习目标

了解化解商务谈判僵局的计谋，破解商务谈判中的僵局。

任务描述

商务谈判僵局的化解有求同存异、后发制人、暂时休会、据理力争、替代策略、有效退让、釜底抽薪、借题发挥、以硬碰硬、角色移位等常用计谋，可在不同的商务谈判僵局中应用。

任务学习

在谈判进行过程中，僵局无论何时都有可能发生，在谈判出现僵局时，要认真细致地分析引起僵局的根源，对症下药，采用灵活而又具有针对性的措施进行化解，从而促进谈判的顺利进行。

1. 求同存异

商务谈判中，对于涉及双方经济利益的重大分歧，往往在推进中会成为巨大障碍，稍有不慎即陷入僵局。聪明的谈判者在僵局中总能反复斟酌，存异求同，找到解决问题的钥匙。

解决问题的关键在于“求同存异，和而不同”，即：既要承认彼此存在利益差异，给对方充分的自由空间，又要寻求共同的利益基础，从而进行合作，最终达成彼此利益的共同增进。

码 9－4－1
求同存异

2. 后发制人

后发制人是一种反攻的战术，它要求谈判人员在谈判初期不急于攻击对方，直到时机成熟，对双方形势了如指掌的时候，再集中力量攻击对方的弱点。它最大优势就是能做到“有的放矢”，因为己方已经有很明确的“目标”，知道对手“最薄弱”的地方在哪里。

后发制人的目的就是让对手接受自己的意见，最终使谈判结果对自己更有利些。后发制人是在对手采取主动而自己又没有优势的情况下采取的一种计谋。

码 9－4－2
后发制人

3. 暂时休会

休会策略是谈判人员为控制、调节谈判进程，缓和谈判气氛，打破谈判僵局而经常采用的一种基本策略。东道主可征得客人的同意，宣布休会。双方可借休会时机冷静下来，仔细考虑争议的问题；也可以召集各自谈判小组成员，集思广益，商量具体的解决办法。

休会后，双方再按预定的时间、地点坐在一起时，会对原来的观点提出新的、修正的看法。这时，僵局就较容易被打破。

4. 据理力争

如果谈判僵局的出现是由于对方提出不合理要求造成的，特别是在一些原则问题上所表现的蛮横无理时，要据理力争，做出明确而又坚决的反应。据理力争时，不直接正面交锋，应该采取机智的办法，讲究谈判艺术。

码 9－4－3
据理力争

5. 替代策略

当商务谈判陷入僵局时，可采用替代策略。即用更换谈判人员、改变谈判环境或采用可替代的方案来走出谈判僵局。

（1）更换谈判人员。如果由于谈判人员失职或素质欠缺造成的僵局，就必须更换谈判人员，因为不更换谈判人员就不能打破僵局，甚至损害与对方的友好合作。

有时在谈判陷入僵局时调换谈判人员并不一定是由于谈判人员失职，而是一种自我否定的策略，用调换人员来表示以前提出的某些条件不作数，原来谈判人员的主张欠妥，因而在这种情况下调换人员也常蕴含了向谈判对方致歉的意思，为自己主动回到谈判桌前找到了一个借口，缓和了对峙的气氛。

小贴士

条条大路通罗马。

——俗语

（2）改变谈判环境。作为正式工作场所，谈判室容易形成一种严肃而又紧张的气氛。当谈判各方就某一问题发生争执，这种环境更容易使人产生一种压抑、沉闷的感觉。

此时，可暂停会谈或一起去游览、观光、出席宴会、观看文艺节目，或到游戏室、俱乐部等处娱乐、休息。谈判者通过这种方式可以进一步增进了解，清除彼此间的隔阂，增进友谊。也可以不拘形式地就僵持的问题继续交换意见，寓严肃的讨论于轻松活泼、融洽愉快的气氛之中。

（3）可替代的方案。商务谈判中，一般存在多种可以满足双方利益的方案，如果谈判人员简单采用某一方案，而当这种方案不能为双方同时接受时，僵局就会形成。

一旦一种方案遇到障碍，就应提供其他的备用方案供对方选择，这个替代方案可以是整个方案的替代，也可以对一个方案中的某一部分采用不同的替代方法。

谁能够创造性地提出可供选择的方案，谁就能掌握谈判中的主动权。

码 9-4-4
台湾海峡两边的中国人

6. 有效退让

当谈判陷入僵局时，如果谈判一方的要价在谈判另一方允许的范围内，促使合作成功所带来的利益大于坚守原有立场而让谈判破裂所带来的好处，谈判另一方可做一些小的让步以满足对方，有效退让就是一个效果显著的策略。

谈判犹如一个天平，每当我们找到了一个可以妥协的方法，就等于找到一个加重我们谈判的砝码。如果对双方的利益所在把握得恰当准确，当商务谈判陷入僵局时，就应以灵活的方式在某些方面采取退让的策略，去换取另外一些方面的利益，达成双方都能接受的结果。

7. 釜底抽薪

釜底抽薪策略是指商务谈判陷入僵局时，有意将合作的条件绝对化，并把它放到谈判桌上，明确表示自己已无退路，希望对方能让步，否则情愿接受谈判破裂的结局。

该策略不常用，只能是在最后时刻才出其不意用这一险招。

8. 借题发挥

借题发挥是指在一些特定的形势下，抓住对方的漏洞，小题大做，给对方一个措手不及，这对于突破谈判僵局会起到意想不到的效果。借题发挥的做法有时被看作一种无事生非、有伤感情的做法，只有当谈判对方采取不合作态度或试图恃强凌弱的做法时，采取这种策略才可以有效地使对方有所

码 9-4-5
釜底抽薪

收敛。

相反，不这样做反而会招致对方变本加厉地进攻，从而使己方在谈判中进一步陷入被动局面。事实上，当对方不是故意地在为难我们、而我方又不便直截了当地提出来时，采用这种做法，往往可以使对方知错就改、主动合作。

码 9－4－6
借题发挥

案例链接

总统套间

美国谈判大师荷伯·科恩一次飞往墨西哥城去主持一次谈判研讨会，抵达目的地时，旅馆告之已“客满”。此时，荷伯·科恩施展了他的看家本领，找到了旅馆经理问：“如果墨西哥总统来怎么办？你们是否要给他一个房间？”“是的，先生。”经理回答。荷伯接着说：“好吧，他没有来，所以我住他那间。”结果他顺利地住进了“总统套房”，不过附加条件是总统来了必须立即让出。

（资料来源：李问渠．做一个会说话办事的人．北京：新世界出版社，2009.）

9. 以硬碰硬

当商务谈判陷入僵局，己方的底线已无可退之时，而且又没有其他可以选择的方案，只有坚持原则，以硬碰硬，让对方自动放弃过高的要求。有些谈判对手便会自动降低自己的要求，使谈判得以进行下去。

以硬碰硬的前提是，双方利益要求的差距不超过合理限度，只有在这种情况下，对方才有可能忍痛割舍部分期望利益、委曲求全。相反，如果双方利益的差距太大，只靠对方单方面的努力与让步根本无法弥补差距时，就不能采用此策略，否则就只能使谈判破裂。在做出这一选择时，必须要做最坏的打算，切忌在毫无准备的情况下用这一做法。

10. 角色移位

从对方角度来思考问题，或设法引导对方站到己方的立场上来思考问题，就能多一些彼此的理解。这对消除误解与分歧，找到更多的共同点，构筑双方都能接受的方案，有积极的推动作用。

采用这一策略时，应该从对方的角度分析己方的条件是否合理，同时从对方的角度提出己方的要求。

◆ 案例分析

乘风电缆厂的后发制人

德国 A 公司代表与我国乘风电缆厂就购买无氧铜主机组合炉谈判时，报价从 200 万美元、160 万美元直降到 130 万美元。见乘风电缆厂仍无签约意图，德方威胁道：“你们毫无诚意，不谈了！”乘风电缆厂代表回击：“这样高价还谈什么诚意，我们早就不想再谈了。”A公司代表见对方不为所动，又坐下来交涉，下了最后通牒：“120万美元，不能再降了！”乘风电缆厂代表还是不为所动。A公司代表拿出已订好的机票与乘风电缆厂代表做告别性会晤。这时乘风电缆厂代表拿出两年前A公司以95万美元将组合炉卖给葡萄牙的资料，分析道：“加上物价上涨，每年6%，按此计算价格，组合炉价格是106.7万美元。”A公司代表想不到乘风电缆厂有A公司这么详尽的交易资料，最后同意以107万美元成交。

问题讨论：

1. 在整个谈判过程中，乘风电缆厂和A公司各用了哪种化解僵局的策略？
2. 最后乘风电缆厂用什么办法让A公司代表以合理的价格成交组合炉的？

任务实训

1. 背景资料

批发商朱志文积压了30吨西瓜，零售商彭伟每天销售西瓜达1.5吨。一天，朱志文和彭伟谈妥每千克0.8元转让西瓜后，在谁承担装车费上产生分歧。朱志文说：价格已经很低了，要装车费宁愿不批发。彭伟回击：不批发，自然有人给我供货，不稀罕你这一家。谈判陷入了僵局。

2. 实训目标

通过实训使学生了解商务谈判僵局的化解策略。

3. 实训步骤

（1）将全班学生每两人分为一个小组，每组中一人扮朱志文，一人扮彭伟。

（2）根据背景资料，每组学生各自站在朱志文和彭伟的角度就谈判僵局找出破解的办法。

（3）各小组就谈判结果形成一份谈判报告，详细说明这是什么僵局，用什么策略化解。

（4）各小组汇报工作成果，并将研讨报告上交老师。

（5）老师根据各小组模拟谈判情况选择两个成绩最好的小组做模拟谈判表演展示。

4. 实训成果

研讨报告、模拟谈判表演展示。

5. 实训评价

教师统一评价并展示优秀作品。

思考与练习

1. 单项选择题

（1）从（　　）的角度来理解谈判，谈判僵局的种类包括协议期僵局和执行期僵局。

A. 广义　　B. 狭义
C. 谈判内容　　D. 谈判形式

（2）谈判中，人们常常有意或无意地采取强迫手段而使谈判陷入僵局，这属于（　　）。

A. 人员素质的低下　　B. 有意无意的强迫
C. 立场观点的争执　　D. 信息沟通的障碍

（3）当谈判期间外部环境突变，某一谈判方如果按原有条件谈判就会蒙受利益损失，于是便推翻已做出的让步而引起对方不满，使谈判陷入僵局，这属于（　　）。

A. 偶发因素的干扰　　B. 有意无意的强迫
C. 立场观点的争执　　D. 信息沟通的障碍

（4）如果谈判僵局的出现是由于对方提出不合理要求造成的，要（　　），做出明确而又坚决的反应。

A. 暂时休会　　B. 后发制人
C. 据理力争　　D. 借题发挥

2. 多项选择题

（1）从广义的角度来理解谈判，谈判僵局的种类包括（　　）。
A. 谈判初期僵局、谈判中期僵局、谈判后期僵局三种
B. 协议期僵局
C. 执行期僵局
D. 价格谈判僵局

（2）信息沟通的障碍主要表现为（　　）。
A. 文化背景差异造成的观念障碍、习俗障碍、语言障碍
B. 知识结构、教育程度差异造成的问题理解差异
C. 心理、性格差异造成的情感障碍
D. 表达能力、表达方式差异造成的传播障碍

（3）为避免僵局的形成，在谈判过程中谈判者应持如下态度（　　）。

A. 调换谈判人员　　B. 正确认识谈判僵局
C. 平等互利　　D. 态度冷静、语言适中

（4）（　　）属于替代策略。

A. 更换谈判人员　　　　B. 改变谈判环境
C. 可替代的方案　　　　D. 有效退让

3. 判断题

(1) 僵局等于谈判破裂。（　）

(2) 僵局可以事前避免，可以事后超越。（　）

(3) 在所有可能导致商务谈判僵局的谈判主题中，价格是最为敏感的一种，是产生僵局频率最高的一个方面。（　）

(4) 在谈判实践中谈判者可以脱离客观实际，坚持自己的主观立场，不管自己的出发点是什么。（　）

(5) 当商务谈判陷入僵局，己方的底线已无可退之时，而且又没有其他可以选择的方案，只有坚持原则，以硬碰硬，让对方自动放弃过高的要求。（　）

4. 案例分析题

案例 1

起死回生的谈判

中电电力有限公司要在西江建一分支机构，找到西江电力有限公司要求以低价优惠供应电力。西江公司自恃是当地唯一一家电力公司，很强硬地回绝了低价优惠供电，谈判陷入了僵局。

中电公司主谈了解到西江公司对这次谈判非常重视，因为西江公司面临破产边缘，一旦双方签订了合同，便会起死回生。

中电公司主谈利用这一信息，在谈判桌上强硬表示："既然贵方无意优惠，与其花那么多钱，倒不如自己建个电厂。我会把这个想法报告给董事会的。"说完，便离席不谈了。西江公司谈判人员叫苦不迭，立刻改变了态度，主动表示愿意给予最优惠价格。至此，双方达成了协议。

问题讨论：

(1) 中电公司和西江公司为什么谈判开始便陷入谈判僵局？这是哪种类型的僵局？

(2) 两家公司是如何打破谈判僵局成功达成协议的？用的什么策略？

案例 2

可商量的办法

陈磊扬和蔡泳在电子城配置了两台台式计算机，总共需要 6 200 元。陈磊扬和蔡泳所带现金只有 6 000 元，他们请老板再优惠 200 元。老板没答应，因为利太薄。陈、蔡两人不想放弃这两台计算机，他们商量了几分钟后，与老板再次谈判：他们支付 6 200 元，先支付 6 000 元，余下的 200 元写下欠条。老板同意了这个要求，但条件是现在不开发票，待支付了剩余的200元后补发票，陈磊扬和蔡泳同意了老板的要求，把心爱的计算机抱回学校。

问题讨论：

（1）为什么陈磊扬和蔡泳会和老板陷入谈判僵局？

（2）他们是怎样破解僵局的？

项目十
10 认知商务谈判成交与商务合同

案例导入

促成的成交

中国某公司与日本某公司在上海围绕进口农业加工机械设备，进行了一场谈判。

中方认为日方1 000万日元的报价（这也是日方和C国交易的价格）所含水分较大，确定“还盘”价格为750万日元。日方认为这个价格很难成交。双方多次探讨价格问题，均无果。

鉴于讨价还价的高潮已经过去，中方认为该是展示自己实力、运用促成商务谈判的方法达成交易的时候。中方主谈人指出：“这次设备的引进，我们选中贵公司，说明我们有成交的诚意。此价虽比贵公司销往C国的价格低一点，但由于运往上海口岸比运往C国的费用低，利润其实并没有减少。另外，诸位也知道我方有关部门的外汇政策规定，这笔生意允许我们使用的外汇只有这些。要增加外汇，需再审批。如果这样，那就只好等下去，改日再谈。”

主谈人接着说：“A国、C国还等着我们的邀请。”中方主谈人摊出王牌，把中国外汇使用批文和A国、C国的电传递给了日方主谈人。

日方见后大为惊讶，他们坚持继续讨价还价的决心被摧毁了，要么压价握手达成交易，要么谈判就此告吹，一时举棋不定。

这时，中方主谈人察言观色，称赞日方此次谈判的确精明强干，但若执意如此我方只能选择A国或C国的产品。

日方掂量再三，还是认为成交可以获利，告吹只能赔本。于是根据双方沟通的结果，签订了农业加工机械设备交易合同。

（资料来源：姜丽．我国企业跨文化商务谈判中利益冲突的预防与策略研究．中国商贸．2010.）

问题思考：

1. 中方采用了什么商务谈判达成交易的方法促使日方签约？
2. 日方为什么最终和中方签订合同？

任务 1
把握成交意向

学习目标

了解判断谈判是否进入成交阶段的标准，识别成交信号、做最后一次报价以及最后的总结，以达成交易的目的。

任务描述

判断商务谈判进入成交阶段的标准是达到谈判基本目标和接近谈判约定时间以及从谈判策略来判定；谈判人员可以根据谈判对手的语言、表情、行为等捕捉成交信号；最终报价要注意时间、幅度、要求三个问题；且要进行最后的总结。

任务学习

商务谈判最重要的目的就是达成交易，有经验的谈判者善于在关键时刻，巧妙地表达自己的成交意向，或接受对方隐含的成交意向，趁热打铁促成交易。

资料卡

（1）成交是指谈判者接受对方的建议及条件，愿意根据这些条件达成协议，实现交易的行动过程。

（2）买卖双方以相同的价位达成交易的行为即为成交。

1. 判断商务谈判是否进入成交阶段的标准

（1）达到谈判基本目标。

①交易条件中余留的分歧较少。从数量上看，双方已达成一致的交易条件已占绝大多数，所剩的分歧数量仅占极小部分；从质量上看，交易条件中最关键最重要的问题都已经达成一致，仅余留一些非实质性的无关大局的分歧点。

②对手交易条件进入己方底线。如果对方认同的交易条件已经进入己方成交底线范围之内，谈判自然进入成交阶段。

想一想

谈判双方在砍价时，当一方报出 48 元，对方马上叫起来："你怎么能指望我们在 45 元以上买你们的商品呢？"这一句话输出了两个什么信息？

③双方交易条件达成一致。谈判双方在交易条件上全部或基本达成一致，而且个别问题如何做技术处理也达成共识。

（2）接近谈判约定时间。谈判的时间包括所需、所限的时间。谈判的时间多为双方约定，也有单方面限定的，或由于各种因素的变化使谈判时间随之变化。谈判必须在一定的时间内终结，不能无休止地拖延下去，当谈判时间即将结束，谈判自然就进入成交阶段。

（3）从谈判策略来判定。当谈判者使用最后立场、折中进退、总体条件交换等谈判策略时，意味着谈判进入成交阶段。

①最后立场策略。阐明己方最后的立场，讲清只能让步到某一地步，如果对方接受，则谈判成交。

②折中进退策略。根据双方立场和条件的差距，取中间条件作为双方共同进退或妥协的标准，以解决残余谈判。

③总体条件交换策略。双方谈判临近预定谈判结束时间或阶段时，以各自的条件作为整体一揽子的进退交换，以求达成协议。

码 10－1－1 一揽子服务策略促成的协议

2. 识别成交信号

即将达成交易时，谈判双方都会处于一种准备完成时的兴奋状态，而这种兴奋状态的出现往往是由于一方发出成交信号所致。

常见的成交信号有以下几种：

（1）谈判人员所提出的建议是完整的，没有不明确之处；如果他的建议未被接受，除非中断谈判，谈判者没有别的选择。

（2）谈判者用最少的言辞阐明自己的立场，谈话中表达出一定的承诺思想，但不含有讹诈的成分。

案例链接

成交的语言信号

买方：“你们在协议上说可以做到三年之内免费上门服务和维修，如果三年以后产品出现问题该怎么办?”卖方：“为了给客户提供满意的服务，我们公司已在各大区域建立了维修点，在保修期之外出现问题，您只要给公司总部的服务台打电话，公司会派离您最近的维修点工作人员上门服务，我们只收取基本的材料费。”

（3）谈判者在阐明自己的立场时，完全是一种最后决定的语气，行为上往往表现为坐直身体，双臂交叉，文件放在一边，两眼紧盯着对方，不卑不亢，没有任何紧张的表情。

案例链接

成交的表情信号

一次与客户谈判之中，刚开始我发现那位客户一直紧锁着眉头，而且还时不时地针对产品的质量和服务提出一些反对意见。对他提出的问题我都一一回答，同时还介绍了本公司产品的竞争优势及完善的客户服务系统。在我向客户说明这些情况的时候，发现他对我的推荐不再是一副漠不关心的模样，他的眼睛似乎在闪闪发亮，我知道我的介绍说到了他的心坎儿上，于是我便趁机询问他需要订购多少产品，他告诉了我他们打算订购的产品数量，我知道这场谈判很快就要成功了……

（4）回答对方的任何问题尽可能简单，常常只回答一个“是”或“否”，使用短词，很少用论据，表明确实没有折中的余地。

（5）一再向对方保证，现在结束对他是最有利的，并告诉他理由。

谈判主体、谈判议题、谈判背景等的不同，谈判者表现出来的成交信号也千差万别，无一定之规。优秀的谈判人员应该可以根据谈判对手的语言、表情、行为等变化（见图10－1），捕捉成交信号，目的就在于推进谈判的进程，设法使对方行动起来，从而促成谈判。

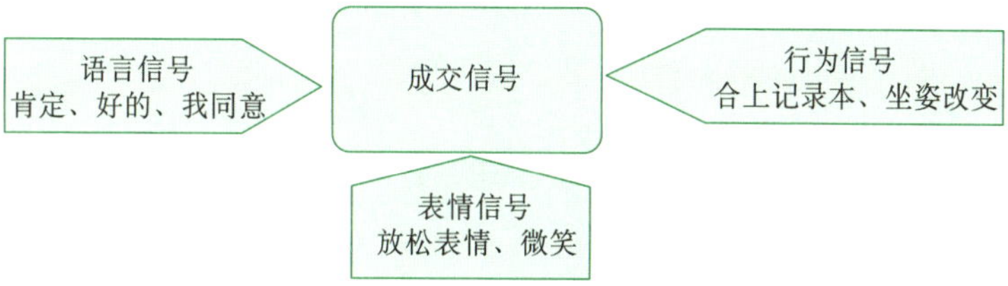

图10－1　成交信号

3. 最后一次报价

在一方发出成交意向的信号，而对方又有同感的时候，谈判双方都需要做最后一次报价。对最终报价，要注意以下几点：

（1）最后让步的时间选择。最后的让步不要过于匆忙，否则，会被认为是另一个让步，令对方觉得还可以再努力争取到另一些让步。对报价的让步如果过晚，对局面已不起作用或影响很小，也是不妥的。

为了选好时机，最好把最后的让步分成两步：主要部分在最后期限之前提出，刚好给对方留一定时间回顾和考虑；次要部分，如果有必要的话，应作为最后的“甜头”，安排在最后时刻做出。

（2）最后让步的幅度大小。最后让步的幅度掌握，应以恰好促成签约为度，既不能过大，也不能过小。过大，会引起对方的怀疑，对方可能认为己方在前面的谈判中有欺诈、有隐瞒，现在的让步是早就应该的让步；过小，对方会认为微不足道，因此可能难以促成交易。

（3）让步与要求同时提出。除非己方的让步是全面接受对方现时的要求，否则，必须让对方知道，不管在己方做出最后让步之前或做出让步的过程中都希望对方予以响应，做出相应的让步。

想一想

“我方的最后让步是违背上级指示的，这样做可能受到上级的责备，因此，贵方必须做出回报，以使我方回去后可以向上级有个交代。”这句话表明谈判者的什么意思？

4. 最后的总结

当谈判到了尾声，各项条件接近双方的预期目标，双方已有了成交意向，这时就要及时结束谈判，对前阶段的谈判成果进行最后的回顾和总结。

（1）明确是否所有的条件都已谈妥，是否还有一些未得到解决的问题，以及这些问题的最后处理方法。

（2）明确所有的谈判成果是否达到己方的目标，对于未达标部分如何在最终报价中挽回。

（3）把握好最后的让步项目和幅度。

（4）决定采用何种特殊的结束谈判技巧。

（5）着手安排交易记录事宜。

码 10－1－2
必须做好
交易记录

◆ 案例分析

牛主任的“担忧”

程潜到新华物流集团公司办公室去推销碎纸机。办公室牛主任在听完产品介绍后摆弄起样机，自言自语道：“东西倒是挺合适，只是办公室这些小年轻毛手毛脚，只怕没用两天就坏了。”程潜快速反应道：“这样好了，明天我把货运来的时候，顺便把碎纸机的使用方法和注意事项给大家讲讲，这是我的名片，如果使用中出现故障，请随时与我联系，我们负责维修。主任，如果没有其他问题，我们就这么定了！”

问题讨论：

1. 新华物流集团公司办公室牛主任有成交意向吗？
2. 程潜怎么识别成交意向信号并快速做出反应的？

任务实训

1. 背景资料

在谈判过程中，我们可以通过诸如“对方向你寻问交货的时间”“对方向你请教产品保养的问题”来判断谈判对方向你发出的成交信号。

2. 实训目标

通过实训使学生识别成交信号。

3. 实训步骤

（1）将全班学生分为若干个小组，每小组4～6人，推举一位组长。

（2）各小组分别研讨，模仿背景资料中的例子，罗列出谈判对方发出成交信号的具体事例，越多越好。

（3）各小组通过研讨后，形成一份研讨报告，写明事例、理由。

（4）各小组组长汇报工作成果，并将研讨报告上交老师。

4. 实训成果

研讨报告。

5. 实训评价

教师统一评价并展示优秀作品。

任务2
熟知达成交易的方法

学习目标

掌握分别使用不同达成交易的方法来推动对方的成交意愿，以达成交易。

任务描述

对于一个即将达成的协议，如果对方还有一些犹豫不决，我们可以采用期限成交法、优惠成交法、行动策略法、选择成交法、分析机会法、请求成交法、假定成交法、保证成交法、局部成交法、异议成交法来推动对方达成交易。

任务学习

对于一个即将达成的协议，如果对方还有一些犹豫不决，我们可以采用一些合适的方法来推动对方的成交意愿。

1. 期限成交法

期限成交法是指规定出谈判截止日期，利用谈判期限的力量向对方施加无形压力，借以达到达成成交的目的。

谈判中的买方和卖方都可以采用这一方法。

资料卡

实践证明，80%的谈判是在最后时刻达成交易的，人们往往在规定的时限到来前有一种心理压力——机不可失，时不再来。

2. 优惠成交法

优惠成交法，即向对方提供某种特殊的优待来达成交易，促成尽快签订合同的方法。它利用客户希望获得更大利益的心理，实行让利促成交易。

码 10－2－1
买方采用期限策略实例

拓展阅读

买几送一、折扣销售、附送零配件、提前送货、允许试用、免费安装、免费调试、免费培训、实行“三包”等都是优惠成交方法。

3. 行动策略法

行动策略法是谈判一方以一种主要问题已经基本谈妥的姿态采取行动，促进对方签订合约。如买方可以拿起笔或向对方借一支钢笔草写协议，边写边询问对方喜欢哪一种付款方法；卖方可以边写边询问对方愿意将货物运送到哪个地点或仓库等。

4. 选择成交法

选择成交法是指为客户设计出一个有效成交的选择范围，以引导对方选择成交方案的方法。

我们所提供的选择事项应让客户从中做出一种肯定的回答，尽量避免向客户提出太多的方案，最好的方案就是两项，最多不要超过三项，否则不能够达到尽快成交的目的。

案例链接

先生，喝咖啡还是牛奶

商场休息室经营咖啡和牛奶，刚开始服务员总是问顾客：“先生，喝咖啡吗?”或：“先生，喝牛奶吗?”销售额平平。老板要求服务员换一种问法：“先生，喝咖啡还是牛奶?”结果销售额大增。

5. 分析机会法

在成交阶段，一方可以为对方分析成交与不成交的利害得失，并强调现在的时机是有利的。例如，卖方可以向买方分析物价即将上涨的背景，如果拖延时间，将给双方造成损失。

6. 请求成交法

请求成交法也称直接成交法，是指在捕捉到客户发出的成交信号后，直接提出购买建议，以求适时成交的一种方法。例如，既然没有什么问题，我看我们现在就把合同签了吧。

这种成交法充分地利用了各种的成交机会，快速地促成交易，提高工作效率。

7. 假定成交法

假定成交法也称假设成交法，是指在假定客户已经接受成交建议，同意购买的基础上，通过提出一些具体的成交问题，直接要求客户成交的方法。

这种成交法将谈判直接带入实质性阶段，它使顾客不得不做出反应。

案例链接

假如您购买

“杨先生，现在你只要花几分钟工夫就可以将换取牌照与过户的手续办妥，再有半个钟头，你就可以把这部新车开走了。如果你现在要去办公事，那么就把这一切交给我们吧，我们一定可以在最短的时间内把它办好。”

8. 保证成交法

保证成交法是指直接向客户提出成交保证，使客户立即成交的一种方法。

当客户由于诸如产品的单价过高、风险较大、对产品不了解而产生心理障碍，对成交犹豫不决时，用保证成交法可以消除客户成交的心理障碍，增强成交信心以达成交易。例如“您放心，这个机器我们 3 月 4 日给您送到，全程的安装由我亲自来监督。等没有问题以后，我再向总经理报告。”

9. 局部成交法

码 10－2－2
局部成交法

局部成交法又称为小点成交法，是指利用局部成交来间接地促成整体成交的方法。

这种成交法是相对于“大”而言的，它利用客户的成交心理活动规律避免直接提示客户比较敏感的重大成交问题，而是向客户提出比较小的次要成交问题。逐渐由小到大，由小攻大，由小求大，先小点成交，再大点成交，最后促成签约。

10. 异议成交法

异议成交法也称大点成交法，是利用处理客户异议的机会，直接提出成交要求，促使签约的一种方法。因为客户提出的异议，大多是其决定是否购买的主要瓶颈，异议处理完毕如果立即请求成交，往往收到趁热打铁的效果。

◆ 案例分析

马女士的“不二价”

范先生相中了一套极想购买的房子。当他和售楼先生就这套房价格谈到 690 万元，还想再往下谈时，对方的老板马女士亲自出马了。范先生对马女士“抱怨”：房子颜色不好、梁柱不对称等等。俗话说，会嫌货的才是会买货的。马女士心知肚明，最后同意以 680 万元交房，条件是必须当场做决定。范先生提出要回去考虑考虑。但马女士很坚决：隔天再来，还想再杀价，那就免谈，也就是说出了这个门再回来，价钱就回到 690

万元，绝不二价！迫于情势，范先生当场决定签约买下这套房子。

问题讨论：

1. 马女士用什么方法促成范先生签约？
2. 范先生为什么决定签约？如果你是范先生，你会签约吗？

任务实训

1. 背景资料

您用现钱支付还是用转账支票？
存货不多，欲购从速。
允许试用。
……

2. 实训目标

通过实训使学生了解达成交易方法的应用。

3. 实训步骤

（1）将全班学生分为若干个小组，每小组 4 ~ 6 人，推举一位组长。
（2）各小组模仿背景资料给出的小例子，罗列出达成交易方法的实例，越多越好。
（3）各小组根据研讨结果，分门别类写出各实例，形成一份研讨报告。
（4）各小组组长汇报研讨成果，并将研讨报告上交老师。

4. 实训成果

研讨报告。

5. 实训评价

教师统一评价并展示优秀作品。

任务 3
知晓商务合同

学习目标

通过学习商务合同的签订，商务合同效力的认定，商务合同的履行，商务合同的担保和保全，商务合同的变更、转让和终止，商务合同的违约责任承担，从而全面知晓商务合同，并将其应用于商务活动中。

任务描述

商务合同主要由商务合同的签订、商务合同效力的认定、商务合同的履行、商务合同的担保和保全、商务合同的变更、转让和终止、商务合同的违约责任承担等内容构成。

任务学习

商务沟通与谈判的最后环节是签约。签约是指谈判双方就交易中的各项重要内容完全达成一致后，为了双方权利与义务关系的稳定，取得法律的确认和保护，而签订具有法定效力的合同文书。

码 10－3－1
合同的基本条款

1. 商务合同的签订

（1）商务合同的含义。《中华人民共和国合同法》（以下简称《合同法》）中规定：合同是指平等主体的自然人、法人、其他组织之间设立、变更、终止民事权利义务关系的协议。

商务合同是指当事人在商务活动中为了实现一定目的而设立、变更、终止民事权利义务关系的协议。

（2）商务合同的基本条款。由于商务谈判内容不同，商务合同的条款就会不同，但各种商务合同均有共同的、基本的条款，商务合同的基本条款有：谈判方的基本情况、商务合同标的、数量、质量、价款或酬金、商务合同履行期限及地点和方式、违约责任、解决争议的办法等。

（3）商务合同的组成。

①首部。首部由标题、谈判方基本情况及商务合同签订时间、地点构成。

②正文。正文包括商务合同引言条款、标的条款、报酬（价格）条款、支付条款、经济技术指标条款、验收条款、验收标准条款、交付条款、违约处罚条款、免责条款、保密条款、争议处理条款、生效条款等。

③尾部。商务合同结尾一般包括以下内容：双方谈判方签名、盖章；单位地址、电话号码、电报挂号、邮政编码；银行开户名称、开户银行账号；签证或公证等。

④附件。商务合同附件是合同正文的延伸与具体化，主要是对商务合同标的条款或有关条款的说明性材料及相关证明材料。

（4）商务合同签订的程序。商务合同的订立程序是当事人就商务合同内容进行协商并达成一致意见的过程。《合同法》第十三条规定：当事人订立合同，采取要约、承诺方式。

①要约。要约是指缔约人一方向另一方发出订立合同的提议并提出合同条件的意思表示，是订立合同的必经阶段。发出要约的一方称为要约人，接受要约的一方或要约所指向的人称为受要约人做相对人（如受要约人做出承诺，则称其为承诺人），简称受约人。

资料卡

意思表示概念意味着法律交易参与人或交易人欲设立一定法律关系的愿望的外在表达或宣示，是通过外部表达一种要获得一定法律后果的意思。是否有合格的意思表示直接决定着合同是否成立以及效力的有无。

②承诺。承诺是指受要约人同意接受要约的条件以缔结合同的意思表示。承诺的法律效力在于一经承诺并送达于要约人，商务合同便告成立。承诺的效力在于使商务合同成立，订立合同的阶段结束。

（5）签订商务合同。商务合同文本撰写后，要进行商务合同的签订工作。为此，要做好以下几项工作：

①审查签约对象的主体资格和资信能力。为防范欺诈行为，减少交易风险，必须认真审查对方的主体资格、履约能力、信用情况等。

首先要查看对方的营业执照和企业参加年检的证明资料，了解其经营范围以及对方的资金、信用、经营情况，其项目是否合法等。如果他有担保人，也要调查相关担保人。

其次要审查签约人的资格，查看对方提交的法人开具的正式书面授权证明，了解对方的合法身份和权限范围，以确保商务合同的合法性和时效性。对于标的额大的交易，还应到工商、税务、银行等单位调查对方当事人的资信能力。

②确定商务合同的签字、签章。

a. 自然人签名。自然人签名以清楚的中文签名为宜，避免草书、英文签名。

b. 盖章。盖章要用公章或合同专用章，避免使用财务专用章或部门公章。

c. 骑缝章、骑缝签名。商务合同有多页的，应加盖骑缝章、骑缝签名，以避免日后产生纠纷时作技术鉴定的麻烦。

d. 修改核对签字、签章。对于商务合同中的修改部分，应在修改处加盖核对章或签名。

e. 当面签字盖章。尽量避免使用假签名、假公章的可能性。

③举行一定的签字仪式。签字仪式的正式程序一共分为四项（见图 10－2）。

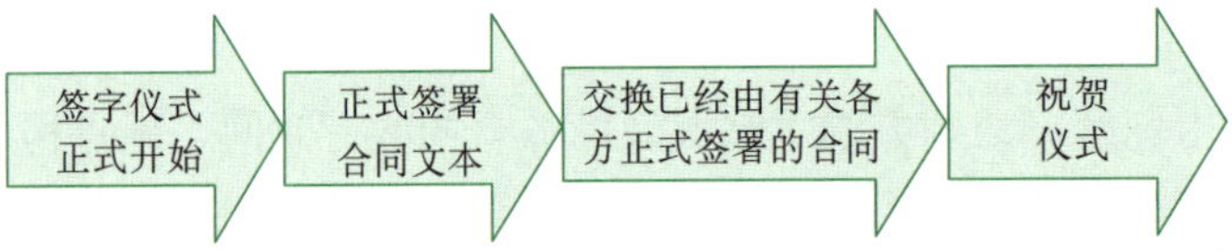

图 10－2　签字仪式流程

a. 签字仪式正式开始。有关各方人员进入签字厅，在既定的位次上各就各位。主持人宣布签字仪式正式开始，介绍来宾并邀请领导致辞。

b. 正式签署合同文本。礼仪人员承递上正式签署的合同文本。通常的做法是首先签署己方保存的合同文本，再接着签署他方保存的合同文本。签字时由助签人协助翻开文本，指明签字处。

c. 交换已经由有关各方正式签署的合同文本。各方应首先在己方的文本上签字，再交由他方签署，交换的工作应由助签人来完成。在己方文本上签字时，应当使自己名列首位，这样在次序排列上可以使有关各方都有机会居于首位，以示各方平等（如果双边谈判就有一边一个共 2 个合同文本，双方都在己方的文本居首位，对方的文本居次位。多边谈判同理）。如果签署的是多边合同，一般由主方代表先签字，然后依一定次序由各方代表签字。签字完成后，助签人换回各自的文本。

d. 仪式祝贺。主持人宣布签字仪式结束。此后，礼仪人员应端上香槟酒，大家共同举杯，相互祝愿。

2. 商务合同效力的认定

合同生效是指依法成立的合同，自成立时产生法律上的约束力。合同一经生效，合同当事人即享有合同中所约定的权利和承担合同中所约定的义务，任何单位和个人都不得对合同当事人进行非法干涉。

图 10－3 所示为商务合同效力的认定必须审查的项目。

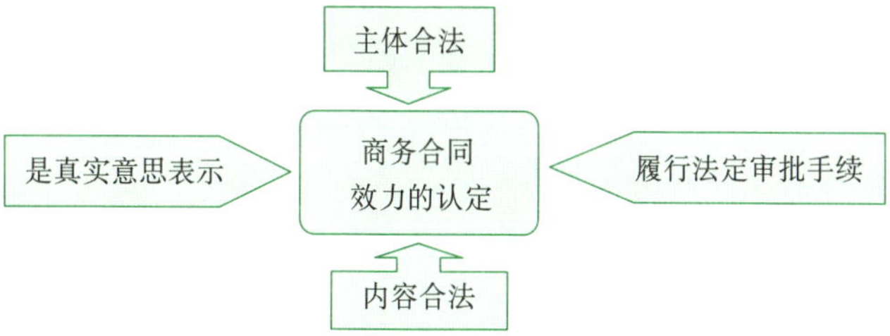

图 10－3　商务合同效力的认定

（1）合同主体是否具备合法资格。合同主体必须具备合法资格，审查合同主体时，应重点审查合同主体是否具备签订及履行合同的资格。

（2）合同内容是否合法。合同内容合法就是要求合同内容要符合国家法律和行政法规的规定，符合国家利益和社会公共利益，只有合同内容合法才对谈判方具有约束力，才能得到国家的承认和保护。

（3）合同当事人的意思表示是否真实。合同是谈判双方意思表示一致的协议，只有意思表示真实的合同才能发生法律效力。合同谈判方的法律地位平等，一方不得将自己的意志强加另一方。

（4）合同是否履行了法定的审批手续。法律、法规规定必须经过主管部门审核批准合同才能生效，合同签订后，必须履行法定的审批手续才具有法律效力。

3. 商务合同的履行

商务合同的履行，是指商务合同生效后，双方当事人正确、适当、全面地完成商务合同中规定的各项义务的行为。商务合同的履行是商务合同法律约束力的具体表现，当事人应当按照约定全面履行自己的义务。

（1）商务合同履行的原则。

①实际履行原则。实际履行原则是指当事人按照商务合同约定的标的完成合同各自义务的原则。在履行商务合同过程中，要按照约定的标的来履行，不能用其他标的代替原商务合同标的履行。义务人如果不能按商务合同约定的标的履行，就要承担违约责任。

②全面履行原则。全面履行原则是指当事人按照商务合同约定的全部条款来履行自己的义务。即按照约定的数量、质量、价格、履行期限、履行地点全面完成商务合同约定义务的履行原则。

③协作履行原则。协作履行原则是指合同当事人不仅要履行自己的商务合同义务，同时

应协助对方当事人履行商务合同义务的履行原则。

④经济履行原则。经济履行原则要求在履行商务合同时，讲求经济效益。债务人在履行债务时可以选择合理的运输方式，合理的履行期限履行商务合同义务，当履行原商务合同的费用超过原商务合同的价值时，可以适当考虑用其他方法来代替原商务合同的履行。

（2）商务合同条款约定不明确的履行规定。由于主观或客观的原因，有时商务合同的条款欠缺或约定不明确，在履行这些条款时，当事人可以达成补充协议；不能达成补充协议的，按照《合同法》的规定采取一系列补救措施。

①质量要求不明确的履行。按照国家标准、行业标准履行；没有国家标准、行业标准的，按照通常标准或者符合商务合同目的的特定标准履行。

②价款或者报酬不明确的履行。按照订立商务合同时履行地的市场价格履行；依法应当执行政府定价或者政府指导价的，按照规定履行。

③履行地点不明确的履行。给付货币的，在接受货币一方所在地履行；交付不动产的，在不动产所在地履行；其他标的的，在履行义务一方所在地履行。

④履行期限不明确的履行。债务人可以随时履行，债权人也可以随时要求履行，但都应当给对方必要的准备时间。

⑤履行方式不明确的履行。按照有利于实现合同目的的方式履行。

⑥履行费用不明确的履行。由履行义务一方负担。

4. 商务合同的担保和保全

（1）商务合同的担保。商务合同担保是指依照法律规定，或由谈判方双方经过协商一致而约定的，为保障合同债权实现的法律措施。设定商务合同担保的根本目的，是保证商务合同的切实履行。

商务合同担保的主要形式：

①保证担保。保证担保是保证人以自己的名义担保被保证人履行商务合同，当被保证人不履行商务合同或不完全履行商务合同时，由保证人连带承担赔偿损失的责任。被保证人不履行商务合同或不完全履行商务合同时，另一方当事人有权请求保证人连带承担赔偿损失的责任，同时，有权请求被保证人继续按约履行商务合同。

②订金担保。订金是合同的一方当事人，为证明商务合同的成立和保证商务合同的完全履行，在标的物价款或酬金的数额内，预先给付对方当事人一定数额的货币作为担保的担保方式。

③留置担保。留置担保是指债权人依法占有债务人的动产，债务人不按照商务合同约定的期限履行债务的，债权人有权依照法律规定留置该财产，以留置财产折价或者以拍卖、变卖该留置物的所得价款中优先受偿。

④抵押担保。抵押担保是指债务人或者第三人不转移对某一特定物的占有，而将该财产作为债权的担保，债务人不履行债务时，债权人有权依照担保法的规定以该财产折价或者以拍卖、变卖该财产的价款优先受偿。

⑤违约金担保。违约金也是一种担保方法，是我国经济合同规定的主要担保形式。商务合同中的违约金就是一方当事人不履行或者不适当履行商务合同时，必须给违约者一种经济

制裁，以便督促商务合同当事人信守商务合同条款，认真地、全面地履行商务合同义务。

（2）商务合同的保全。商务合同的保全，准确地说是商务合同债的保全，是指法律为防止因债务人财产的不当减少致使债权人债权的实现受到危害，而设置的保全债务人责任财产的法律制度。具体包括债权人代位权制度和债权人撤销权制度。

①债权人代位权。债权人代位权是指由于债务人怠于行使其对第三人享有的到期债权，对债权人造成损害的，债权人可请求法院允许以自己的名义代位，向第三人行使债务人债权的权利。

②债权人撤销权。债权人撤销权是指当债务人所谓的减少其财产的行为危害债权实现时，债权人为保全债权而请求法院予以撤销该行为的权利。

5. 商务合同的变更、转让和终止

依法成立的商务合同受法律保护，对当事人具有法律约束力。当事人应当按照商务合同约定履行自己的义务，不得擅自变更或者解除商务合同。如果在商务合同订立之后，因为各种原因使商务合同内容或者商务合同主体发生了变更，则为商务合同的变更与转让。如果当事人基于履行、提存、抵销等原因使商务合同消灭，即为商务合同的终止。

（1）商务合同的变更。商务合同变更是指商务合同依法成立后，在尚未履行或尚未完全履行时，当事人依法经过协商，对商务合同的内容进行修订或调整所达成的协议。

商务合同依法成立，即具有法律约束力，当事人必须严格履行商务合同中规定的权利和义务，任何一方不得擅自变更。但在实际履行过程中，商务合同双方当事人常常需要对商务合同内容做出某些修改或补充，这就需要对商务合同进行变更。法律、行政法规规定变更商务合同应当办理批准、登记等手续的，应当办理相应手续。

商务合同的变更要注意两方面问题：一是对商务合同做出变更，必须经双方当事人的协商同意；二是商务合同变更的形式应与商务合同订立的形式一样采取书面形式，在商务合同变更的情况下，如一方当事人给另一方当事人带来损失，当事人有要求赔偿损失的权利。

（2）商务合同的转让。商务合同转让是指商务合同成立后，当事人依法可以将商务合同中的全部权利、部分权利或者商务合同中的全部义务、部分义务转让或转移给第三人的法律行为。它只是商务合同主体的变更，不涉及商务合同规定的权利、义务。

当事人把自己享有的商务合同权利或应当履行的义务全部转让给第三者，必须事先征得商务合同另一方当事人的同意，对中国法律、法规规定应由国家批准成立的商务合同，其权利、义务的转让也应经原批准机关同意。

债权人不得转让的几种情形：根据商务合同性质不得转让的；按照当事人约定不得转让的；依照法律规定不得转让的。

（3）商务合同的终止。商务合同的终止是指因发生法律规定或当事人约定的情况，使当事人之间的权利义务关系消灭，而使商务合同终止法律效力。

《合同法》规定的终止原因有：

①债务已经按照约定履行完毕。

②当事人之间的合同解除。

拓展阅读

合同解除

合同解除是指在合同成立之后、未完全履行之前，因当事人一方或者双方的原因而使合同权利义务终止的一种法律行为。

根据有关规定，有下列情形之一的，当事人一方有权通知另一方解除合同：

（1）如果谈判一方违反合同，以致严重影响订立合同所期望的经济利益。

（2）如果谈判另一方在合同约定的期限内没有履行合同，在被允许推迟履行的合理期限内仍未履行合同的。

（3）发生不可抗力事件，致使合同的全部义务条款不能履行。

（4）其他诸如合同约定的解除合同的条件已经出现，当事人一方有权通知另一方解除合同。

③债务相互抵销。

④债务人依法将标的物提存。

⑤债权人免除债务人的债务。

⑥债权债务同归于一人，即混同。

⑦法律规定或者当事人约定合同终止的其他情形出现。

合同的权利义务终止后，当事人应当依照《合同法》的规定，遵循诚实信用原则，根据交易习惯履行通知、协助、保密等义务。

6. 商务合同的违约责任承担

商务合同的违约责任是指合同当事人一方不履行商务合同义务或履行商务合同义务不符合商务合同约定所应承担的民事责任。违约责任制度是保证当事人履行商务合同义务的重要措施，使商务合同具有法律约束力，有利于促进商务合同的履行和弥补违约造成的损失。

（1）承担违约责任的主要形式。

根据《合同法》的规定，承担违约责任的形式主要有：继续履行、赔偿损失、支付违约金、订金等。

①继续履行。继续履行是指一方当事人在拒不履行商务合同或者不适当履行商务合同的情况下，另一方不愿解除商务合同，也不愿接受违约方以金钱赔偿方式代替履行商务合同，而坚持要求违约方履行商务合同约定给付的一种违约责任的承担方式。

继续履行在以下三种违约情况下适用：债务人无正当理由拒不履行商务合同，债权人可以要求其履行；债务人不适当履行商务合同，债权人可以请求继续实际履行；债权人迟延受领的，债务人则可请求债权人履行受领债务人给付的义务。

依据《合同法》规定，有下列情形之一的，可以免除债务人继续履行的义务：法律上或者事实上不能履行；债务的标的不适于强制履行或者履行费过高；债权人在合理期限内未按要求履行的。

②赔偿损失。当事人一方不履行商务合同义务或者履行商务合同义务不符合约定的，在履行义务或者采取补救措施后，对方还有其他损失的，应当赔偿损失。

赔偿损失的金额应当以因违约所造成的损失为限，包括权利人的直接损失和间接损失，但不得超过违反商务合同一方订立合同时预见到或者应当预见到的因违反商务合同可能造成的损失。

当事人一方违约后，非违约方应当采取适当措施防止损失的扩大；如若没有采取适当措施，而放任损失扩大的，不得就扩大的损失要求赔偿。当事人因防止损失扩大而支出的合理费用，由违约方承担。

③支付违约金。《合同法》规定，当事人可以约定一方违约时应向对方支付一定数额的违约金，也可以约定违约责任发生后违约金的计算方法。

如果约定的违约金低于造成的实际损失的，债权人可以请求人民法院或者仲裁机构予以增加；如果约定的违约金过分高于造成的实际损失的，债务人可以请求人民法院或者仲裁机构予以适当减少。

当事人就迟延履行支付违约金的，违约方支付违约金后，非违约方要求继续履行合同的违约方应当继续履行。

④订金。《合同法》规定，当事人可以依照《中华人民共和国担保法》的规定，约定一方向对方给付订金作为债权的担保。债务人履行债务后，订金应当抵作价款或者收回。如果给付订金的一方违约，无权要求返还订金；接受订金的一方违约，应当双倍返还订金。

《合同法》规定，如果当事人既约定有违约金，又约定有订金的，一方违约时，非违约可以选择适用违约金或者订金条款。即订金和违约金条款不能同时适用。

（2）免责事由。免责是指在商务合同履行的过程中，因出现了法定的免责条件或合同约定的免责事由，违约人将因此而免于承担违约责任。这些法定的免责条件和约定的免责事由被统称为免责事由。我国《合同法》仅承认不可抗力为法定的免责事由。

不可抗力是指买卖合同签订后，由于发生了合同当事人无法预见、无法预防、无法避免和无法控制的事件，以致不能履行或不能如期履行合同。不可抗力包括自然灾害、政府行为、社会异常现象等几种情况。

◆ **案例分析**

码 10－3－2
食堂采购合同

商品买卖合同

甲方（买方）：

乙方（卖方）：

本合同由甲、乙双方共同协商，并根据以下各项条款达成一致而签订。

1. 商品内容

产品名称	规格	单位	数量	单价	金额
合　计	大写：		￥：		

2. 供货时间

在合同有效期限内，按需方签发的订单分批供货。

3. 交货地点

买方指定地点。

4. 结算方式

（1）订金：本合同签订日，支付总价的30%，即人民币____元。
（2）余款：商品交付甲方后____日，支付总价的70%，即人民币____元。

5. 交货方式及费用负担

供方负责。

6. 供方对质量负责的条件和期限

（1）买方提货后如发现质量、规格、数量不符，应于承运方到货日起三天内书面提出，否则视为买方认可该批货物符合合同规定。
（2）货物到达合同指定地点后发生的费用和风险由买方承担。

7. 保险索赔

买方验收时如发现破损或短少，应立即向承运人索赔或及时向卖方提供有关货物短少或破损的资料。

8. 违约责任

（1）买方中途退货的，应赔偿因退货所致卖方的损失，并按照该批订单金额的10%向卖方支付违约金。
（2）供方若推迟供货时间，每日按订单金额的5‰赔偿买方的损失。

9. 争议的解决

本合同履行过程中发生的一切争议，由双方协商解决，协商不成的通过诉讼解决，由诉讼方所在地法院管辖。

10. 生效时间

合同上述条款经双方签字盖章即具法律效力，有效期至____月____日止。

买方：	卖方：
地址：	地址：
电话：	电话：

传真：　　　　　　　　　　　　　　　　传真：
开户银行：　　　　　　　　　　　　　　开户银行：
账号：　　　　　　　　　　　　　　　　账号：
签约人：　　　　　　　　　　　　　　　签约人：

问题讨论：

上述合同包含哪些内容？

任务实训

1. 背景资料

鸿威汽车有限公司与启胜汽车有限公司技术合作签字仪式将于下周一在凯莱大酒店 3 楼宴会厅 1 号厅举行，两家公司的高管都将到场。

2. 实训目标

通过实训使学生了解商务谈判签约仪式流程。

3. 实训步骤

（1）将全班学生分为双数小组，每小组 4 ~6 人，每两个小组结成一对，其中一个小组扮鸿威代表团，另一个小组扮启胜代表团，每代表团推举一位首席代表。

（2）根据背景资料为两家公司设计技术合作签字仪式流程。

（3）各代表团分别结对研讨，通过研讨后，形成一份研讨报告，详细表述两家公司签字仪式流程。

（4）各代表团首席代表汇报工作成果，并将研讨报告上交老师。

（5）老师根据各代表团工作情况，选择成绩最好的一对代表团做技术合作签字仪式模拟表演展示。

4. 实训成果

研讨报告、签字仪式流程模拟表演展示。

5. 实训评价

教师统一评价并展示优秀作品。

思考与练习

1. 单项选择题

（1）优秀的谈判人员可以根据谈判对手的（　　）等变化，捕捉成交信号。

A. 语言　　B. 表情

C. 行为　　D. 语言、表情、行为

（2）（　　）是指规定出谈判截止日期，利用谈判期限的力量向对方施加无形压力，借以达到促成签约的目的。

A. 期限成交法　　B. 优惠成交法

C. 行动策略法　　D. 选择成交法

（3）（　　）是指向对方提供某种特殊的优待，尽快签订合同。

A. 期限成交法　　B. 优惠成交法

C. 行动策略法　　D. 选择成交法

（4）（　　）是指谈判一方以一种主要问题已经基本谈妥的姿态采取行动，促进对方签订合约。

A. 期限成交法　　B. 优惠成交法

C. 行动策略法　　D. 选择成交法

2. 多项选择题

（1）履行合同应当遵循（　　）等原则。

A. 实际履行　　B. 全面履行

C. 协作履行　　D. 经济履行

（2）商务合同一般由（　　）组成。

A. 首部　　B. 正文

C. 尾部　　D. 附件

（3）承担商务合同的违约责任的主要形式有（　　）。

A. 继续履行　　B. 赔偿损失

C. 支付违约金　　D. 订金

3. 判断题

（1）虽然谈判主体、谈判议题、谈判背景等不同，但谈判者表现出来的签约信号是一样的。（　　）

（2）谈判中的买方和卖方都可以采用期限成交法。（　　）

（3）合同是指平等主体的自然人、法人、其他组织之间设立、变更、终止民事权利义务关系的协议。（　　）

（4）一般合同都能保证履行，所以合同担保的意义不大。（　　）

（5）谈判的时间包括所需、所限的时间。（　　）

4. 案例分析题

案例 1

识别信号

如下的一些动作或问话：

（1）不时用手摸摸商品，凝视商品；

（2）问及付款方法，商品的折旧率以及保证期限，售后服务或维修状况等；

（3）褒奖其他公司的产品，甚至列举产品的名称；

（4）突然开始杀价或对商品提毛病；

（5）直叹“实在拿你没办法”“真说不过你”；

（6）向周围的人问：“你们看如何?”“怎么样，还可以吧?”；

……

以上都是宝贵的信号，谈判人员必须善于捕捉。

问题讨论：

（1）上述动作和问话表示一种什么含义？

（2）针对这些动作和问话，接收者该分别做出什么样的反应？

案例 2

脐橙交易商务合同

军湖果品专业合作社向多家果品加工企业寄送了脐橙、蜜桔、甜柚等水果品种简介及价目表。吕尧果品加工有限公司收到后，立即传真表示希望按照价目表所列价格购买脐橙 10 吨，要求一周内运至指定地点，并承诺货到通过银行转账的方式付全款。

问题讨论：

请根据上述资料草拟一份脐橙交易商务合同。

项目十一

11 知晓礼仪在商务谈判中的应用

案例导入

失礼的代价

一位日商想在开发区内买几套住房，在翻译的陪同下来到了一家房地产公司。销售部的门开着，屋里面七扭八歪地坐着几个工作人员，日商与翻译进屋后，与其中一位销售人员交谈起来。大约过了20多分钟，这位销售人员才想起支走室内两人给客人让座。他们继续再谈购房生意，屋里另外几位销售人员仍我行我素，对日商提出的问题，七嘴八舌地抢答，意见不一致时还争论不休……一段时间后，该房地产公司的销售人员联系日商，从翻译那里得到的回答是："总经理让我转告，我们已经和另外一家房地产公司接触，基本上已选定他们的房产。感谢你们的来访，但总经理现在很忙，非常抱歉不能接待你们。"

（资料来源：关兰馨．第一流的商务谈判．北京：中国发展出版社，1998.）

问题思考：

分析此房地产公司的销售人员谈判失败的原因是什么？

任务1
树立良好形象

学习目标

了解谈判人员的基本素质要求，理解、掌握仪表礼仪及寒暄方式，以用于商务谈判中。

任务描述

对谈判而言，彼此美好的第一印象是迈向成功的关键，庄重的仪表、得体的寒暄方式都有助于谈判人员塑造良好的个人形象，从而促使谈判的成功。

任务学习

在商务谈判活动中，谈判人员要树立在谈判中的良好个人和企业形象，既要了解自身应具备的基本素质、素养，又要讲究基本的社交礼仪。

1. 谈判人员的素质

商务谈判是一项涉及多方面知识的人际交往工作，是谈判双方智慧和能力的较量，只有具备下列素质的人才能担任。

（1）良好的职业道德。良好的职业道德是谈判人员必备的素质，也是谈判成功的必要条件。商务谈判人员在谈判桌上不仅代表组织个体的经济利益，在某种意义上还肩负着维护国家利益的义务和责任。因此，作为谈判人员必须遵纪守法、廉洁奉公，忠于国家、组织和职守，要有强烈的事业心、进取心和责任感。

（2）健全的心理素质。健全的心理素质表现为谈判者应具备坚韧顽强的意志力、高度的自制力和良好的协调能力等。

（3）合理的学识结构。商务谈判的参加者必须要有合理的学识结构，既要知识面宽，又要在某些领域有较深的造诣。即不仅在横向方面有广博的知识，而且在纵向方面也要有较深的专业学识，两者构成一个“T”字形的知识结构。

想一想

谈判人员如何才能具备“T”字形的知识结构?

（4）较强的能力素养。谈判者的能力是指其驾驭商务谈判这个复杂多变的“竞技场”的能力，主要包括社交能力、表达能力、应变能力、创新能力、运筹能力等。

（5）良好的身体素质。谈判人员必须体质健壮、精力充沛、神采奕奕，以适应强体力的谈判活动。

码 11－1－1
男士着装

码 11－1－2
女士着装

2. 谈判人员的仪表

人的形象常常是通过个人仪表反映出来的。一个整洁、大方、庄重的仪表能帮助谈判人员给对方以好感，有利于提高谈判的效果。因此，谈判人员应注重自身的仪表，努力树立自己在谈判中的良好形象。

（1）着装得体。谈判人员应选择与谈判环境及社交场合相适应，与自己的身份、地位、年龄相符的衣着服饰，而西装套装（套裙）已成为谈判中普遍认可的服装。西装套装的颜色必须选择素雅的，以深、单色为宜，通常是蓝色、灰色或黑色的。

①男士着装。男士切忌穿非正式的休闲装、运动装。穿着西装时，口袋不能装鼓囊之物，扣子可扣可不扣。如果扣上扣子，单排双粒扣，一般只扣第一粒；单排三粒扣，只扣中间一粒；双排六粒扣和双排四粒扣都只需扣最下排两粒扣。

②女士着装。按国际惯例，谈判桌上只分春秋季和夏季。因此，谈判活动中的服装也可分为春秋装和夏装。女性谈判代表由于年龄的差异，其着装要求也有所区别。中青年女性的着装应体现女性的自尊和自信，中老年女性着装则需讲究庄重、和谐。一般女性在参加谈判过程中的各类活动时，春秋季可着西装、西装套裙或毛衣套装；夏季可着长、短袖衬衣配裙子或裤子、连衣裙、西装、西装套裙等。但无论什么季节，如果是重要的谈判，女性都应着西装或西装套裙。

（2）搭配合理。男士着西装应配衬衫和领带，三者搭配协调能令谈判人员风度翩翩、庄重优雅。衬衫应挺括整洁无皱褶，尤其应注意领口和袖口的整洁。穿着衬衫时应将下摆塞在西裤里，袖口必须扣上。选配衬衫时，衬衫的领应比西装的领高 1.5 ~ 2 厘米，袖口比西装的袖口长 1 ~ 2.5 厘米。领带系好后，两端应自然下垂，宽片略长于窄片，领带的长度以到皮带扣处为宜。如果使用领带夹，其位置应夹在从上向下数衬衫的第四粒纽扣处。穿上西装上装后，领带夹应看不见。西装、衬衫、领带三者在色调上应有对比，即西装颜色越深，衬衫、领带的颜色应相对明快。如果西装与领带色调一致，则两者的颜色应有深浅变化。

女士饰品的佩戴与着装应合乎礼仪。佩戴饰品应考虑性别差异、场合、有关传统习惯及饰品本身的质地等因素。在一般场合中，可适当佩戴首饰；正规场合不佩戴或少佩戴；交际应酬时可佩戴；社交场合应遵从传统和习惯，不佩戴标新立异的饰品；不佩戴粗制滥造的饰品。

鞋、袜的穿着影响着整体的着装效果。在正式场合中，男士一般穿没有花纹的黑色皮鞋，女士可穿不同色系的皮鞋来搭配不同色系的服装，以便让自己显得更加光彩动人，但多以黑色高跟鞋为主。在礼仪场合中，应杜绝穿露脚趾的皮凉鞋、旅游鞋、布鞋以及其他便鞋。正式场合中，男士应穿深色、质地好的中长筒袜子，以免坐下时露出皮肤；女士应穿肉色、黑色或浅色丝袜且丝袜上绝不能有破洞。如果是长筒丝袜，则其长度应高于裙子下部边缘，否则极不雅观。在礼仪场合中，应杜绝赤脚穿鞋、以短袜配裙子及穿图案过于复杂的袜子和网眼袜。

（3）仪容整洁。谈判人员应随时保持面部的整洁，男士应养成每天认真清洁面部和刮胡子的习惯。头发对于谈判人员也同等重要，谈判人员应选择适合自己的发型并经常清洗头发以保持头发的干净整洁。

码 11－1－3
仪容

3. 谈判人员的寒暄方式

寒暄是交谈的“序曲”，其基本功能是联络感情，它能为谈判双方制造良好的、轻松愉悦的谈判气氛，能让双方在很短的时间内轻松自如地将话题过渡到谈判的正题上。

寒暄的内容没有特别的限制，但应与谈判环境及谈判对手的特点相适宜，并容易让对方接受。寒暄的方式多种多样，比较常见的有如下几种：

（1）夸赞型。人人都有获得他人肯定和认可的需要，希望能得到他人真心实意地赞美。因此，夸赞型寒暄方式能制造和谐气氛，迅速融洽双方关系。应注意的是，夸赞对方一定要得体，要了解对方的需求，否则会适得其反。

（2）触景生情型。触景生情型寒暄方式是根据双方见面时的具体场景临时产生的问候语。例如，“在看什么书呀?”这种寒暄方式虽是随口而来，但也应得体、恰当，应区分对象、时间、场合，灵活选择不同的寒暄话语。

（3）言他型。谈判双方初次见面，彼此都是陌生人，一时难以找到合适的话题，就可以运用类似“今天天气真好”的话语打破拘束、尴尬、沉闷的气氛。

（4）攀认型。攀认型寒暄方式是通过发现彼此之间的共同点，与对方攀认某种关系来沟通感情。例如，同学关系、校友关系、老乡关系等等。

（5）敬慕型。用对对方的尊敬、仰慕来融洽关系的话语。例如，“早就听说过您了!”

（6）问候型。问候型寒暄内容繁杂，一般可归纳为：表示礼貌的问候语、表达思念之情的问候语、表达关心之意的问候语、表示友好的问候语。

想一想

“您下班了?”属于哪种寒暄方式?

◆ 案例分析

割草机谈判

中国某企业与德国一公司洽谈割草机出口事宜。按礼节，中方提前五分钟到达公司会议室。到场的中方谈判人员穿着各异，经理和翻译穿西装，一位工程师穿着工作服，其他人有的穿夹克衫，有的穿牛仔服。客人到后，中方人员发现德方谈判人员中男士个个西装革履，女士个个都穿职业装。出于礼貌，中方人员全体起立，鼓掌欢迎。不料，德方脸上不但没有出现期待的笑容，反而均显示出一丝不快的表情。更令人不解的是，按计划一上午的谈判日程，半个小时便草草结束，德方匆匆离去，谈判以失败告终。

（资料来源：刘白玉．国际商务礼仪中的文化差异研究．集团经济研究．2006.）

问题讨论：

1. 试分析德方提前离开的原因。
2. 请分析中方谈判人员着装有哪些不妥之处?

任务实训

服饰礼仪实训

1. 背景资料

课外搜集的领带打法图解和领带打法视频。

2. 实训目标

通过活动，帮助学生掌握服饰礼仪。

3. 实训步骤

（1）将全班学生分成6～8组。
（2）教师演示领带的不同打法。
（3）分组进行实训。
（4）请学生互评。

4. 实训成果

学生参加活动提升了服饰搭配的能力。

5. 实训评价

教师统一评价。

任务2 营造融洽氛围

学习目标

掌握会面时的迎送礼仪、介绍礼仪、握手礼仪、递接名片礼仪，并运用于实践中。

任务描述

灵活运用会面时的迎送礼仪、介绍礼仪、握手礼仪及递接名片礼仪，营造会面的融洽氛围。

任务学习

参加商务谈判活动，为了给对方留下一个良好的第一印象，体现谈判人员的良好修养，了解并灵活运用会面时的礼仪是非常必要的。

1. 迎送礼仪

迎来送往是商务谈判中一项基本礼仪。迎接是谈判活动的序幕，迎接工作做得如何会直接影响谈判的氛围。欢送则是谈判活动的闭幕，它关系到协议的顺利执行、继续合作的可能或继续谈判的效果，因而不能等闲视之，应做到善始善终。

做好迎送工作，应注意以下几个事项：

（1）确定迎送规格。迎送规格的确定应依据对方谈判人员的身份、目的，己方与对方的关系及惯例综合考虑。主要的迎送人员在身份与地位上应与对方对等。如果不能完全对等或当事人因故不能出门，可由副职或职位相当的人士代为出面，但应向对方做好解释工作，以免产生误会。

（2）掌握抵达和离开的时间。己方相关工作人员应准确掌握对方所乘交通工具及具体抵达时间，提前到达，以示对对方的礼貌和尊重。同样，送别对方时，也应提前到达对方入住宾馆，陪同对方人员前往机场、车站或码头，也可直接提前到机场、车站或码头恭候对方，与对方人员话别。在对方人员乘坐交通工具离开之前，己方送行人员应与对方人员一一握手道别；在交通工具开动时，己方送行人员应挥手致意；直到交通工具离开视野后，己方送行人员方可离开。

（3）做好接待的准备工作。在对方尚未启程之前，己方相关工作人员应主动联系对方，了解清楚对方是否已预订宾馆。如未预订，己方应代其预订。

对方人员抵达后，稍加寒暄即可陪同前往宾馆。在行车途中或在宾馆简单介绍一下第二日的安排，征求对方的意见后，即可告辞，以免打扰对方休息。

（4）迎送礼仪中的陪车事宜。陪车时，应请客人坐在主人的右侧。如若带有翻译，其应坐在副驾驶位置。上车时，应先请客人从右侧车门上车，主人再从左侧车门上车。

2. 介绍礼仪

谈判双方人员的相识是从介绍开始的。通常介绍有两种方式，即自我介绍和第三方介绍。自我介绍是由双方主谈或负责人相互介绍本方组成成员。但如果双方主谈或负责人相互并不了解时，可由第三方介绍双方的情况。

（1）介绍顺序。介绍的顺序应综合考虑身份地位、年龄、性别、婚姻等因素。一般介绍顺序为将年轻的先介绍给年长的；将职务、身份低的先介绍给职务、身份高的；将男性先介绍给女性；将未婚的先介绍给已婚的；将客人先介绍给主人；将个人先介绍给团体等。

资料卡

我国与西方国家介绍顺序稍有不同。在我国习惯年长者优先，而西方国家是女士优先。

（2）介绍注意事项。

①介绍应用礼貌语。例如：“请允许我向您介绍……”“请允许我自我介绍一下”等。

②正式介绍时，被介绍的一方应主动站起，微笑、点头或握手，以示尊重，女士和年长者例外。但在宴会桌上及会议桌上，可以不起立，只需微笑点头或稍起欠身即可。

③在人多的场合，主人应对所有的客人一一介绍。第三方介绍时应准确无误。作为客人如果被遗漏介绍时，应礼貌又巧妙地找人来向主人引见，必要时也可自我介绍。

④当两位客人正在交谈时，不应打断谈话立即介绍第三者。

⑤如果是在谈判桌上即双方入座后介绍，且由一方的代表同时介绍两方的谈判人员，则应先介绍己方人员，再介绍对方人员。

⑥介绍时应有礼貌地用手掌示意，切忌用手指点人。

3. 握手礼仪

码 11－2－1
握手礼仪

谈判人员在行握手礼时，应遵守相应的礼仪规范。

（1）时间要求。握手时间应把握在 3 ~ 5 秒之间。时间过短显得没有诚意，时间太长又会使对方尴尬。但初次见面的双方握一下即可。有时，为了表达热烈、真诚之情，男性之间的握手时间可稍长一些。

（2）力度要求。握手时，力度应适中，过轻或过重都不妥。用力过轻被视为是软弱、无信心或缺乏真诚、不愿合作的表现；用力过重，让对方有疼痛感，被视为是挑衅。

（3）主动与被动。一般主动和对方握手，表示友好和尊重。在来宾登门拜访时，主人应主动握手，用以表示欢迎和感谢；送别客人时，主人应被动握手，否则是极不礼貌的。

（4）目光要求。握手时，双方应面带微笑，目视对方。切忌左顾右盼、心不在焉、面部表情冷淡或同时与第三者交谈。

（5）顺序要求。主人、长辈、职务身份高者、女士先伸手，客人、晚辈、职务身份低者、男士待对方伸手后再握手。

（6）其他要求。

①多人同时握手时，不能交叉握手，应等待他人握手完毕后再握手。

②握手时应起立，年老体弱者及残疾人士除外。

③女士与人握手时应先脱去右手手套，男士则必须先脱去手套再行握手。

④不要从他人头顶上或会议桌上方与对方握手。

⑤异性谈判人员间，男士不宜主动向女士伸手。如果女士只是点头致意，则男士也应点头回敬即可。如果男士与女士握手，则用力要轻，时间应短，且只需握住对方的手指部位即可。

⑥不应拒绝他人的握手。

⑦不要用很脏的手与他人相握，也不能在与人握手之后，立即揩拭自己的手掌。

拓展阅读

握手最早发生在人类“刀耕火种”的年代。人们在狩猎或战争时，手上经常拿着石块或棍棒等武器。当遇见陌生人时，为表示无恶意，就会放下手中的东西，伸开手掌，让对方抚摸掌心，以示手中没有藏武器。这种习惯后来就逐渐演变成今天的“握手”礼节。

4. 递接名片礼仪

使用名片是商务谈判中最为简便的自我介绍方式。在使用名片时，应注意下列事项：

（1）名片的递接。

①名片的接受。接受名片的具体方式是面带微笑，尽快起身或欠身，用双手的拇指和食指捧接名片的下面两角，同时道谢。接过名片后，应仔细看一遍或有意识地重复对方的姓名、单位与职位，并当着对方的面很慎重地将名片放入名片盒中或名片夹里，以示对对方的尊重。如若对名片上的某些内容不明白，可当即询问对方。

当对方递给你名片后，应回赠自己的名片。如果自己没有或没带，应向对方道歉并说明原因。

②名片的递赠。递赠名片时，应面带微笑，目视对方，名片正面朝上，字体正对对方，用双手的拇指和食指分别夹住名片上端两角递送给对方。同时说些“这是我的名片，请笑纳。”“请多关照”“请多指教”之类的话。互换名片时，应用右手递交自己的名片，左手接对方的名片后，用双手托住。

名片递送时，应遵循一定的顺序要求：一般是地位低者先向地位高者递送，男士先向女士递送。当与多人交换名片时，应先将名片递送给职务较高、年龄较大者。

（2）名片的使用禁忌。

①不要随意散发名片。名片不是宣传单，不要随便散发。

②不要随便地将他人递赠的名片塞进口袋、丢在包里或存放时不注意落在地上。如果暂时将名片放在桌上，切忌不能在名片上放置其他物品，不能随意将名片放在一边，更不能忘记将名片带走。

③不要随意玩弄他人的名片，更忌讳将他人的名片弄皱或弄脏。

④切忌在他人名片上乱涂乱画。

◆ 案例分析

名片不是牙签

午餐后的商务洽谈开始了，西装革履的美国公司人员与可能成为他们客户的日本商人分坐在谈判桌的两边。在译员进行冗长的翻译时，美方的主谈思想正开着小差，他不经意地拨弄起日方主谈的名片，下意识地将名片拿到嘴边，开始用对方的名片剔牙。最后会谈的结果可想而知。

（资料来源：［美］詹姆斯·布伦克，王珊编译．待人接物细琢磨：在日本不能大大咧咧．环球时报，2002.）

问题讨论：

1. 此次会谈失败的主要原因是什么？
2. 你如何看待美方主谈的行为？

任务实训

会面礼仪实训

1. 背景资料

课外收集的握手礼仪、名片礼仪、介绍礼仪视频及课堂所学相关知识。

2. 实训目标

通过活动，帮助学生掌握会面礼仪。

3. 实训步骤

（1）教师分别演示握手礼仪、名片礼仪、介绍礼仪。

（2）全班学生分6～8组进行小组内练习。

（3）请学生互评。

4. 实训成果

学生通过活动提升了自身素质。

5. 实训评价

教师统一评价并请优秀学生示范。

任务3
知晓谈判中的“语言”礼仪

学习目标

了解用语礼仪，理解并掌握体态和手势礼仪及距离语言，并能用于实践中。

任务描述

恰当、礼貌地用语能增进彼此之间的了解、信任和友谊，推进谈判顺利、有效地进行。广义的语言礼仪包含用语、体态和手势以及距离。

任务学习

恰当、礼貌地用语能增进彼此之间的了解、信任和友谊，还有利于推进谈判顺利、有效地进行。因此，商务人士有必要了解、掌握谈判中交谈时的语言礼仪。

广义的语言不仅包括我们通常理解的说话，还包括体态、手势、距离等。

1. 用语

谈判中选择恰当的词语，对于准确清晰、准确无误地表达己方的立场、观点有非常大的影响。谈判中常用的语言有礼节性的交际语言、专业性的交易语言、弹性语言、幽默语言及劝导性语言。谈判人员无论使用上述哪种语言方式表达，都应做到用语简洁明快、准确清晰、文雅得体、准确无误，以免出现误会和不必要的纠纷。

码11－3－1
站姿礼仪

2. 体态和手势

（1）体态。体态是谈判人员身体姿势所表达的信息，是一种身体语言，是谈判人员性格、修养的外在表现。谈判人员应呈现出端庄稳重的体态。

①站姿。谈判人员站时应抬头，目视前方，挺胸直腰，肩平，双臂自然下垂，收腹，双腿并拢直立，脚尖分呈 V 字型，身体重心放到两脚中间。也可两脚分开，比肩略窄，双手合起，放在腹前或背后。谈判人员站立时不应将身体歪靠在桌子上或椅背上，也不宜不断变换姿势或抖动身体，这样容易给人不安稳、漫不经心的感觉。

②坐姿。谈判人员从座位的左侧入座，动作要轻，至少坐满椅子的 2/3，后背轻靠椅背，双膝自然并拢（男性可略分开）。对坐谈话时，身体稍向前倾，表示尊重和谦虚。如果长时间端坐，可将两腿交叉重叠，但要注意将腿向回收。谈判人员坐时不要摇腿、跷脚或半躺在椅子上，呈现出懒散的姿态，更不宜将腿搭放在椅子的扶手上。女士坐时不宜叉开双腿，切忌撩起裙子。

③行姿。良好的走姿应做到从容、平稳。谈判人员行走时，应两眼平视，肩膀放松，上半身保持挺直，将重心落在腰部，手臂配合脚步自然摆动，脚步干净利落不拖沓。行走时应避免步子太大或太小，双手插在裤子的口袋里或反背于背后，更忌讳身体乱摆乱晃。

（2）手势。手势是谈判时常用的、重要的身体语言。运用手势可以增强谈判人员说话的力度，增加谈判的说服力和感染力。手势运用应规范、自然和适度，不宜过多，动作幅度不宜过大，否则给人以手舞足蹈的感觉。运用手势时应注意与面部表情、语速、语调、音量及身体的其他部位的动作配合，才能发挥其积极的作用。谈判人员应避免做出类似掌心向下、攥紧拳头及用手指点他人的手势动作。

码 11－3－2
坐姿礼仪

3. 距离

了解和掌握谈判双方的距离，对于谈判人员推动谈判进程有着十分重要的意义。坐姿和站姿应保持的距离因地、因时、因人而异，但在洽谈活动中，彼此之间比较合适的距离为 1～1.5 米，即谈判桌的常规宽度。距离的变化反映了谈判人员心理的变化。当谈判双方身体前倾以缩短彼此之间的距离时，可能是由于辩论激烈，出于给对方施加压力的需要；或是谈判出现转机，彼此看见合作的希望；或是由于彼此之间交流通畅、互有好感。当双方背靠椅子而坐以拉大彼此的距离时，表明谈判出现分歧或彼此都想理清思路。如若一方拉大距离且身体后仰时，表明其胜券在握、志在必得。但如果一方拉大距离而同时另一方却极力缩小彼此的距离时，表明双方谈判实力悬殊。

◆ **案例分析**

适度的交谈距离

在一次谈判结束后的鸡尾酒会上，一位日本谈判代表端着一杯鸡尾酒和美国谈判代表在随意闲谈。日本人喜欢贴近了跟人说话，所以身体不自觉地向着美国人移去，而美国人却不喜欢别人靠着他说话，于是也就不自觉地往后退。就这样一个往前移，一个往后退，成了日本人追着美国人在大厅里转圈子。

（资料来源：李秋娟．一分钟成为谈判高手．北京：北京工业大学出版社，2011.）

问题讨论：

1. 为什么会出现日本人追着美国人在大厅里转圈子的现象？
2. 出现此现象，说明日本谈判代表准备工作有何失误之处？

任务实训

体态礼仪实训

1. 背景资料

课外收集的站姿、坐姿、行姿等体态礼仪示意图或视频。

2. 实训目标

通过活动，帮助学生养成良好的站、坐、行习惯。

3. 实训步骤

（1）教师分别演示正确的站姿、坐姿、行姿。
（2）每位学生各用15分钟练习站姿、坐姿、行姿。
（3）请学生互评。

4. 实训成果

学生通过活动提升了自身形象气质。

5. 实训评价

教师统一评价并请优秀学生示范。

思考与练习

1. 单项选择题

（1）“今天天气真好”这种寒暄形式属于（　　）。

A. 问候型　　B. 言他型
C. 夸赞型　　D. 攀认型

（2）商务谈判的参加者必须要有合理的学识结构，不仅在横向方面有广博的知识，而且在纵向方面也要有较深的专业学识，两者构成一个（　　）的知识结构。

A. 宽　　B“T”字形

C. 深　　D. “H” 字形

（3）（　　）已成为谈判中普遍认可的服装。

A. 衬衫　　B. 西装套装

C. 休闲服装　　D. 夹克衫

（4）洽谈活动中，较合适的距离为（　　），这也是谈判桌的常规距离。

A. 1～1.5 米　　B. 1.5～2 米

C. 0.5～1.2 米　　D. 1.2～1.5 米

2. 多项选择题

（1）谈判中常见的用语主要有（　　）。

A. 礼节性的交际语言　　B. 专业性的交易语言

C. 弹性语言　　D. 幽默语言

（2）在春秋季，女性在较为正式的洽谈活动场合中，着装应以（　　）为佳。

A. 西装　　B. 西装套裙

C. 衬衫　　D. 毛衣套装

（3）迎送规格的确定应依据对方谈判人员的（　　），己方与对方的关系及惯例综合考虑。

A. 性别　　B. 身份

C. 目的　　D. 工作

（4）下面关于握手礼仪描述正确的是（　　）。

A. 初次见面的双方握一下即可

B. 送别客人时，主人应主动握手，否则是极不礼貌的

C. 握手时，双方应面带微笑，目视对方

D. 不应拒绝他人的握手

3. 判断题

（1）谈判人员必须体质健壮、精力充沛、应变力强、处事乐观，以适应强体力的谈判活动。（　　）

（2）在对方人员乘坐交通工具离开之前，己方送行人员应与对方人员一一握手道别，等对方人员坐上交通工具后，己方送行人员即可离开。（　　）

（3）谈判人员行走时应避免步子太大或太小，双手插在裤子的口袋里或反背于背后。（　　）

（4）递赠名片时，应面带微笑，目视对方，名片正面朝上，字体正对对方，用双手的拇指和食指分别夹住名片上端两角递送给对方。（　　）

（5）“早上好，去锻炼呀？”这种寒暄方式属于言他型。（　　）

4. 案例分析题

案例1

松下幸之助在寒暄中失去先机

当松下幸之助第一次到东京，找批发商谈判时，刚一见面，批发商就友善地对他寒暄说："我们第一次打交道吧？以前我好像没见过你。"松下先生由于缺乏经验，恭敬地回答："我是第一次来东京，什么都不懂，请多关照。"批发商继续问："你打算以什么价格卖出你的产品？"松下又如实地告知对方："我的产品每件成本是20元，我准备卖25元。"

批发商了解到松下在东京人地两生、又暴露出急于要为产品打开销路的愿望，趁机杀价："你首次来东京做生意，刚开张应该卖得更便宜些。每件20元，如何？"结果没有经验的松下先生在这次交易中吃了亏，使自己产品的销售大受损失。

（资料来源：影响力中央研究院．"谈"定天下优势谈判的6大方面．北京：电子工业出版社，2009.）

问题讨论：

（1）批发商采用了何种寒暄方式？

（2）根据此案例分析寒暄的作用有哪些？

案例2

"指"点来宾

小王是公司办公室主任。在公司的一次多边商务谈判活动中，担任介绍来宾的工作。只见小王严肃地用手指着公司的总经理说："这是我们公司的总经理。""这位是我们公司的副总经理。"接着，她又用手指着其他几位来宾说："那位是东浩公司的老总。""还有这位，这位是李总，李总是沧海公司的。"

活动结束后，公司领导立即通知小王，让她好好学习礼仪知识。

问题讨论：

（1）小王违反了什么礼仪知识？

（2）如果你是小王，你将如何介绍来宾？

项目十二
12 走近形形色色的谈判风格

案例导入

不同文化下的行为举止

美国石油公司经理的自述："我会见石油输出国组织的一位阿拉伯代表，商谈协议书上的细节问题，谈话时，他逐渐向我靠拢过来，直到离我只有15厘米才停下来。当时，我对中东地区风俗习惯不太熟，我往后退了退。这时，只见他迟疑了一下，皱了皱眉头，随即又向我靠近过来。我不安的又退了一步。突然，我发现我的助手正焦急地盯着我，并摇头向我示意，我终于明白了他的意思，我站住不动了。在一个我觉得最为别扭、最不舒服的位置上谈妥了这笔交易。"

（资料来源：刘园，尹庆双．国际商务谈判．北京：中国人民大学出版社，2007.）

问题思考：

1. 阿拉伯代表为什么对美国代表的后退皱起了眉头？美国代表的助手在向他示意什么？

2. 该项谈判最终成功的关键是什么？本案例给我们哪些启示？

任务1
走近热情奔放　南北迥异的美洲人

学习目标

了解、熟悉美洲人的谈判风格特点及礼仪常识，为国际商务谈判奠定基础。

任务描述

谈判风格是谈判人员所表现的主要气度和作风特点。自信高傲、善讨善还的美国人和热情好客、随意悠闲的拉美人，他们谈判风格迥异，各有特点，礼仪禁忌也各不相同。

任务学习

美洲人热情开朗，爽直干脆。但由于文化背景及语言的不同，他们在谈判节奏、注重利益、重视感情、信誉度等方面有较大差异，谈判风格迥异。

1. 自信高傲、善讨善还的美国人

美国人多数性格外露、坦率真挚、热情奔放、自信干脆，说话滔滔不绝，办事干净利落，注重实际利益，富有创新意识和竞争精神。因此，美国商人表现出与其他国家商人迥异的谈判风格。

（1）谈判风格特点。

①自信干脆，办事利落。美国商人总是十分自信地步入谈判大厅，在谈判桌上，语言表达直率，喜欢不断地发表自己的见解和要求，气势上咄咄逼人，不喜欢对方拐弯抹角、含糊隐晦。他们磋商时精力充沛，习惯迅速将谈判引向实质阶段，干脆利落、不讲客套。当无法接受对方提出的条件和要求时，他们会准确无误地告知对方，从不含糊其辞。当谈判对方有不清楚的问题要提问时，美国人也会乐意回答。

②讲究效率，珍惜时间。美国谈判人员工作节奏快，时间观念很强，强调效率，习惯尊重谈判的进度和期限。他们努力缩短谈判时间，不喜欢繁文缛节的应酬，喜欢速战速决。在谈判中，他们分工具体、职责明确、决策迅速、精打细算地安排谈判时间，喜欢逐阶段逐项完成谈判任务，十分不习惯对手推倒重来的做法。

③善用谋略，注重利益。美国商人在谈判中精于施展策略，乐于讨价还价，努力追求较大的物质利益。同时，他们也非常欣赏为经济利益而施展手段的精明的谈判对手。

④重视法律，喜欢"一揽子"交易。美国商人非常重视法律、合同，他们认真、仔细地起草合同，合同的条款全面、细致、精确。他们不会轻易变更或放弃签订的合同，并视合同为双方行动的依据和制约。

美国商人喜欢"一揽子"交易，无论是买方或是卖方，都希望谈判对手能提出或按照"一揽子"条件进行商讨。

资料卡

"一揽子"交易是指谈判内容不仅包括产品本身，还包括产品的设计、开发、生产、销售、价格等等。

美国是多民族、多移民的国家，谈判人员的文化背景多种多样，因而谈判风格丰富多彩、因人而异，不可一概而论。

（2）礼仪禁忌。在与美国人谈判时，应遵循以下礼仪要求：

①问候。美国人标准的问候方式是微笑，同时点头致意、握手或口头问候。在商务谈判时，美国商人一般会用紧紧握手表示问候，轻轻握手会被认为是软弱的表现。互相赞美是他

们常用的寒暄方式，可以称赞对方的服装、工作能力、特长、爱好等等。

②称呼。为表示对对方的尊重，可以在姓氏前加称谓。例如，女士、小姐、太太或先生等。但对于婚姻状况不明的女性，称呼其女士即可。

③交谈。美国人交谈时，习惯彼此之间保持 0.9 米左右的距离，每隔两三秒有视线接触。交谈的话题可以是工作、食物、体育、旅游、音乐、电影及书籍，切忌与美方谈判人员谈论宗教、政治、金钱收入、种族歧视、性别歧视或其他有争议的话题。不能询问女士的年龄、婚姻状况。谈判中如果涉及不愉快的事情，切勿点名批评或回顾以前的摩擦。

④肢体语言。美国人手语丰富，表示同意通常用两种姿势，一是“OK”的手势；另一是攥紧拳头，拇指向上的跷拇指的动作。将大拇指与食指弯成圆圈表示“完美”“圆满”。一只手的中指与食指交叉表示祝人好运或暗示某人的讲话内容与事实相反。递送物品时，可以把东西扔给对方或用一只手递送给对方。美方谈判人员如果拍打你的后背，则是友好的表示。

⑤其他礼仪。美国人不会拒绝收名片，但他也许不会回赠名片，除非他认为以后有必要联系时才会交换。收到名片后，美国人会把名片放入钱包，然后装入裤子后面的口袋中，但这并不表示不尊重对方。抽烟时不要向美方人员敬烟，以免让对方尴尬。

⑥喜好禁忌。美国人很重视节日，应避开节日期间约美方人员洽谈业务。美国人喜欢蜗牛且视其为吉祥物，如果将各种材质制成的蜗牛送予他人则是友好的表示。美国人非常忌讳“13”这个数字。

码 12－1－1
赠送礼品

2. 热情好客、随意悠闲的拉美人

拉丁美洲是指美国以南的地区，包括墨西哥、中美洲、南美洲以及西印度群岛。

（1）谈判风格特点。

①时间观念模糊。拉美人喜欢悠闲自得、恬淡适宜的慢节奏生活，时间观念很模糊，做事比较随意，习惯将事情往后推，但却要求谈判对方遵守时间。在谈判中，他们最常说的话就是“明天就去做”。

②责任感不强。与处事敏捷的北美人不同，拉美人办事很随意，责任感不强。谈判中时常会遇到参加谈判的拉美人去休假而不得不中断谈判的情况，谈判要继续就必须等待对方休假回来。

③注重感情。拉美人热情好客，重视感情。在谈判中，感情对于拉美人影响很大，应善于与拉美人结交朋友。如果与拉美谈判人员成为朋友知己，则任何事情都可以优先办理，并充分考虑你的要求和利益，使洽谈得以顺利进行。

码 12－1－2
阿根廷人的
商务着装

（2）礼仪禁忌。

①在阿根廷，称呼人是使用头衔加姓氏的方式，问候方式是握手兼点头致意。阿根廷人交谈时身体距离很近，常常将一只手放在对方的肩膀上或衣领上。与阿根廷人交谈戏剧、体育运动（尤其是足球）是很好的话题。阿根廷人注重衣着，因此，得体的衣着是给对方留下友好印象的重要方式。

②巴西人热情洋溢，初次见面时握手问候，一旦与其建立友谊则改为拥抱。在到达及离开谈判现场时，应与每一位巴西谈判人员握手，这是礼貌的表示。巴西人交谈时身体距离非常靠近，在整个谈话过程中，会一直保持肢体接触。足球是巴西人永恒的话题，但应避免与其谈论政治，回避任何关于阿根廷的话题。不要送黑色或紫色的礼物给巴西人，这两种颜色意味哀悼。

码 12－1－3
巴西人的饮食

③不要用名字称呼智利人，可以用先生、夫人或小姐加姓氏的方式称呼。在智利，男士经常握手问候，女士则是通过拍打前臂或肩膀进行问候。与智利人交谈，智利的历史、文化、经济、烹饪、酒品、景观、滑雪、垂钓都是比较好的话题，应避免谈论宗教、人权、地方政治，更不能批评智利。聚会时不要直接询问智利人的职业。

④不要用名字称呼哥伦比亚人，可以用先生、夫人或小姐加姓氏的方式称呼。在哥伦比亚，标准的问候方式是握手，且握手之后，哥伦比亚人会问大量的问题以示对他人的尊重，切记要耐心回答，否则被视为不尊重对方。与哥伦比亚人交谈，应避开恐怖主义、贩毒、政治等话题。当众打哈欠在哥伦比亚人眼中是不礼貌的行为。

⑤在秘鲁，头衔很重要，称呼某人时可以直呼其头衔，如果没有头衔，则可以用姓氏加先生、夫人或小姐。与秘鲁人交谈时，应避免谈论其印第安祖先、秘鲁政府、政治及恐怖主义等话题。当秘鲁人靠近你站时，不要后退，否则会伤害其感情。

◆ 案例分析

口若悬河的美国代表

某年，日本驻美国大使馆受国内委托向美国订购一批机器设备。他们邀请一家公司派代表前去使馆洽谈。美国代表一见日本大使便口若悬河，滔滔不绝地讲了一大通，他一会儿夸奖自己公司产品的优点，一会儿表示自己对日本国情十分了解，对日本人非常友好，非常喜爱日本，并表示想再次踏上日本的国土。日本大使听后彬彬有礼地问他何时去过日本？美国代表不假思索地答道：“1945 年。”最终日本大使婉拒了这位美国代表。

（资料来源：夏国政．经贸谈判指南．北京：世界知识出版社，1999.）

问题思考：

这位美国代表体现了美国人的哪些谈判风格特点？

任务实训

美国人的谈判风格实训

1. 背景资料

课堂所学的相关知识。

2. 实训目标

通过活动，帮助学生了解和理解美国人的谈判风格和风俗礼仪。

3. 实训步骤

（1）将全班学生分成 6 ~ 8 组。
（2）分组讨论美国人的谈判风格和风俗礼仪。
（3）各组将讨论结果以小品的形式进行演示。
（4）各组表演完成后，接受其他组的提问。

4. 实训成果

研讨报告及剧本。

5. 实训评价

教师统一评价并展示优秀作品。

任务 2
走近文明善辩　立场坚定的欧洲人

学习目标

了解、熟悉欧洲人的谈判风格特点及礼仪常识，为国际商务谈判奠定基础。

任务描述

严肃认真、稍欠灵活的德国人，以己为重、喜欢推理的法国人，绅士风度、喜好争辩的英国人，风格各异的俄罗斯人，他们谈判风格迥异，各有特点，礼仪禁忌也不相同。

任务学习

欧洲商人具有较强的优越感，谈判时推崇个人主义。但由于文化背景及语言的差异，欧洲各国商人谈判风格迥异，各有特点。

码 12－2－1
世界旅行的推销员

1. 严肃认真、稍欠灵活的德国人

德国人自信、思维缜密、逻辑性强，工作效率高，追求完美，但性格倔强，办事刻板，缺乏灵活性。

（1）谈判风格特点。

①办事周到细致。德国人考虑问题周到细致，做任何事情都力争完美。在谈判前，德国商人会搜集全面、详细的资料，做充分、周密、具体的专业准备。因此，与德国人进行商务洽谈时，必须做好充分的准备，以便能应对他们详细的询问。

②时间观念强、效率高。德国人时间观念极强，非常守时，厌恶和鄙视不准时的行为。所以，与德国商人谈判，迟到是十分忌讳的行为。德国人讲求效率世界闻名，他们安排谈判的日程比较紧凑，谈判时，只做简短的寒暄即切入正题。

③重合同、守信用。德国人很重视书面协议，具有极佳的商誉。对于已签订的合同，德国商人会及时履约、认真执行。德国商人对于交货、付款期限的要求也很苛刻，一旦签约后，任何有关交货、付款期限的变更、拖延要求，德国商人都不予理会。

④果断强硬、善于谈判。德国商人非常善于商务洽谈。在谈判中，他们会直接、明确地表示希望达成协议，准确确定交易形式，详细规定谈判议题，果断、清晰地进行陈述和报价，力图说服对方接受自己的要求和方案，而不太愿意为对方做出较大的让步。尤其是报价阶段，德国人一旦提出报价，那么对方几乎没有还价的机会。对于自己决定购买的商品，德国商人会想方设法压价，即便在签约的最后时刻仍会试图让对方降低价格。

（2）礼仪禁忌。

①问候。德国人喜欢握手致意，而且是紧握多摇。握手时不要把左手插在口袋里。

②称呼。德国人很重视头衔，特别是与有身份的德国人打招呼时，一定要加上头衔，切忌直呼其名。如果没有正式的头衔，可采用先生、女士或小姐加姓氏的称呼方式。

③交谈。与德国人交谈时，不要把手插在口袋里或嚼口香糖。运动在德国是一个很好的交谈话题，不要询问第二次世界大战或反犹太主义的问题。交谈时，德国人的身体距离较美国人远。如果在德国人的办公室里交谈，发现彼此坐的椅子离得较远，切忌将椅子挪近，这对他们意味着极大的侮辱。

④其他礼仪。就座时，不要将脚放在任何家具上。如果想认识某位德国人，最好由第三方来介绍认识，如果没有合适的介绍人，也可自我介绍。德国人喜欢整洁素雅的服装，商业服装非常保守，男士一般都穿深色西装、白衬衣，系稳重色调的领带；女士则穿深色套装和白衬衣。

⑤喜好禁忌。无论因公因私拜访德国人，都需要事先预约并准时赴约，如不能准时赴约或需取消，应提前电话通知对方，并请求对方的谅解。送女士花时，应注意必须是单数（不能是13），不能送红玫瑰、马蹄莲、百合及石楠花。女士离开或返回饭桌时，男士应站起来以示礼貌。谈判人员回国后，亲笔给德国商家写封感谢信，有利于今后的合作。

2. 以己为重、喜欢推理的法国人

法国人处事注重个性、讲究排场、自我优越感强，喜欢与他人辩论。

（1）谈判风格特点。

①民族自豪感很强。法国人以本国古老灿烂的文化为骄傲，认为法语是世界上最为高贵的语言。因此，在商务谈判中，他们会坚持使用法语进行磋商。如果与法国商人洽谈，学会说几句法语，非常有助于融洽谈判气氛。

②立场极为坚定。法国人性格坚强，立场极为坚定。在洽谈时，如果有不同意的内容或要求，他们会毫不犹豫地说不。如果法国商人的谈判实力超过对方，他们会坚决地逼迫对方做出让步。法国商人会明确要求对方严格执行有利于己方的合约，而对于不利于己方的合约，他们则责任感不强。

③偏好横向式谈判。法国人谈判不重视细节问题，急于取得谈判成果。他们认为只要主要内容谈妥即可签约，具体的细节可以等以后再商讨或等出现问题后再来修改，所以法国商人常常会在签约之后再提出修改要求。而且无论在谈判的任何阶段，法国商人都喜欢弄出“纪要”“备忘录”或“协议书”之类的书面文件，借此拉住生意伙伴，促成交易。

小贴士

送花给法国人时，不可送菊花，法国人认为菊花为丧花。

④重视人际关系。法国人开朗、幽默，富有人情味，珍惜彼此之间的友谊。在谈判中，他们乐于聊一些新闻趣事或文化方面的话题，以此创造轻松愉快的谈判氛围。一般，如果与对方未成为朋友时，法国人不会与他做大宗生意，只会用小交易试探对方，而一旦建立信誉和友谊，他们便会与对方长期合作。

⑤时间观念不强。法国商人不太遵守谈判时间，时常迟到，但对对方却要求严格。对方如果不准时，法国商人会非常气愤，不原谅对方；而对于自己的迟到，法国商人则是“一笑而过”，要求对方谅解。

⑥注重衣着。法国人走在时尚的前沿，并引以为豪，无论男女老少对穿戴极为讲究。与法国人洽谈，应尽可能穿戴漂亮整洁，举止得体。

（2）礼仪禁忌。

①问候。与法国人会面时以握手为礼，而且应干脆有力，不可犹豫应付，也不能拉着对方的手摇晃或长时间交谈。在朋友之间，可互吻面额。

②称呼。法国人习惯以先生、女士或小姐相称或在其后面加上一个头衔。不要用名字来称呼一个法国人，除非对方要求这么做。

③交谈。与法国人交谈时，不要涉及个人隐私及政治问题。

④肢体语言。在法国，竖起拇指表示“OK”。拜访者或年长者进入房间时，男性应起身或做出起立的动作。

⑤其他礼仪。在法国大多数的场合都要呈递名片，接受他人的名片时也要恭恭敬敬。不宜在公众场合嚼口香糖。

⑥喜好禁忌。法国人不喜欢墨绿色的物品及仙鹤，认为核桃是不祥之物。书籍和音乐是非常好的礼物。送女士花时，应注意不能是 13。在休假月份、节假日期间及圣诞节和复活节前后两周不宜与法国人开展业务。

3. 绅士风度、喜好争辩的英国人

英国人素以绅士风度著称，自信、高傲、善辩及保守是他们的特点。与陌生人交往之初，他们会保持一定距离，然后视情况慢慢接近。

（1）谈判风格特点。

①等级观念根深蒂固。英国人一向传统、保守，注重纪律、责任，等级观念很强。因此，选择与英国人洽谈的人员，不仅要考虑专业、修养上的要求，在级别上也应对等，以示平等和尊重。

②讲究绅士风度。英国人很讲究绅士风度，同时也注重谈判对方的风度和修养。如果对方在谈判中表现得彬彬有礼、颇有风度，能为谈判的顺利进行奠定良好的基础。英国人的绅士风度还表现在，即使谈判形势对他们不利，他们仍会保持高度诚实。但当谈判出现分歧时，英国商人会表现得非常固执，不允许讨价还价，绝不让步。

③重视细节，准备不足。英国商人对谈判中的细枝末节很重视，如果细节问题没有如其所愿地谈妥，他们绝不会在协议上签字。只有翔实的材料和确凿的数据才能说服他们。英国人对谈判前的准备工作不太重视，在谈判中表现为比较拖沓，给人以准备不足的印象。

资料卡

一般英国商人比较守信用，会认真履约，但他们对于出口商品往往会推迟交货。因此，在合约中应就交货时间、地点、数量等内容注明违约索赔条款。

（2）礼仪禁忌。

①问候。握手是标准的问候方式。一般由女士、地位高者或年长者先伸出手，然后男士、地位低者、年轻人伸手去握，如果前者不伸手，后者只需点头微笑致意。多人握手时，不要交叉握手。

②称呼。不要用“先生”（Sir）而应用英国人的头衔称呼对方。如果对方有荣誉头衔则一定要用荣誉头衔称呼。

③交谈。与英国人交谈，天气与动物是比较好的话题，应避免宗教、政治、伦理观念等话题，也不能开英国皇室的玩笑。不要询问对方的工作或者家乡是哪里等问题，也不能向其打听其他人或公司。

④肢体语言。交谈时，英国人会保持比较远的身体距离，他们一般不进行目光交流，且认为双手放在口袋里是不礼貌的行为。就座时，不要将脚踝放在膝盖上。如果做胜利的动作，应避免掌心向内。

⑤其他礼仪。拜会英国人应事先预约、准时赴约，早到或迟到都不礼貌，如果不能按时赴约，应尽早通知对方，并道歉。在英国着装应保守。男士不要佩戴有条纹的领带，衬衣应没有口袋，即使有也不能装东西，应穿系带的鞋子。

⑥喜好禁忌。在英国送礼的形式丰富多样，可以请吃饭、喝酒、喝茶、喝咖啡、看演出等。如果将鲜花作为礼物，应避免送百合花。不能用人像、白象、山羊、孔雀等图案作为商品或礼品的包装。接受礼物时，应当着送礼人的面打开礼物赞赏一番并表示感谢。应避免在周五和 13 号这样的日子请客或安排活动。不要用打火机一次打火给三个人点烟。

拓展阅读

英国人将茶看成最佳的饮料，他们大多有饮“工间茶”或“下午茶”的习惯。在日常工作和生活中多以茶待客。

4. 风格各异的俄罗斯人

俄罗斯人文明程度很高，讲究礼仪、生性豪爽、热情好客、乐于社交、精于谈判。

（1）谈判风格特点。

①善用谈判策略。多数俄罗斯商人善于谈判，在谈判前会做充分的准备，一般采用“二段模式”开展谈判，即首先摸底，然后进入实质性谈判，与对方就各个具体的交易条件进行磋商。俄罗斯人非常善于讨价还价，且无论如何不会接受对方的第一次报价。在压价时，他们常用各种策略迫使对方降低价格，甚至会借用勃然大怒、中途退场等情绪失控行为让对方做出让步。

②办事拖沓，效率低。俄罗斯人喜欢采用小组谈判形式，且小组成员责任不明确，官僚作风严重，造成办事效率低下。俄罗斯谈判人员权利有限，常需向领导汇报请示，势必会拉长谈判时间。

码 12－2－2 非语言符号在不同文化中的含义

（2）礼仪禁忌。

①问候。俄罗斯人问候常常采用握手、拥抱的方式。熟悉的朋友会互相亲吻对方的面颊。

②称呼。不要直接称呼俄罗斯人的名字，应在名字前加先生、小姐、太太或女士。

③肢体语言。在俄罗斯跷大拇指表示同意。就座时，不要将一条腿搭在另一条腿上。

④喜好禁忌。俄罗斯人认为“OK”的手势及挥拳的动作很粗俗；握手时，应避免一人在门内，一人在门外。他们喜欢马而不喜欢黑猫；喜欢单数，尤其是“7”，它代表幸福和成功，但忌讳“13”；不喜欢黑色，认为黑色是不祥之兆；送花时，应送单数且颜色不能超过两种；不能将钱作为礼物送给俄罗斯人。

拓展阅读

俄罗斯人对颜色很有讲究：红色代表美丽吉祥；白色象征纯洁温柔；绿色表示和平希望；粉红色代表青春活力；蓝色表示忠诚信任；黄色包含幸福和谐；紫色意味着威严高贵。

◆ 案例分析

德国人的谈判风格

某国有企业决定引进扩建项目所需的关键原材料。该企业前期经过接触和考察，决定从德国某公司、法国某公司及日本某公司三家公司中进行选择。最终该公司选择了和德国的某公司成交，其成交价格与各项内容是近年来全行业企业进口相似材料中最优的。

问题讨论：

请结合德国人的谈判风格，分析该公司在与德国人谈判时应注意的事项有哪些？

任务实训

欧洲人的谈判风格实训

1. 背景资料

上课所学知识及利用课余时间通过网络、书籍、杂志收集的相关资料。

2. 实训目标

通过活动，帮助学生了解和理解欧洲商人的谈判风格。

3. 实训步骤

（1）将全班学生分成6～8组。
（2）分组讨论欧洲人的谈判风格和风俗礼仪，将讨论结果制作成PPT。
（3）各组派代表阐述本组的讨论结果，每组展示后要接受其他小组的提问。

4. 实训成果

研讨报告PPT。

5. 实训评价

教师统一评价并展示优秀作品。

任务3
走近讲求实际　稳健沉着的亚洲人

学习目标

了解、熟悉亚洲人的谈判风格特点及礼仪禁忌，为国际商务谈判奠定基础。

任务描述

团结谨慎、圆滑委婉的日本人，耐心坚定、注重身份的韩国人，他们的谈判风格迥异，各有特点，礼仪禁忌也不相同。

任务学习

亚洲人的谈判风格又被称为东方型的谈判风格。东方人讲礼貌、讲究人情味，注重在谈判中建立和谐的人际关系，喜欢在良好的谈判氛围中慢慢磋商。

码 12－3－1
身份对日本人的重要性

1. 团结谨慎、圆滑委婉的日本人

日本人深受中国儒家文化思想的影响，讲礼貌，工作勤奋谨慎，时间观念很强，具有很强的进取精神和团队主义精神，在谈判中极具耐心。

（1）谈判风格特点。

①等级观念强，注重资历。日本是一个等级森严的国家，人们的行为举止应与其社会地位相匹配，而年龄、头衔、所工作的机构规模和威望决定了日本人的社会地位。因此，日本商人在洽谈时较注重对方的年龄、资历、身份和地位，他们不愿意与年纪轻、资历浅的人谈判。在谈判时，应尊重日本团队中最年长的成员。

②讲究团队主义精神。“团队就是力量”是日本人实际工作中的处事准则，他们习惯于“自下而上、集体决策”的制度。在谈判中，日本人实行集体负责制，任何提议决策都必须经全体成员认可后方能付诸实施，任何个人都不能对谈判的全过程负责，同时，每一位谈判成员都很重要，具有一定的决策权，以此共同确保谈判的成功。而他们又极重视信誉，乐于创造洽谈时相互信任的气氛。

资料卡

日本人比较忌讳谈判团队中有律师，认为这是不信任的表示，是不友好的行为。

③爱面子，喜欢间接、委婉的表达方式。日本人非常讲究面子，认为直接拒绝或反驳对方是很粗鲁无礼的行为。在洽谈时，日本人通常表现得慢条斯理，喜欢用沉默、婉拒等方式，说话时拐弯抹角、圆滑婉转甚至是含糊不清，从来不会直截了当、明确地发表自己的看法、意见。日本人爱面子还表现在：即便是在价格磋商阶段，也应做到“笑脸讨价还价”，这样才能体现个人良好的内涵和修养，创造良好的谈判气氛。

④重视人际关系。日本人注重谈判中的人际关系，往往会花费较大的精力和较多的时间用于建立和谐的人际关系。在谈判前，他们会通过熟人、朋友介绍先与对方接触，联络感情。日本人认为只有与对方相处融洽时，才能开展谈判。因此，他们常采用各种社交活动借此了解对方、融洽关系。

⑤价格策略。日本商人报价时，常常使用“打折扣吃小亏，抬高价占大便宜”的策略，一般会在成交价格的基础上上浮 20% ~50%，以此对付谈判对方的讨价还价。

码 12－3－2
福特访问日本

（2）礼仪禁忌。

①问候。日本人通常用轻轻握手表示问候，但鞠躬是他们的传统问候方式，鞠躬越深，其对对方的敬意越深。

②称呼。对日本人不要直呼其名，应在其姓氏后加先生或女士。

③交谈。与日本人交谈，日本的饮食、建筑、体育及世界各地的旅游观感都是比较好的话题。

④肢体语言。在日本，直视他人是不礼貌的行为，大笑意味着尴尬或震惊，男士之间不能有任何形式的身体接触。

⑤其他礼仪。日本人注重交换名片，会同会面的每个人交换名片。在接到日方人员的名片时切忌随手摆弄或丢在一边，应仔细看看再妥善保管。拜访日本人应准时，否则极不礼貌。

⑥喜好禁忌。日本人常有送礼的习惯，如果送礼给日本同行时，最好选择本国的特产，而忌讳送本公司的产品、现金。赠送礼品不能在办公室、会议室或其他公共场合，应安排在工作之余、访问即将结束时或答谢告别宴会气氛正浓时。礼品不能是四件或礼品上有“4”字，包装必须精美。送花应是奇数。接受日方赠送的礼品时，应先推托一两次，然后在多次表示感谢后才能用双手接受，且不能当着日方人员的面打开礼品。日本提倡禁烟，不宜在公共场合抽烟，也不要向日本人敬烟。日本人忌讳“13”“4”“9”这三个数字。

拓展阅读

日本人用筷子有九忌，即忌舔筷、迷筷、移筷、扭筷、插筷、掏筷、跨筷、剔筷及泪筷。例如：拿着筷子举棋不定属迷筷；拿着筷子动一道菜，不吃，又去动另一道菜属移筷。

2. 耐心坚定、注重身份的韩国人

韩国人深受儒家文化的影响，注重传统道德，具有很强的耐心，坚定的信念和追求完美的作风。

（1）谈判风格特点。

①重视谈判的准备工作。在谈判前，韩国商人会广泛地利用各种渠道，通常是海内外的有关咨询机构来了解谈判对方，就对方的经营项目、规模、资金、经营作风及有关商品行情等进行详细的咨询和调查。他们只有在对对方有充分的了解并做好充足的准备后，才会与对方坐在谈判桌前。

②注重选择谈判地点。韩国商人对谈判地点的选择非常讲究，且会进行精心地布置。如果他们是谈判的主方，一般喜欢选择在有名的大酒店进行洽谈，并会准时到达或提早一些到达；如果他们是客方，则会准时到达或略微推迟一点到达。韩国谈判人员进入谈判会场时，走在最前面的一般是谈判的“拍板人”。

③重视谈判气氛。韩国人非常重视谈判初始阶段的气氛，会努力营造和谐友好的气氛。在会面时，他们习惯热情地向对方打招呼，介绍自己的姓名、职位等；落座后，不会立即切入谈判正题，而是寒暄几句与谈判无关的话题，以此融洽会场气氛；当被问及喜欢何种饮料时，他们通常会选择对方喜欢的饮料，以显示对对方的了解和尊重。

④做事条理性强，讲究方法。韩国商人喜欢有条不紊地进行磋商，非常重视谈判的条理性和谈判内容的层次性。在进入实质性谈判前，他们通常先与对方商谈谈判的主要议题、目标及谈判的顺序。

⑤讲究策略，善于讨价还价。在谈判中，韩国商人常用的谈判策略主要有“声东击西”“苦肉计”“疲劳战术”“以退为进”“限期结束”等等。他们很善于讨价还价，常常在谈判的最后时刻仍会提出价格再降一点的要求。

⑥注重身份、地位和私人关系。职位在韩国很重要。在与韩方人员谈判前，应了解清楚对方谈判团队的成员情况，并安排与这些成员职位相当的人参加谈判。与韩国商人谈生意应注意与其建立互惠、互利、互信的良好关系，因为在韩国商人眼里，私人关系胜过公司关系，合

同的重要之处在于签订合同的人及包含的基本事实，而不是约定的具体内容和条款的数量。

（2）礼仪禁忌。

①问候。韩国男士见面习惯于相互鞠躬并握手致意，女士一般不握手，而是鞠躬致意。在商界中，轻轻地握手或微微点头即可。

②称呼。对韩国人未经允许，不要直呼其名。称呼他人时，只称呼称谓或称谓加姓氏即可。

③交谈。与韩国人交谈，韩国的文化遗产、风筝、体育特别是奥运会、对方家人的健康状况是比较好的话题，忌讳谈论现代政治、妇女解放和学生运动的话题。

④肢体语言。在韩国，不要把手臂搭在他人肩膀上。同性间常手拉手。不应与老人、异性或非好朋友有身体接触。

⑤其他礼仪。与韩国人交往，应常赠送名片。在韩国，未经他人引荐，切勿自我介绍，如果想结识他人，应请第三方引荐。未经邀请，不要进入他人办公室；未经允许，不能自动就座。韩国人非常尊敬长者，在人群中应先问候长者，在长者面前，忌讳吸烟或戴眼镜，如果在门口遇见长者，必须给其让路。在任何场合，都应穿着整洁，不要大声说话。

⑥喜好禁忌。韩国人喜欢在商务场合互赠礼品，但切忌送日本或韩国生产的产品。在韩国的习俗中，脚是肮脏的，忌讳用脚接触他人或物品。切忌用红笔写他人的名字，这种做法在韩国表示此人已过世。韩国人讨厌“4”这个数字。

码 12－3－3
图示东西方差异

◆ **案例分析**

日本人的谈判风格

日本航空公司的三位代表与美国一家大企业的代表进行洽谈。谈判一开始，美国代表便来势凶猛，滔滔不绝，并携带一大堆的资料，以表示他们的要价合理。在美国人整整两个半小时的陈述中，三位日本人一声不吭，静静地坐着。介绍结束后，美方代表带着充满期待和自负的神态，打开屋里的灯，问毫无表情的日方代表：“你们认为怎么样？”一位日方代表说：“我们不明白。”美方代表接着问：“你们不明白？这是什么意思？你们究竟不明白什么？”另一位日方代表说：“都不明白。”美方代表心脏几乎都要停止跳动，问：“从哪里开始不明白？”第三位日本人客气地微笑着说“从电灯关了开始。”美方代表气馁地呻吟道：“那么你要我们怎么办？”三位日本代表几乎同时回答道：“你能不能重新讲一遍？”美方代表彻底崩溃了。

（资料来源：靳会永．谈判桌上的心理诡计．北京：电子工业出版社，2009.）

问题讨论：

1. 此案例体现了日本人哪些谈判风格特点？
2. 结合日本人谈判风格特点，请分析美方代表应如何应对？

任务实训

亚洲人的谈判风格实训

1. 背景资料

上课所学知识及利用课余时间通过网络、书籍、杂志收集的相关资料。

2. 实训目标

通过实训，帮助学生了解和理解亚洲商人的谈判风格。

3. 实训步骤

（1）将全班学生分成6~8组。
（2）分组讨论亚洲人的谈判风格和风俗礼仪，将讨论结果制作成PPT。
（3）各组派代表阐述本组的讨论结果，每组展示后要接受其他小组的提问。

4. 实训成果

研讨报告PPT。

5. 实训评价

教师统一评价并展示优秀作品。

任务4
走近热情好客　崇尚情谊的阿拉伯人

学习目标

了解、熟悉阿拉伯人的谈判风格特点及礼仪常识，为国际商务谈判奠定基础。

任务描述

阿拉伯人的谈判风格被称为中东型的谈判风格。热情好客、崇尚情谊的阿拉伯人，他们有着自己的谈判风格和特点以及礼仪禁忌。

任务学习

阿拉伯人注重家庭荣誉，个性保守，脾气倔强，不轻易相信他人，但热情好客，喜欢闲聊。

1. 谈判风格特点

（1）极好讨价还价。阿拉伯人的逻辑是不还价就买走商品的人轻视、不尊重卖主，没有讨价还价的谈判是“不严肃的谈判”。因此，在阿拉伯人眼里，争取利益的过程及方式与谈判争取到的利益同等重要，只有经过艰苦努力获得的利益才是最有价值的。如果想与阿拉伯人签订合约，必须进行激烈的讨价还价。

（2）常用“IBM”。“IBM”是三个分别表示“神的旨意”“明天再谈”“不要介意”的阿拉伯词语的开头字母。阿拉伯人在谈判中常常使用这三个词语来保护自己，抵挡对方凌厉的攻势。阿拉伯人如果想终止洽谈或取消签订的合约，他们会名正言顺地说这是“神的旨意”；如果磋商时形势对对方有利，阿拉伯人就会说“明天再谈吧”，但等到第二天，一切都须从头再来；如果对方被上述行为或其他事情激怒时，他们又会很轻松地说“不要介意”。与阿拉伯人洽谈，应做好思想和时间上的准备，并应表现出极大的耐心。

（3）时间观念淡薄。阿拉伯人时间观念淡薄，做事拖拉，做决策所花费的时间较长。在谈判时，要求客方必须准时赴会，他们却常常迟到。阿拉伯人会随意中断或拖延谈判，洽谈时如果有朋友或家人来访或来电话，他们会立即放下谈判或推迟谈判时间，而去接待来访者或接听电话。

（4）重视代理商。几乎大多数的阿拉伯国家都坚持无论什么类型的涉外谈判，都必须通过代理商，外商如果没有找到合适的阿拉伯代理商，谈判几乎不可能成功。

2. 礼仪禁忌

前去阿拉伯国家访问谈判，应特别注意遵守阿拉伯人的习俗，要了解当地特殊的习俗。阿拉伯国家地区众多，风俗各异，在此仅以沙特阿拉伯为例。

（1）问候。男性之间握手问候，紧握对方的右手，把左手放在对方的右肩上，亲吻对方的脸颊。

（2）称呼。称呼沙特人，一般应称呼其称谓和名字，也可以称之为“阁下”。

（3）交谈。与沙特人交谈，应反复多次强调希望得到其帮助，这会赢得沙特人的信任和支持。交谈时，不要涉及妇女和女权问题，不能打听对方的家庭生活，不可称赞其石油储存量，应回避以色列的话题，而足球、赛马、赛骆驼、打猎是他们感兴趣的话题。沙特人说“是”的时候，实际意思是“可能”。

（4）肢体语言。沙特人交谈时身体距离较近，有较多的身体接触。男性走路时通常会手拉手。“跷拇指”在阿拉伯国家是冒犯性的手势。用手指人是不礼貌的行为。

（5）其他礼仪。女性须穿高领口的衣服，衣袖应长过肘部，裙子底边应过膝。

（6）喜好禁忌。赠送礼品给阿拉伯人，切忌送印有人体的礼物或卡片。阿拉伯人喜欢绿色和白色。如果应邀到沙特人家做客，可带些小礼品，如糖果、工艺品等。就座时，切勿跷“二郎腿”及将脚底对着阿拉伯人，这对他们是种侮辱。阿拉伯人认为左手很脏，吃饭切忌使用左手，应避免用左手递物品给阿拉伯人。不能当众摸自己的眼皮，那意味骂对方是笨蛋。

码 12－4－1
谈判中的禁忌

◆ 案例分析

阿拉伯人的谈判风格

中国某公司与阿拉伯一公司进行纺织品交易的谈判。阿方公司接到报价后认为需要研究，约定改明日上午9：30分会面再具体谈。9：20分，中方人员如约到E饭店咖啡厅，但直到10：30分，阿方人员才晃晃悠悠地走过来。一见中方人员，高兴地握手致敬，但未讲一句道歉的话。

在咖啡厅，阿方要求中方降价。中方组长没有正面回复，而说，“按约定，我们9：30来此，已等了一个钟头，这足以说明我方的诚意，价格不会降。如贵方有意见，请讲出具体方案来。”阿方代表笑了笑说：“我昨天睡得太晚了，我们认为贵方报价难以接受。”尽管中方做了多方面解释，阿方仍坚持中方降价。中方组长建议双方认真考虑后再谈。阿方代表沉思了一下，提出下午3：30分到他家来谈。

下午3：30分，中方人员准时到了阿方代表家，并带了几件高档丝绸衣料作礼品。在对方客厅坐下后，他招来了他的夫人与客人见面，中方趁势将礼品给了她。阿方代表很高兴：“我让她来见你们，是把你们当朋友。”中方随即转入正题。阿方代表听后也顺口讲出了他的条件。

中方组长这时已觉可以成交，表示各让一步。阿方代表说：“好吧，我们折中让步吧！将贵方刚才讲的价与我方折中成交。”中方说，“这是好建议，不过结果还不大合我方要求，我建议贵方同意的折中数与我方刚才的折中成交。”阿方吃吃地笑了：“贵方真能讨价还价，看在你们等我一个小时的诚意上，我同意。”

问题讨论：

1. 如何看中方对阿方迟到的处理？
2. 如何看阿方把中方请到家的做法？

任务实训

阿拉伯人的谈判风格实训

1. 背景资料

我国某公司赴沙特就进出口茶叶进行谈判。

2. 实训目标

通过实训，帮助学生体会与阿拉伯人谈判应注意的事项及礼仪。

3. 实训步骤

（1）将全班学生分成6～8组，每两组为对应组。

（2）对应组抽签决定主客方。

（3）各对应组模拟谈判。

4. 实训成果

谈判提纲。

5. 实训评价

教师统一评价并展示优秀作品。

思考与练习

1. 单项选择题

(1)“9”是以下哪个国家的人忌讳的数字（　　）。

A. 英国人　　B. 美国人

C. 巴西人　　D. 日本人

(2) 在英国送花，应避免送（　　）。

A. 郁金香　　B. 百合花

C. 石楠花　　D. 牵牛花

(3) 法国人认为（　　）是不祥之物。

A. 桃子　　B. 苹果

C. 核桃　　D. 橘子

2. 多项选择题

(1) 以下属于美国人的谈判风格的是（　　）。

A. 对“一揽子”交易感兴趣　　B. 办事干净利落

C. 赞赏那些精于讨价还价的人　　D. 谈判的期望值很高，但耐心不足

(2) 以下属于日本人的谈判风格的是（　　）。

A. 非常注意地位同等　　B. 在贸易活动中常有送礼的礼节

C. 当着送礼人的面打开礼物　　D. 初次来访的客人一定要带礼物

(3) 以下说法正确的是（　　）。

A. 应邀到沙特人家做客，可带些小礼品

B. 不要向日本人敬烟

C. 不能将钱作为礼物送给俄罗斯人

D. 美国人随时会交换名片

(4) 以下属于英国人的谈判风格的是（　　）。

A. 英国人对谈判前的准备工作不太重视

B. 英国人等级观念很强

C. 英国人性格坚强，立场极为坚定

D. 英国人很讲究绅士风度

3. 判断题

(1) 巴西人爱好娱乐，应避免在狂欢节时进行商业洽谈。 ( )
(2) 在英国可以在周五和13号这样的日子请客或安排活动。 ( )
(3) 与阿根廷人交谈，戏剧、体育运动（尤其是足球）是很好的话题。 ( )
(4) 与德国商人谈判，迟到是十分忌讳的行为。 ( )
(5) 韩国人喜欢在商务场合互赠礼品，但切忌送日本或韩国生产的产品。 ( )

4. 案例分析题

案例1

他们是哪国人

某国商人与人见面和离别时，习惯面带微笑与在场的人们握手。为表示对对方的尊重，可以在姓氏前加称谓。但对于婚姻状况不明的女性，称呼其女士即可。互相赞美是他们常用的寒暄方式。交谈时，习惯彼此之间保持0.9米左右的距离，每隔两三秒有视线接触。他们喜欢蜗牛且视其为吉祥物。

问题讨论：

(1) 上述案例中的商人最有可能是哪国人？
(2) 他们谈判风格特点是什么？

案例2

声东击西

巴西某公司想从阿拉伯进口一批地毯，但市场价格很高。如果硬要阿拉伯商人降价出售，很难办到。于是在谈判开始时，巴西商人以回顾的口气对阿拉伯商人提出一大堆质疑："去年我向您订购地毯，您方没有按合同规定时间发货，已给我方造成很大的损失；前年您卖给我们的那批货中有很多的次品，我只得低价出售；还有……"一连串的回顾让阿拉伯商人面红耳赤。他先是表示歉意，继而提出愿意在以后的交易中在价格上让步。巴西商人于是话锋一转说："为了弥补前几次已经造成的损失，也为了证实我们合作的诚意，我想这次您按您来电报价的85%成交是合情合理的。"阿拉伯商人除了点头同意，已没有任何其他意见。

（资料来源：夏国政. 经贸谈判指南. 北京：世界知识出版社，1999.）

问题思考：

(1) 此案例体现了阿拉伯人的哪些谈判风格？
(2) 结合阿拉伯人的谈判风格，分析与其进行谈判应注意的事项有哪些？

参考文献

1. 中国就业培训技术指导中心组织编写：《营销师国家职业资格培训教程：高级营销员（国家职业资格四级）》，中央广播电视大学出版社 2006 年版。

2. 中国就业培训技术指导中心组织编写：《营销师国家职业资格培训教程：基础知识》，中央广播电视大学出版社 2006 年版。

3. 石永恒：《商务谈判精华》，团结出版社 2003 年版。

4. 方其：《商务谈判：理论、技巧、案例》（第 3 版），中国人民大学出版社 2011 年版。

5. 陈文汉：《商务谈判实务》（第 2 版），电子工业出版社 2009 年版。

6. 曹艺：《商务礼仪》，清华大学出版社 2009 年版。

7. 刘金波：《国际商务谈判》，北京大学出版社，中国农业大学出版社 2008 年版。

8. 刘林 编译：《荷伯·科恩成功捷径》，西北大学出版社 2002 年版。

9. 付强：《商务谈判》，上海财经大学出版社 2012 年版。

10. 田玉来：《商务谈判》，人民邮电出版社 2011 年版。

11. 蔡炜：《商务谈判》，立信会计出版社 2012 年版。

12. 李爽：《商务谈判》（第 2 版），清华大学出版社 2011 年版。

13. 于洋：《谈判圣经：绝对成交的谈判技巧》，中华工商联合出版社 2011 年版。

14. 国务院法制办公室：《中华人民共和国合同法》（实用版），中国法制出版社 2012 年版。

15. 未艾：《论辩艺术品评》，华中理工大学出版社 1997 年版。

16 卡耐基：《卡耐基高效推销的艺术》，中国纺织出版社 2012 年版。

17. 关兰馨：《第一流的商务谈判》，中国发展出版社 1998 年版。

18. 经理人培训项目编写组：《培训游戏全案》，机械工业出版社 2010 年版。

19. 曹伟：《谈判力》，中国言实出版社 2005 年版。

20. 王洪耘：《商务谈判：理论·实务·技巧》，首都经济贸易大学出版社 1998 年版。

21. 武鹏程：《教你轻松玩转逻辑：388 个超好玩的逻辑陷阱》，广西人民出版社 2011 年版。

22. 常桦：《CEO 的谈判艺术》，天津古籍出版社 2003 年版。

23. 李秋娟：《一分钟成为谈判高手》，北京工业大学出版社 2011 年版。

24. 王洪耘：《商务谈判》，首都经济贸易大学出版社 1998 年版。

25. 郭秀闳：《商务谈判》，当代世界出版社 1999 年版。

26. 赵景卓：《公关礼仪》，中国财政经济出版社 1998 年版。

27. 晓燕：《公共关系礼仪教程》，百花洲文艺出版社 2004 年版。
28. 刘圆：《国际商务谈判》，中国人民大学出版社 2007 年版。
29. 夏国政：《经贸谈判指南》，世界知识出版社 1999 年版。
30. 李雅乐：《商务沟通与谈判》，科学出版社 2013 年版。
31. ［美］Ronald B. Adler，［美］Jeanne Marquardt Elmhorst：《商务传播：沟通的艺术》，复旦大学出版社 2006 年版。